DIE KEINE-ZEIT-ZU-KOCHEN KÜCHE

100 blitzschnelle Rezepte
von Frühstück bis Feierabend

LAURA HERRING

DIE KEINE-ZEIT-ZU-KOCHEN KÜCHE

100 blitzschnelle Rezepte
von Frühstück bis Feierabend

Cheflektorat Dawn Henderson
Lektorat Bob Bridle
Redaktionsassistenz Alice Kewellhampton
Redaktionsleitung Peggy Vance
Art Director Peter Luff
Bildredaktion Christine Keilty
Gestaltung und Satz Harriet Yeomans
Designassistenz Laura Buscemi
Herstellung Andy Hilliard, Jen Scothern
Fotos Stuart West, William Reavell

Für die deutsche Ausgabe:
Programmleitung Monika Schlitzer
Redaktionsleitung Caren Hummel
Projektbetreuung Sonja Milde, Sarah Weiß
Herstellungsleitung Dorothee Whittaker
Herstellungskoordination Ksenia Lebedeva
Herstellung und Covergestaltung
Kim Weghorn

Titel der englischen Originalausgabe:
The No Time To Cook Book

Übersetzung Brigitte Rüßmann, Wolfgang Beuchelt
(Scriptorium Köln)
Lektorat Nathalie Röseler

ISBN 978-3-8310-2949-5

Druck und Bindung Livonia, Lettland

MIX
Papier aus verantwor-
tungsvollen Quellen
FSC® C002795

www.dorlingkindersley.de

Hinweis
Die Informationen und Ratschläge in diesem Buch sind von
der Autorin und vom Verlag sorgfältig erwogen und geprüft,
dennoch kann eine Garantie nicht übernommen werden.
Eine Haftung der Autoren bzw. des Verlags und seiner
Beauftragten für Personen-, Sach- und Vermögensschäden
ist ausgeschlossen.

INHALT

VORWORT

Dieses Buch ist randvoll mit leckeren Rezepten, anregenden Ideen und genialen Tipps zum Zeitsparen, wenn es mal wieder schnell gehen muss. Vergessen Sie Pizzataxi und Fertiggerichte, hier erfahren Sie, wie einfach, lustvoll und vor allem lecker die schnelle Küche sein kann.

Ich koche einfach gerne und kann stundenlang in der Küche stehen und vor mich hin kochen. Aber wer hat schon die Zeit dafür? Meistens würfle ich mir schnell was aus dem Kühlschrank zusammen oder greife mir etwas im Vorbeigehen. Dabei möchte ich wirklich gerne leckere, gesunde und spannende Gerichte essen, und genau hier kommt dieses Buch ins Spiel.

Die Rezepte auf diesen Seiten sind für den Koch ohne Zeit gedacht. Ein »Der Plan!« genanntes Ablaufschema zeigt die wichtigsten Schritte auf einen Blick und gibt zu jedem Zeitpunkt Orientierung, während eine schrittweise illustrierte Anleitung Ihnen genau sagt, was Sie wann tun müssen. Dazu kommen Abschnitte mit Erklärungen, wie Sie Aromen nach Ihrem Geschmack nach Wunsch kombinieren können, und innovative Infografiken lockern das Ganze auf und bringen mehr Spaß in die Sache.

Wertvolle Praxistipps für die schnelle Küche erhalten Sie im ersten Abschnitt. Hier erfahren Sie, welche Utensilien und Grundzutaten Sie wirklich brauchen und wie Sie die wichtigsten Zutaten schnell und sinnvoll zubereiten. Dazu erhalten Sie ein paar wirklich clevere Zeitspartipps.

Zu den verschiedenen Mahlzeiten des Tages haben wir Ihnen in den darauffolgenden Kapiteln unterschiedliche Rezepte zusammengestellt. So können Sie das richtige Gericht rasch finden. Hier gibt es schnelle Frühstücke, Brunch- und Lunch-Ideen für den flinken Koch (viele lassen sich gut verpacken und mitnehmen), tolle Abendessen für den Alltag und — mein persönlicher Favorit — eine Liste mit fantastischen Vorspeisen, Platten für mehrere Personen und Hauptgerichte, mit denen Sie Gäste im Handumdrehen verwöhnen. Und da kein Essen ohne etwas Süßes vollständig ist, gibt es zum Schluss noch Nachtischideen für Leckermäuler.

Was zählt, ist der Geschmack! Daher nutzen alle Rezepte frische, beliebte Zutaten aus aller Welt. Machen Sie also in 20 Minuten oder weniger mit scharfem Shakshuka einen Abstecher in den Nahen Osten, kosten Sie feurige Dan-Dan-Nudeln wie aus einer Garküche in Thailand, genießen Sie die Fülle mediterraner Aromen mit Feta-Tarte mit Tomaten & rotem Pesto oder jetten Sie für ein schnelles Chevice nach Lateinamerika. Sie finden Grillgerichte, Pies, Pasta, Suppen, Salate, Eintöpfe, Cookies, Schokopuddings und vieles mehr. Egal, wonach Ihnen der Sinn steht und wie spät es gerade ist — selbst wenn Sie »überhaupt keine Zeit zu kochen haben« —, hier wartet das perfekte schnelle Rezept auf Sie!

Laura

DIE
SCHNELLE KÜCHE

DIE GRUNDAUSSTATTUNG

Wenn Sie in ein paar sinnvoll ausgewählte Utensilien investieren, haben Sie immer das richtige Werkzeug zur Hand. Das spart nicht nur Zeit bei der Zubereitung, Sie haben auch mehr Spaß bei der Arbeit.

Wenn Sie zudem Ihre Kochutensilien und Zutaten (siehe S. 12–15) clever organisieren, wissen Sie immer, wo sich das Benötigte gerade befindet, und haben mehr Zeit, leckere Speisen zuzubereiten, statt jedes Mal erst nach Bratpfanne oder Mayonnaise suchen zu müssen.

Stapeln Sie Ihre Töpfe nach Größe, bewahren Sie Ihre Utensilien griffbereit auf und sorgen Sie bei den Grundzutaten immer für ausreichend Vorrat. Drehen Sie Dosen und Gläser mit dem Etikett nach vorne und verwenden Sie zum Beschriften eigener Speisen einen Permanentmarker, der nicht versehentlich abgewischt werden kann.

HOLZLÖFFEL

Ein stabiler Holzlöffel zum Rühren und Aufschlagen ist langlebig und schont die Oberflächen von Töpfen und Pfannen.

BRATPFANNE

Die Pfanne sollte groß genug für ein Omelett sein. Auch ein Deckel ist nützlich, weil er das Garen beschleunigt.

SCHARFE MESSER

Nehmen Sie große Messer (oben) zum Schneiden von Gemüse und Fleisch und kleine Messer (unten) zum Schälen von Obst und für feine Schneidearbeiten.

TÖPFE (MIT DECKEL)

Es lohnt sich, mehrere Töpfe im Schrank zu haben, wie einen großen Suppentopf, eine mittleren Topf für Pasta und Kartoffeln und einen kleine Saucentopf.

SPARSCHÄLER
Eignet sich auch zum
Hobeln von Gemüse
für Salate und für
Pfannengerührtes.

REIBE
Zum Reiben von
Muskatnuss,
Knoblauch und
Zitrusschale. Sollte
einen stabilen Griff
haben.

MESSBECHER
Sollte einen großen
Henkel und einen
Ausgießer haben.

KARTOFFELSTAMPFER
Mit einer gewölbten
Fußplatte gelangen Sie
auch in die Ecken von
Töpfen und Schüsseln.

SIEB
Hilft nicht nur beim
Abgießen und Waschen,
sondern dient auch als
Dämpfeinsatz.

DOSENÖFFNER
Sollte gut in der Hand
liegen und Dosen mühelos
öffnen.

KNOBLAUCHPRESSE
Spart bei der
Zubereitung von
Knoblauch Zeit und
funktioniert sogar mit
ungeschälten Zehen.

STANDMIXER
Erleichtert
die Zubereitung
von Saucen, Suppen
und Smoothies.

RÜHRSCHÜSSEL
Zum Mischen von
Trocken- und Nass-
zutaten. Ein Ausgießer
erleichtert das Umfüllen
dünnflüssiger Teige.

SCHNEIDEBRETTER
Sie brauchen zwei gute Bretter: eines für Gemüse und
eines für Fleisch. Wählen Sie am besten unterschiedliche
Farben, um Verwechslungen zu vermeiden.

BACKBLECH
Am besten mit Rand,
damit nichts überläuft.

CLEVER EINGEKAUFT

Planen Sie nach Möglichkeit alle vierzehn Tage einen Großeinkauf für die Grundzutaten ein und kaufen Sie frische Zutaten nur nach Bedarf. Auf diese Weise können Sie jederzeit ein schnelles Essen zaubern. Auf dieser Doppelseite finden Sie eine Auswahl nützlicher Konserven und Gewürze und auf S. 14–15 eine Grundausstattung für Kühlschrank und Gefrierfach.

HALTBARE GRUNDZUTATEN

IN DER DOSE

- **Gehackte Tomaten** – für schnelle Pastasaucen und zum Auffüllen.
- **Bohnen** (z. B. weiße, Kidney- und Borlottibohnen) – liefern in Suppen eine gewisse Konsistenz, Ballaststoffe und Eiweiß.
- **Kichererbsen** – für Salate, Eintöpfe und Currys – und für Hummus.
- **Kokosmilch** – für asiatische Nudelsuppen und Currys.
- **Lachs, Thunfisch, Krebs** – für Pastasaucen, Salate, Wraps und Pasteten.
- **Obst** (z. B. Pfirsiche oder Ananasstücke) – für Smoothies und Kuchen.

IM GLAS

- **Sonnengetrocknete Tomaten,** Artischockenherzen und geröstete Paprikaschoten – für Pizzas, Salate und Mezze.
- **Pesto** – für Pastasaucen, Salatdressings und um mit Mayonnaise einen schnellen Dip anzurühren.

GETROCKNETE ZUTATEN

- **Pasta** – die ultimative Mehrzwecklösung.
- **Reisnudeln** – für Suppen, Wokgerichte und Salate.
- **Reis** – als Beilage, für Risottos und Salate.
- **Bulgur** – als Beilage oder Salatzutat.
- **Couscous** – als Beilage für Curry und Eintöpfe und für Salate.
- **Haferflocken** – für Porridge und Müsli, Pfannkuchen und Plätzchen.
- **Weizenmehl** – für Kuchen, Plätzchen und schnelle Béchamelsauce.
- **Zucker** – ein Löffel voll gibt einer Tomatensauce mehr Geschmack.
- **Gekörnte Brühe** – als Basis für Suppen und Eintöpfe.
- **Nüsse und Trockenobst** – für Müslis und Joghurts, Plätzchenteige, Salate und Currys.
- **Wraps und Tortillas** – für Fajitas, Sandwiches und als schneller Pizzaboden.

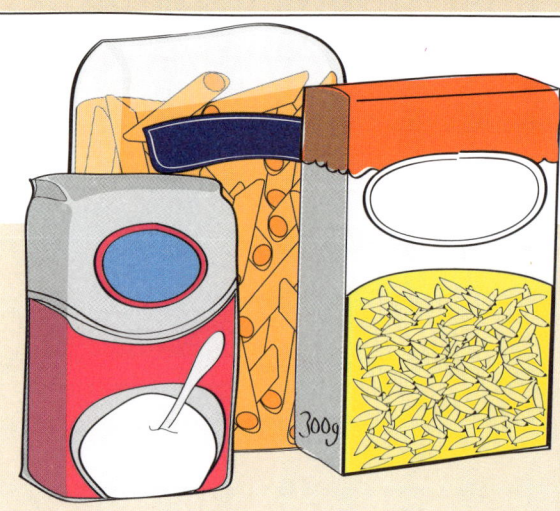

SAUCEN & PASTEN

- **Harissa-Paste** – für Saucen, Frikadellen und als Würze für Mayonnaise-Dips.
- **Passierte Tomaten** – für Tomatensaucen.
- **Mayonnaise** – für Dressings mit Kräutern, Harissa-Paste oder Zitronensaft; für Dips mit Knoblauch, Pesto oder Harissa-Paste.
- **Worcestersauce** – gibt Fleischgerichten und Käsetoasts zusätzlichen Geschmack.
- **Tabasco** – sorgt für eine schöne Schärfe.
- **Sojasauce** – für Wokgerichte, asiatische Nudelsuppen und als Dip.
- **Currypaste** – für Currys und als schnelle Marinade für Fleisch und Fisch.

VOM FENSTERBRETT

Frische Kräuter im Topf – wie z. B. Basilikum, Petersilie, Minze und Thymian – geben gekochten Gerichten, Salaten, Sandwiches und Wraps Geschmack und sind immer auch eine schöne Garnierung.

ÖLE & ESSIGE

- **Olivenöl** – zum Braten und Kochen.
- **Natives Olivenöl extra** – für Dressings und Dips und zum Beträufeln.
- **Pflanzen- und Sonnenblumenöl** – zum Braten bei starker Hitze.
- **Balsamessig** – für Dressings und Dips, verleiht Tomatensaucen Süße.
- **Rot- oder Weißweinessig** – als Geschmacksverstärker für Eintöpfe, Suppen und Saucen.

GETROCKNETE KRÄUTER & GEWÜRZE

- **Chiliflocken** – für Suppen, Eintöpfe und Saucen.
- **Lorbeerblätter** – zum Würzen von Reis und Schmorgerichten.
- **Zimtpulver** – für Porridges, Schmorgerichte, Plätzchen und Kuchen.
- **Cayennepfeffer** – als würzigere Alternative zu schwarzem Pfeffer.
- **Gemahlener Koriander** – für Currys und Tomatensaucen.
- **Gemahlener Ingwer** – für Currys, Saucen und als Ersatz für frischen Ingwer in Wokgerichten.

- **Italienische Kräuter** – für Saucen, Fisch- und Geflügelgerichte.
- **Salz und schwarzer Pfeffer** – zum allgemeinen Würzen.

Schnelle Küche
Achten Sie auf Zutaten, die Ihnen wertvolle Zeit sparen helfen, wie Instantreis, frische Pasta und vorgewaschener Salat.

FORTSETZUNG

IM KÜHLSCHRANK

FRISCHE SALATE & GRÜNES GEMÜSE

Als Hauptgericht oder Beilagensalat, für Wokgerichte oder als Begleiter für Fleisch- und Fischgerichte.

JOGHURT

Als schnelles Frühstück mit Beeren und Haferflocken, in Smoothies oder als Zutat für pikante Gerichte. Man kann ihn mit Pesto, Harissa-Paste oder Zitronensaft aromatisieren und als Dressing verwenden.

EIER

Bieten unendliche Variationsmöglichkeiten.

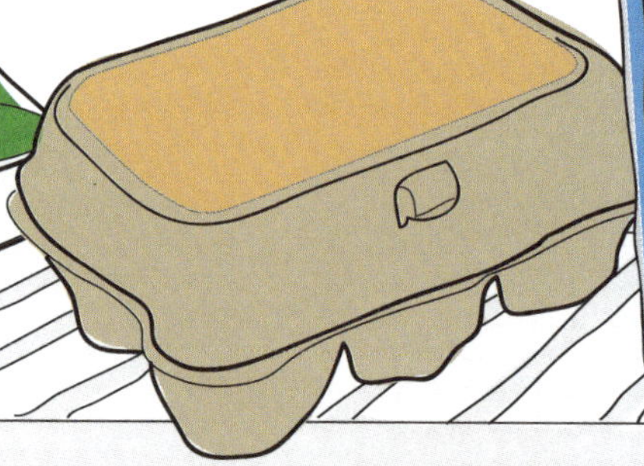

IM GEFRIERFACH

TK-GEMÜSE

Brokkoliröschen, Karotten und Dicke Bohnen sind wunderbare Zutaten für Wokgerichte, Suppen, Eintöpfe und Beilagen.

BROT

Aufgeschnittenes Weißbrot kann man einfrieren und gefroren als Sandwiches belegen – sie tauen bis zum Mittagessen auf.

TK-ERBSEN

Für schnelle Suppen und Eintöpfe, Fischküchlein oder Füllungen sowie als Beilage mit einem Stück schmelzender Butter.

FISCHFILETS

Weißfisch- und Lachsfilets kann man mit Zitronenscheiben, halbierten Kirschtomaten oder frischem Ingwer und Sojasauce oder mit etwas Butter, Salz und Pfeffer im Beutel einfrieren und bei Bedarf über Nacht auftauen und dann braten.

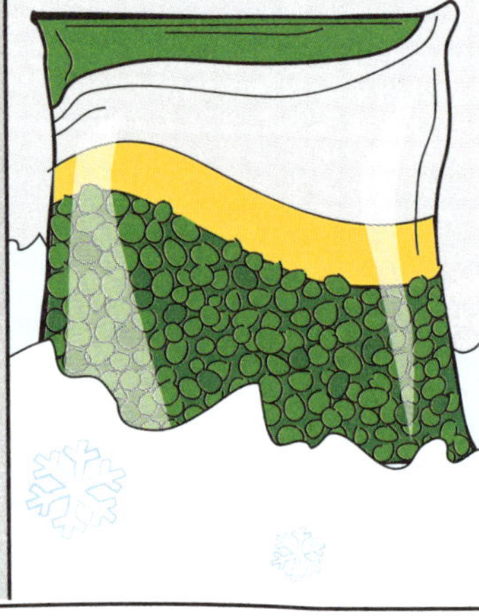

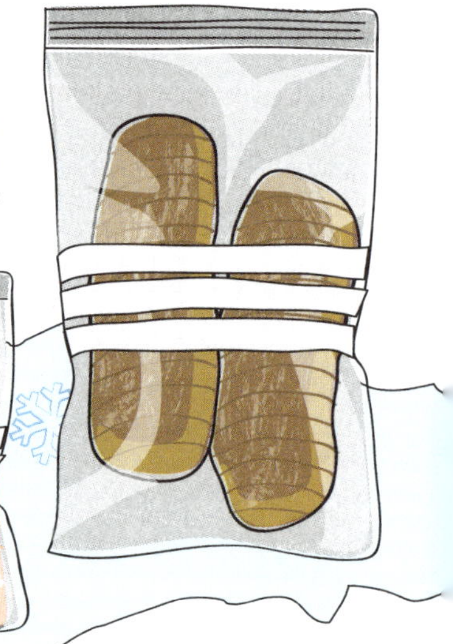

SENF

Als Marinade für Steaks, kombiniert mit Olivenöl als Dressing oder mit Mayonnaise verquirlt als Aufstrich für Sandwiches oder in Salaten.

OLIVEN

Als Salat- und Saucenzutat, als Pizzabelag und als Teil von Tapas und Mezze.

BUTTER

Zum Kochen und Braten sowie in Risottos. Mit Kräutern, Knoblauch oder Chiliflocken als Steakbutter, zu Reis oder gekochtem Gemüse.

Familienpackungen

Nutzen Sie die Preisvorteile von Großgebinden. Vielleicht brauchen Sie gerade keine großen Mengen Hackfleisch oder Hähnchenbrustfilet, aber wenn Sie sie portionsweise einfrieren, haben Sie bereits für mehrere Mahlzeiten vorgesorgt.

BACON

Gehackt und mit Zwiebeln angeschwitzt als Basis für eine Tomatensauce oder knusprig gebraten als Geschmackskick über Salate gestreut.

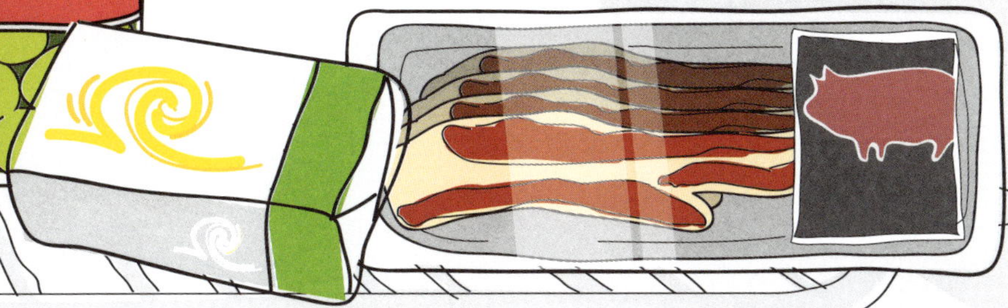

HÄHNCHENTEILE

Hähnchenbrüste, -ober- und -unterschenkel bieten viele Verwendungsmöglichkeiten, sollten aber vor dem Kochen vollständig aufgetaut sein.

GEMISCHTE BEEREN

Für Smoothies, mit Haferflocken und Joghurt oder auch in Desserts.

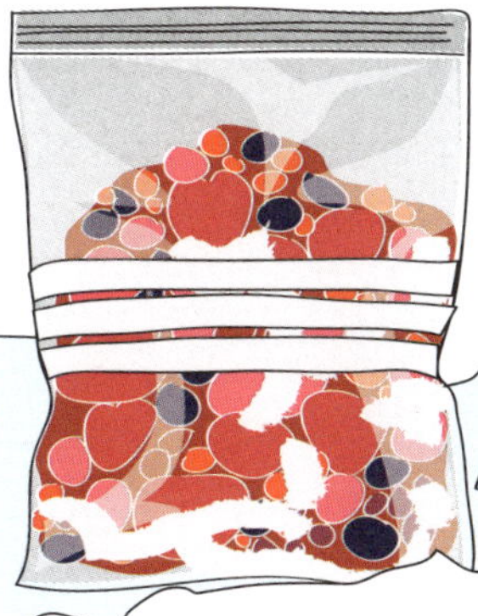

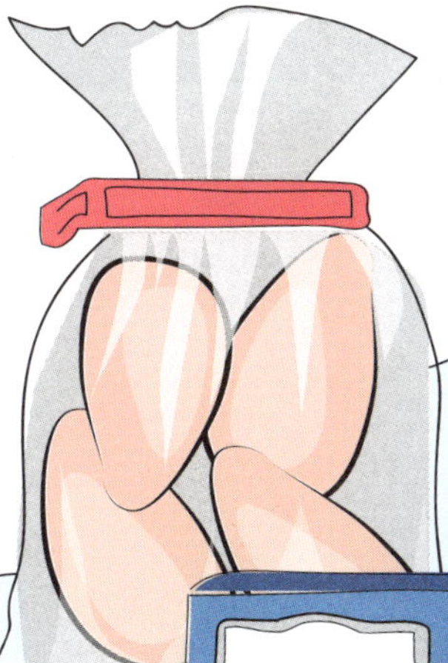

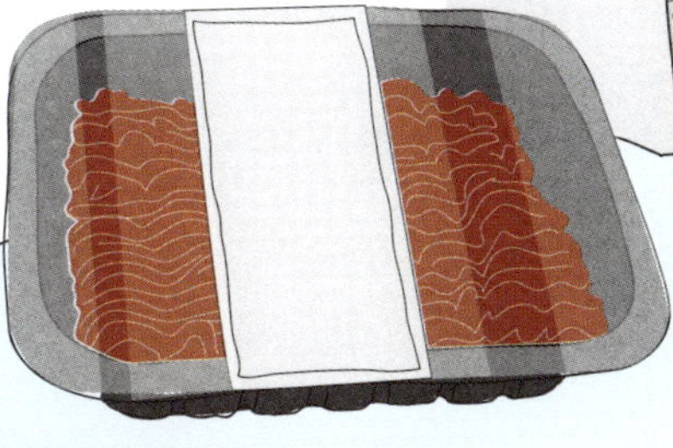

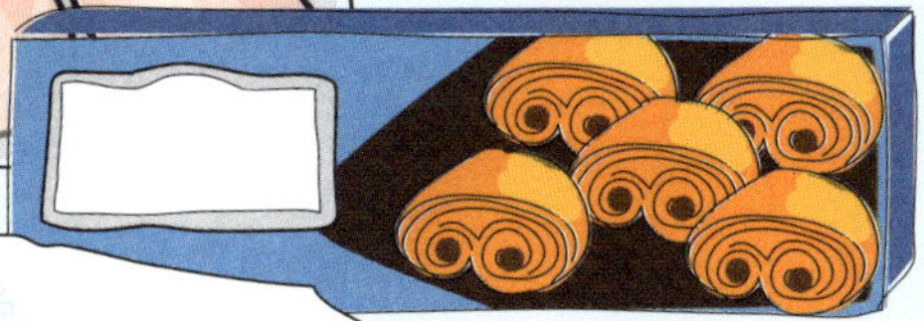

HACKFLEISCH

Für Frikadellen, Burger und schnelle Pastasaucen.

BRÜHE

Als Basis für Suppen und als Geschmacksgeber für Eintöpfe, Reis und Couscous.

FERTIGER BLÄTTERTEIG

Perfekt für schnelle Pies und schnelles Gebäck.

CRASHKURS KÜCHENTECHNIK

ZWIEBEL WÜRFELN

1 Wurzel und Spitze abschneiden.

2 Aufrecht auf das Schneidebrett stellen und halbieren.

3 Eine Hälfte schälen und mit der flachen Seite aufs Brett legen, sodass die Schnittenden nach links und rechts zeigen.

PAPRIKASCHOTE VORBEREITEN

1 Deckel und Boden der Paprikaschote abschneiden.

2 Kerne und Trennwände herausziehen.

3 Die Paprikaschote aufrecht stehend halbieren.

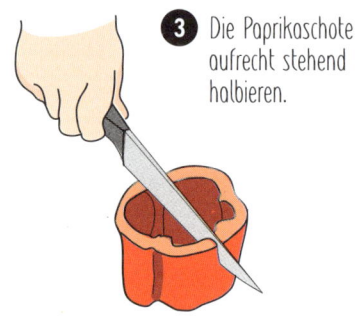

AVOCADO VORBEREITEN

1 Die Avocado rund um den Kern vorsichtig einschneiden.

2 Die untere Hälfte der Avocado in einer Hand halten und die obere Hälfte mit der anderen Hand sanft abdrehen.

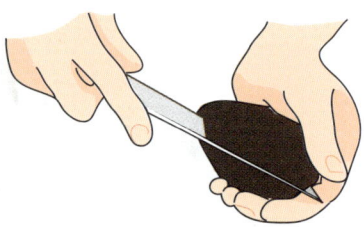

KRÄUTER HACKEN

1 Die Blätter von den Stängeln zupfen und dicht aufeinanderlegen.

2 Die Blätter mit den Fingern zusammenhalten und klein schneiden.

KNOBLAUCH HACKEN

1 Die Knoblauchzehe mit der Klinge eines großen Messers und durch Druck mit dem Handballen zerdrücken.

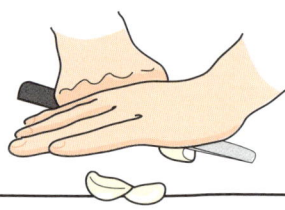

Vielleicht können Sie Gemüse nicht so schnell zuschneiden wie ein Küchenchef (der aber auch einige Jahre Lehrzeit zum Üben hatte), aber es gibt durchaus Tipps, die Sie schneller werden lassen. Nehmen Sie ein scharfes Messer und fangen Sie zunächst ganz langsam an, bis Sie die Techniken sicher beherrschen.

4 Die Zwiebel mit den Fingern halten und mehrfach der Länge nach durchschneiden.

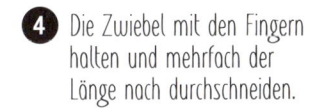
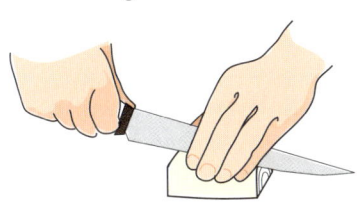

5 Einige Scheiben aufeinanderlegen, mit den Fingern festhalten und entlang der geraden Kante in Scheiben schneiden. Die Zwiebelschichten zerfallen in saubere Würfelchen.

6 Die Würfelchen gleichmäßig klein hacken. Den Rest der Scheiben und die zweite Zwiebelhälfte auf die gleiche Weise schneiden.

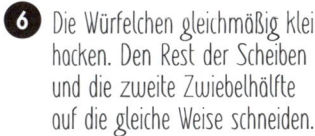
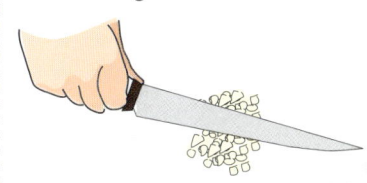

4 Eine Hälfte flach auslegen und verbleibende Kerne und Trennwände abzupfen oder herausschneiden.

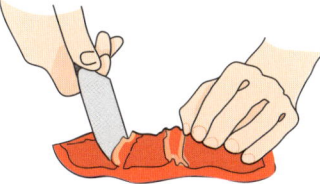

5 Die Paprikaschote flach halten und der Länge nach in Streifen schneiden.

6 Die Streifen zum Würfeln fest zusammenhalten und quer schneiden. Mit der zweiten Hälfte wiederholen.

3 Den Kern mithilfe der Schneide eines scharfen Messers herausdrehen.

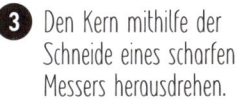

4 Das Fruchtfleisch mit einem Besteckmesser vorsichtig in Streifen oder Würfel schneiden.

5 Das Fruchtfleisch mit einem Löffel aus der Schale lösen. Mit der zweiten Hälfte wiederholen.

2 Die Schale wegwerfen und die Zehe längs in dünne Scheiben, dann quer in Stückchen schneiden.

CHILISCHOTE VORBEREITEN

1 Die Chilischote längs halbieren, die Kerne herausschaben und den Stiel entfernen.

2 Die Hälften längs in Streifen schneiden, fest zusammenhalten und quer in Würfelchen schneiden.

20 ZEITSPARTIPPS

❶ SCHNELLE HELFER

Peppen Sie Ihre Gerichte mit ganz einfachen Zutaten auf. Ein Spritzer Zitronensaft, etwas abgeriebene Zitronenschale, ein wenig Chili-sauce oder frisch gehackte Kräuter bringen viel Geschmack.

❷ WASCHEN

Waschen Sie gerade eingekaufte Lebensmittel sofort ab, dann brauchen Sie das nicht mehr zu tun, wenn es beim Kochen mal wieder schnell gehen muss.

❸ AM ABEND VORHER …

… holen Sie Fleisch oder Fisch aus dem Gefrierfach und lassen Sie es über Nacht im Kühlschrank auftauen. Überprüfen Sie, ob Sie auch wirklich alles im Haus haben, und kaufen Sie fehlende Dinge am nächsten Tag auf dem Heimweg ein.

❹ TIEFKÜHL-MARINADE

Geben Sie Fleischstücke mit allen Zutaten für die Marinade (siehe S. 198–199) in einen Gefrierbeutel und legen Sie ihn verschlossen ins Gefrierfach. Wenn Sie das Fleisch auftauen, ist es mariniert und fertig für die Zubereitung.

❺ WÜRZBUTTER

Verrühren Sie übrig gebliebene fein gehackte Kräuter mit Butter und frieren Sie sie ein. Sie können dann Scheiben abschneiden und z. B. zum Braten verwenden, über Gemüse oder Reis zerlaufen lassen und mit frischer Pasta durchheben.

❻ KLEINE PORTIONEN AUS DEM EIS

Frieren Sie übrig gebliebenen Wein im Eiswürfel-behälter ein, dann müssen Sie beim Kochen nicht extra eine Flasche öffnen, wenn Sie nur einen Schluck brauchen. Das funktioniert auch mit Brühe und Kräutern in Olivenöl.

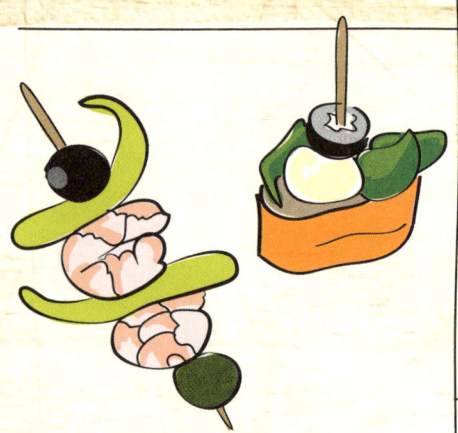

❼ EIS SPART ZEIT

Bereiten Sie eine größere Menge Ihres Lieblingsgerichts zu und frieren Sie Einzel-portionen ein, dann haben Sie immer ein schnelles Essen zur Hand. Das funktioniert auch mit Dessert, wenn Sie es in einzelnen Auflaufförmchen einfrieren.

❽ KLEINE HELFER

Viele Köche verderben den Brei, aber ein bisschen Hilfe schadet auch nicht! Engagieren Sie sich Helfer zum Schneiden, Rühren und Abwaschen, während Sie kochen.

❾ SCHNELLE SNACKS

Sie haben für Ihre Gäste nichts zu knabbern im Haus? Spießen Sie einfach eine Auswahl an Oliven, Sardellen, Käse, Schinken, Cocktailtomaten oder sonnen-getrockneten Paprikaschoten auf Zahn-stocher und bewahren Sie die Snacks bis zum Servieren im Kühlschrank auf.

❿ LERNEN SIE IHRE REZEPTE KENNEN

Lesen Sie das Rezept vollständig durch, bevor Sie anfangen. Wenn Sie genau wissen, was Sie wann tun müssen, sparen Sie viel Zeit und vermeiden unschöne Überraschungen im falschen Moment.

⓫ SEIEN SIE FLEXIBEL

Keine Sorge, wenn Sie eine bestimmte Zutat nicht bekommen können. Tauschen Sie sie einfach gegen etwas Ähnliches aus, bevor Sie auf die Suche nach einem anderen Rezept gehen.

Hier sind unsere 20 Tipps für den Koch in Zeitdruck. Sie erfahren, wie Sie sich möglichst effizient vorbereiten, Zeit bei der Vorbereitung der Zutaten und beim Kochen sparen, Ihren Kreationen schnell zu einem tollen Geschmack verhelfen können und vieles mehr.

12 SEIEN SIE VORBEREITET

Wiegen und messen Sie ab und bereiten Sie alles im Voraus vor. So gibt es später keine Verzögerungen, nur weil Sie eine Zitrone auspressen oder eine Chilischote hacken müssen, während Sie eigentlich rühren sollten.

13 EINMAL KOCHEN, ZWEIMAL ESSEN

Wenn Sie schon einmal in der Küche stehen, macht es nicht viel mehr Arbeit, gleich zwei Gerichte auf einmal zuzubereiten. Während der Ofen für die Koteletts zum Abendessen vorheizt, können Sie auch zwei Hähnchenbrüste auf dem Blech garen. Sie sparen nicht nur Strom, sondern haben auch schon mit dem Abendessen für morgen angefangen.

14 NIMM ZWEI

Hacken Sie nicht nur eine Zwiebel, wenn Sie schon dabei sind! Hacken und frieren Sie eine zweite für später in einem Gefrierbeutel ein (das gilt übrigens auch für Gemüse und Kräuter), dann müssen Sie sie nur noch direkt aus dem Beutel in die Pfanne geben.

15 DIE GRÖSSE ZÄHLT

Schneiden Sie Fleisch und Gemüse klein, damit es schneller gart. Auch dünn geschnittene oder plattierte Fleischstücke braten viel schneller als dicke.

16 GARMETHODEN

Braten, Grillen und Pfannenrühren gehen viel schneller als das Backen im Ofen oder das Köcheln auf dem Herd. Mageres Fleisch und Blattgemüse müssen z. B. nur kurz in der Pfanne gebraten oder gedämpft werden.

17 BECHER STATT WAAGE

Messen Sie Reis, Pasta und andere Trockenzutaten besser in einem Becher oder einer Tasse ab, die die passende Portion ergeben, statt sie jedes Mal abzuwiegen. Merken Sie sich, wie 1 EL Öl in der Pfanne aussieht, dann können Sie es einfach und zügig aus der Flasche zugießen.

18 GANZ AM ANFANG

Bevor Sie irgendetwas anderes tun, schalten Sie den Wasserkocher an und heizen Sie den Backofen (wenn benötigt) vor. Auf diese Weise können Sie sofort loslegen und müssen keine Zwangspausen einlegen.

20 SAUBER BLEIBEN

Ein Essen in 20 Minuten zu zaubern ist toll, eine Stunde hinterher sauber machen weniger! Werfen Sie schon bei der Zubereitung allen Abfall sofort weg, waschen Sie Schneidebretter und wischen Sie die Arbeitsfläche ab. Das spart später viel Arbeit und Mühe.

19 ALLE ZUSAMMEN

Servieren Sie das Essen auf großen Platten, die Sie in die Mitte des Tisches stellen. Das geht schneller, als wenn Sie einzelne Portionen anrichten, und schafft ein schönes Gemeinschaftsgefühl.

FRÜHSTÜCK & BRUNCH
AUF DIE SCHNELLE

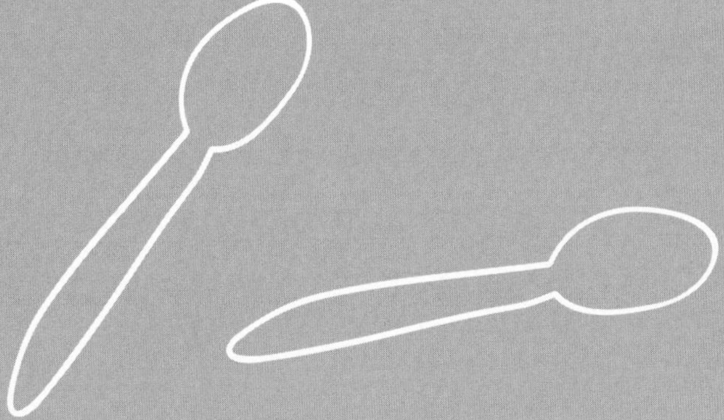

SOMMERLICHER OBSTSALAT

Das erfrischende Zitronen-Minze-Dressing sorgt dafür, dass die Früchte frisch bleiben und nicht braun werden, und es schmeckt auch noch toll! Ein wunderbar leichtes Frühstück, das Sie gut mit einem Löffel Joghurt auffüllen können.

FÜR 4 PERSONEN • FERTIG IN: 10 MIN.

- -

❶ DEN SIRUP KOCHEN

Zucker, Zitronensaft und 2 EL Wasser in einem kleinen Topf bei schwacher Temperatur sanft erhitzen, bis der Zucker geschmolzen ist. Abkühlen lassen, dann die Minze einrühren.

❷ ALLES MISCHEN

Das Obst in einer Schale mischen und mit dem Sirup-Dressing durchheben. Bis zum Servieren kalt stellen oder sofort essen.

TIPP — Sie können natürlich jede Früchtekombination verwenden, aber verzichten Sie besser auf Bananen und sehr reife Himbeeren, da diese beim Mischen schnell zerfallen.

ZUTATEN

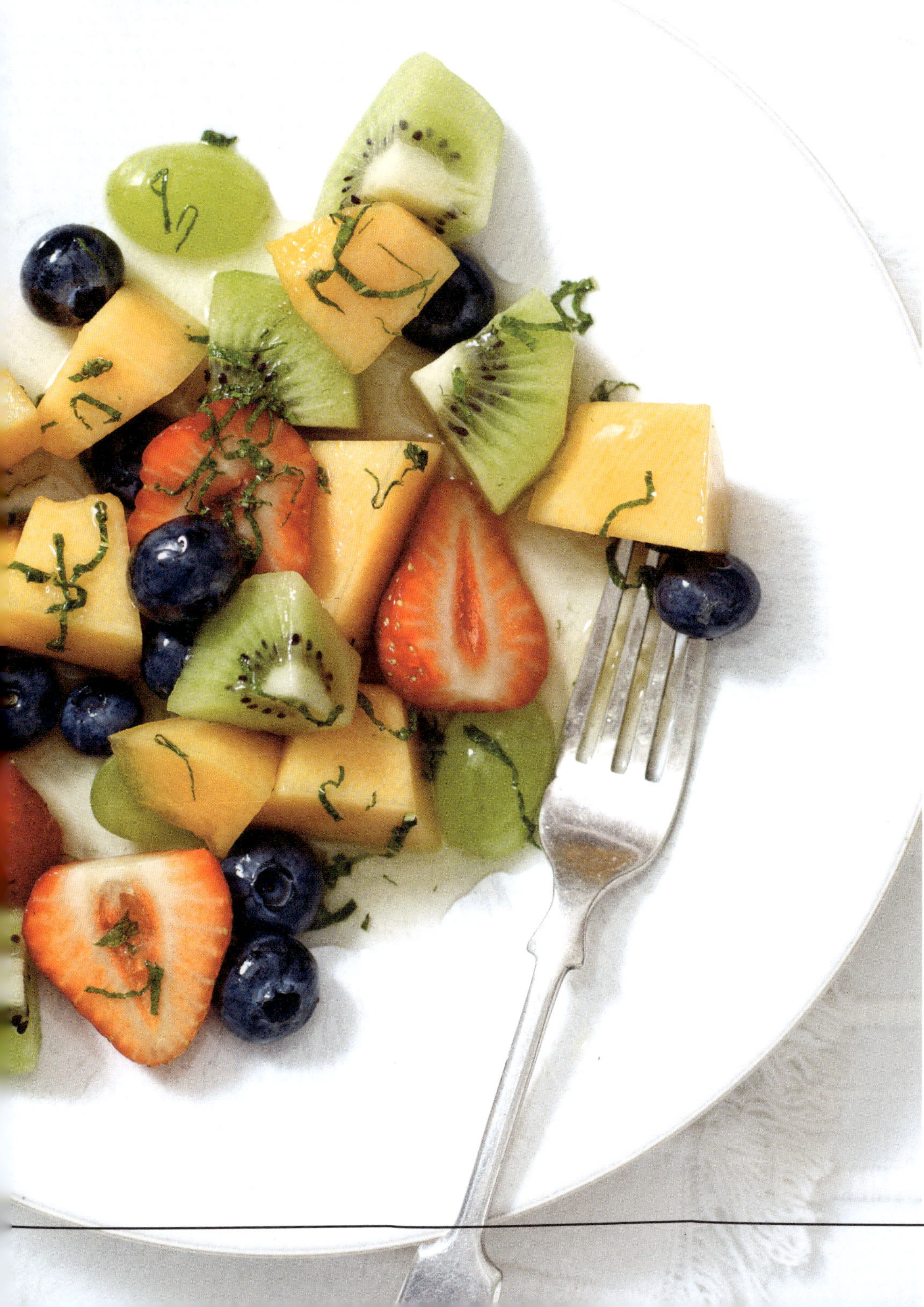

2 EL feinster Zucker

Saft von ½ Zitrone

2 EL fein gehackte Minzeblätter

½ kleine Netzmelone, geschält, entkernt und in 1 cm große Würfel geschnitten

100 g Erdbeeren, je nach Größe halbiert oder geviertelt

50 g Heidelbeeren

50 g grüne kernlose Trauben, halbiert

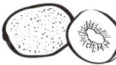

2 Kiwis, geschält und in 1 cm große Würfel geschnitten

SMOOTHIES-RAD

Gibt es einen besseren Start in den Tag als mit einem leckeren Smoothie voller Vitamine und Energie? Das Rad rechts liefert Ihnen die Inspiration für Hunderte aufregender Kombinationen für Ihren nächsten Mix.

UND SO GEHT'S

Lassen Sie sich von den Zutatenvorschlägen zu eigenen Kreationen inspirieren – wenn Sie lieber zwei Flüssigkeiten, aber kein Gemüse möchten, ist das völlig okay. Die Mengen reichen für 1 Person.

- -

1 FLÜSSIGKEIT
Kommt in den Mixer.

2 BINDEMITTEL
Für etwas mehr Substanz.

3 GEMÜSE
Zum Beispiel Blattgemüse oder Sommerkürbis.

4 OBST
Darf auch gerne die Hauptrolle spielen.

5 EXTRAS
Jetzt kommen die Aromen und Garnituren hinzu.

6 ALLES GUT MIXEN
Bis zur gewünschten Konsistenz mixen und dann im Glas servieren oder in der Flasche mitnehmen.

Fangen Sie mit kleinen Mengen an Aromen an und erhöhen Sie die Anteile nach und nach.

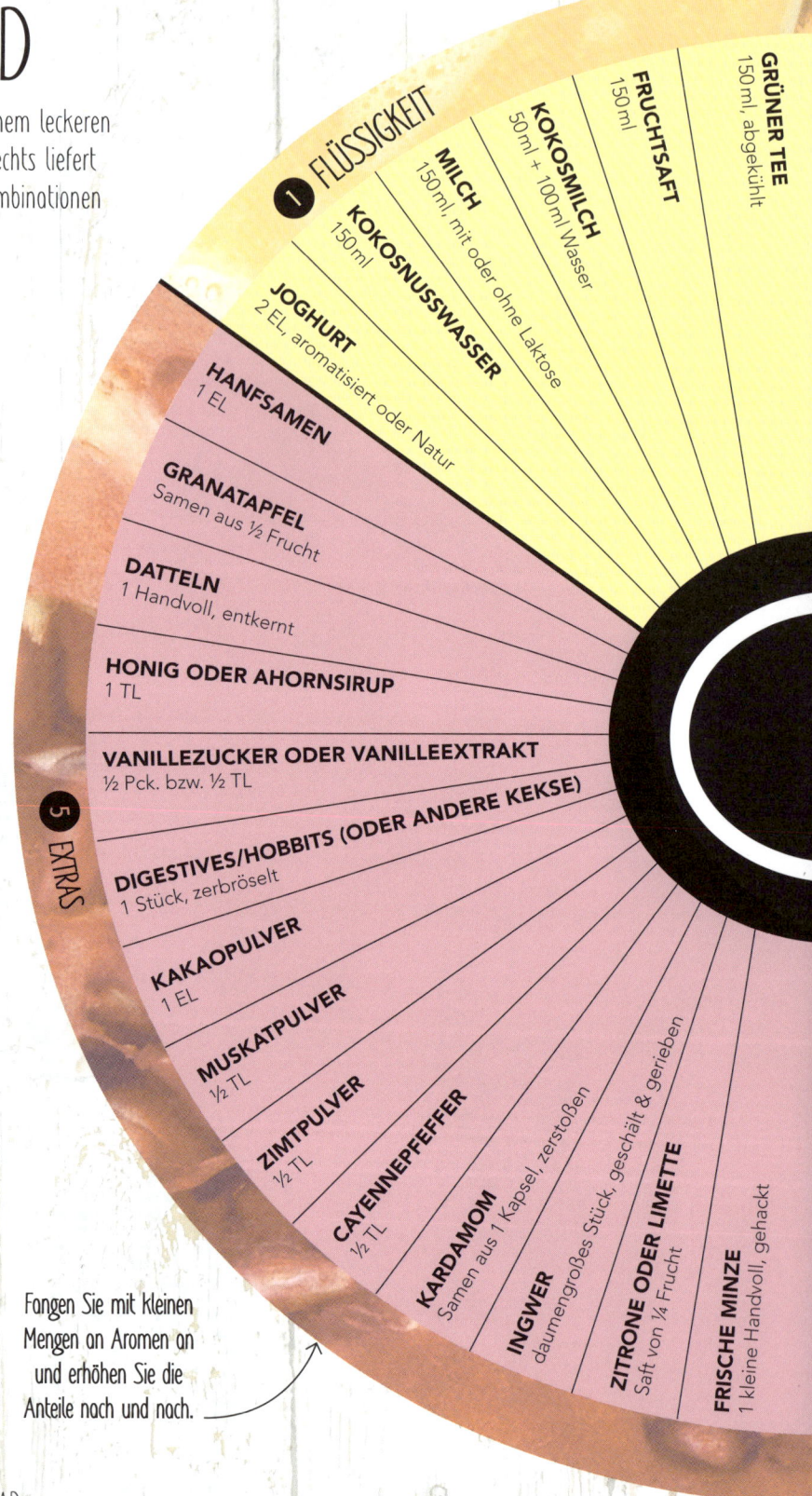

1 FLÜSSIGKEIT

GRÜNER TEE
150 ml, abgekühlt

FRUCHTSAFT
150 ml

KOKOSMILCH
50 ml + 100 ml Wasser

MILCH
150 ml, mit oder ohne Laktose

KOKOSNUSSWASSER
150 ml

JOGHURT
2 EL, aromatisiert oder Natur

5 EXTRAS

HANFSAMEN
1 EL

GRANATAPFEL
Samen aus ½ Frucht

DATTELN
1 Handvoll, entkernt

HONIG ODER AHORNSIRUP
1 TL

VANILLEZUCKER ODER VANILLEEXTRAKT
½ Pck. bzw. ½ TL

DIGESTIVES/HOBBITS (ODER ANDERE KEKSE)
1 Stück, zerbröselt

KAKAOPULVER
1 EL

MUSKATPULVER
½ TL

ZIMTPULVER
½ TL

CAYENNEPFEFFER
½ TL

KARDAMOM
Samen aus 1 Kapsel, zerstoßen

INGWER
daumengroßes Stück, geschält & gerieben

ZITRONE ODER LIMETTE
Saft von ¼ Frucht

FRISCHE MINZE
1 kleine Handvoll, gehackt

2 BINDEMITTEL

BANANE × 1

AVOCADO × 1

CHIASAMEN ½ EL

HAFERFLOCKEN 1 EL

NUSSBUTTER 1 EL

Chiasamen werden in Flüssigkeit gallertartig. Werden sie in einem Smoothie verwendet, sollte man ihn sofort trinken.

Entfernen Sie vor dem Mixen harte Stängel von Blattgemüsen.

3 GEMÜSE

SPINAT
1 große Handvoll

FRÜHKOHL
1 große Handvoll

GRÜNKOHL
1 große Handvoll

MANGOLD
1 große Handvoll

GURKE
¼–½

BROKKOLI
¼ Kopf

KÜRBIS
80 g, gekocht

4 OBST

MANGO
½, geschält & entsteint

ANANAS
1 große Scheibe

ERDBEEREN
75 g, geputzt

HIMBEEREN
75 g

HEIDELBEEREN
75 g

KIWI
2 Stück, geschält

PFIRSICHE
2 Stück, entkernt

NEKTARINEN
2 Stück, entsteint

SUPER MISCHUNGEN

Hier sind einige unserer Lieblings-Smoothies als Inspiration …

PFIRSICH-TRAUM
Vanillejoghurt • Banane • Erdbeeren • Pfirsiche • Zimtpulver • Minzeblätter

GREEN POWER
Mandel- oder Kokosmilch • Avocado • Spinat • Hanfsamen • Limettensaft

KÜRBISKEKS
Vollmilch • gekochter Kürbis • Vanillezucker • Zimt • zerbröselte Digestives (oder andere Kekse nach Belieben)

JADE
Apfelsaft • Gurke • Zitronensaft • Honig • Minzeblätter

BLAUE NUSS
Vanillejoghurt • Milch • cremige Erdnuss-butter • Heidelbeeren • Pfirsiche • Vanillezucker

TROPISCHER FRÜH-STÜCKS-SMOOTHIE

Für diesen schnellen, gesunden Smoothie nehmen Sie gefrorene Mango, sodass Sie nur noch die Bananen schälen und schneiden müssen! Cremiger wird es mit Vollmilch anstelle des Apfelsafts.

FÜR 2 PERSONEN • FERTIG IN: 5 MIN.
SIE BRAUCHEN: STANDMIXER ODER STABMIXER

ZUTATEN

- 1 Banane, geschält und in Scheiben geschnitten
- 100 g gefrorene Mangowürfel
- 4 EL griechischer Joghurt
- 1½ EL flüssiger Honig
- 250 ml Apfelsaft
- Eiswürfel zum Servieren (nach Belieben)

❶ DIE ZUTATEN MIXEN

Alle Zutaten bis auf die Eiswürfel in den Standmixer geben und zu einem cremig-sämigen Smoothie mixen oder mit dem Stabmixer pürieren.

❷ MIT EISWÜRFELN SERVIEREN (NACH BELIEBEN)

Den Smoothie in ein Glas gießen und sofort trinken. Bei hohen Temperaturen im Sommer kann man auch Eiswürfel hinzufügen.

> **Geben Sie**
> 2 EL Haferflocken mit in den Mixer, und Sie haben ein »Frühstück im Glas«.

 **DER PLAN!** ❶ DIE ZUTATEN MIXEN ⟶ ❷ MIT EISWÜRFELN SERVIEREN

FRUCHTIGE JOGHURT-LOLLIS

Wer sagt eigentlich, dass nur Kinder Eislollis schlecken dürfen? Diese Heidelbeer-Joghurt-Lollis stecken voller Vitamine und eignen sich perfekt für ein Sommerfrühstück und als Eissnacks für heiße Tage.

ERGIBT 6–8 EISLOLLIS • FERTIG IN: 5 MIN., PLUS GEFRIERZEIT
SIE BRAUCHEN: STANDMIXER ODER STABMIXER • EIS-AM-STIEL-FORMEN

ZUTATEN

- 500 g Naturjoghurt
- 200 g Heidelbeeren
- 75 g Puderzucker

1 DIE ZUTATEN MIXEN

Alle Zutaten in den Standmixer geben und glatt mixen oder mit dem Stabmixer pürieren.

2 UMFÜLLEN & EINFRIEREN

Die Mischung in die Eis-am-Stiel-Formen füllen und mindestens 2 Stunden einfrieren (sie halten sich im Gefrierfach bis zu 8 Wochen).

3 SERVIEREN

Die Formen zum Servieren 1 Minute unter laufendes heißes Wasser halten, damit die Lollis sich lösen.

Versuchen Sie
zur Abwechslung auch andere weiche Früchte wie Erdbeeren, Pfirsiche oder Himbeeren anstelle der Heidelbeeren.

DER PLAN!

1 DIE ZUTATEN MIXEN → 2 UMFÜLLEN & EINFRIEREN → 3 SERVIEREN

DAS PERFEKTE PORRIDGE

Für 1 Portion bringen Sie 50 g Haferflocken, 150 ml Vollmilch, 200 ml Wasser mit 1 Prise Salz zum Kochen. Reduzieren Sie die Hitze und lassen Sie das Porridge unter gelegentlichem Rühren 7–10 Minuten köcheln. Die Extrazutaten geben Sie einfach währenddessen hinzu.

JOHANNISBEEREN & HONIG
Geben Sie 100 g schwarze Johannisbeeren und 2 EL Honig hinzu.

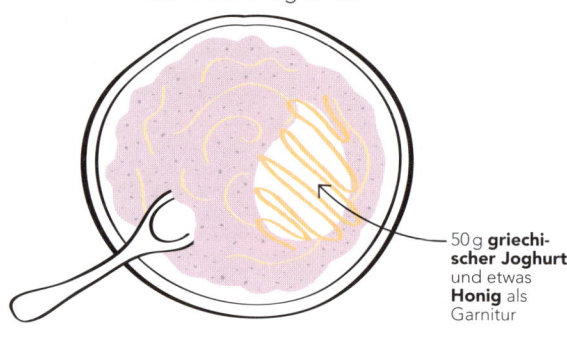

50 g **griechischer Joghurt** und etwas **Honig** als Garnitur

AHORNSIRUP, ZIMT & APFEL
Geben Sie 3 EL Ahornsirup und 1 TL Zimt hinzu.

Mit knackigen **Apfelschnitzen** garnieren

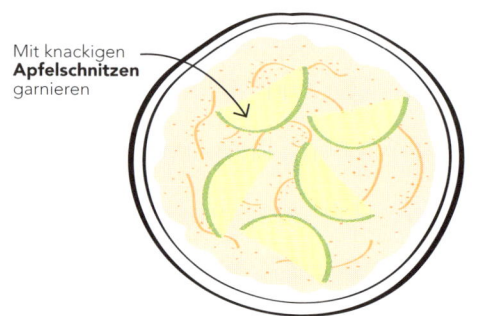

VANILLE & PFIRSICH
Geben Sie 2 EL braunen Zucker und 1 Pck. Vanillezucker hinzu.

Pfirsichscheiben und ein wenig **brauner Zucker**

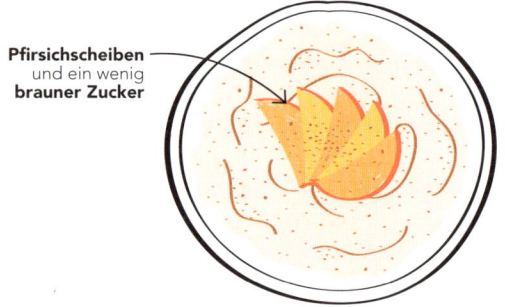

HEIDELBEERE, FEIGE & MANDEL
Geben Sie 2 EL Heidelbeerkonfitüre hinzu.

Obendrauf 1 Handvoll **Mandelblättchen** und 1 geviertelte frische **Feige**

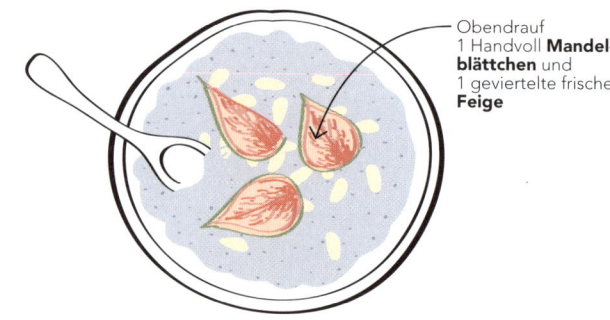

ANANAS & PEKANNUSS (LAKTOSEFREI)
Nehmen Sie statt der Vollmilch Kokosmilch und geben Sie 100 g Ananasstücke hinzu.

1 Handvoll **Pekannüsse** in 1 EL **Kokosöl** goldbraun rösten und zusammen mit 1 EL **braunem Zucker** darüberstreuen

WÜRZIGER KÜRBIS
Geben Sie 50 g pürierten Kürbis, 2 EL braunen Zucker und je 1 TL Zimt, Muskat, Ingwerpulver und gemahlene Nelken hinzu.

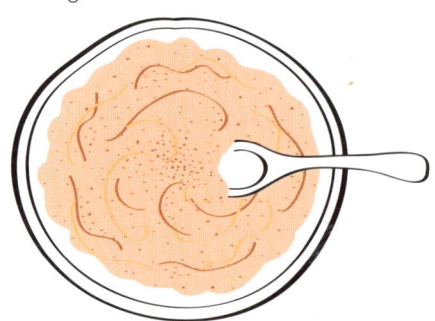

HAFERFLOCKEN ÜBER NACHT

Lassen Sie diese Haferflocken einfach über Nacht in einem Einmachglas im Kühlschrank ziehen, und Sie haben am nächsten Morgen ein leckeres Frühstück. Mischen Sie 50 g Haferflocken mit 350 ml Flüssigkeit und Geschmacksspendern nach Wahl.

KOKOS-BANANE
Die nussige Kokosmilch passt perfekt zu der leckeren Banane und dem Kakaopulver.

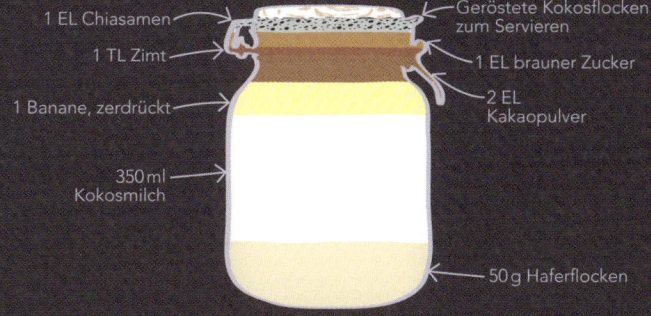

1 EL Chiasamen
1 TL Zimt
1 Banane, zerdrückt
350 ml Kokosmilch
Geröstete Kokosflocken zum Servieren
1 EL brauner Zucker
2 EL Kakaopulver
50 g Haferflocken

HONIGFLOCKEN MIT KIRSCHEN
Die sauren Kirschen balancieren hier die Süße des Honigs perfekt aus.

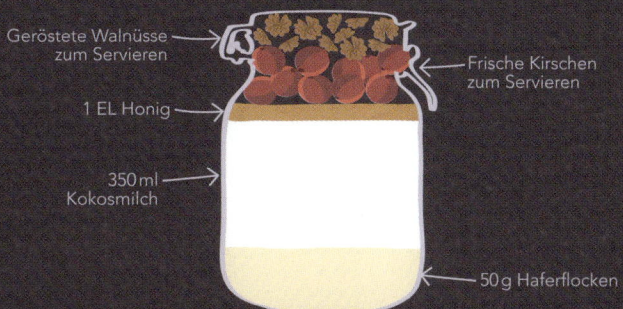

Geröstete Walnüsse zum Servieren
1 EL Honig
350 ml Kokosmilch
Frische Kirschen zum Servieren
50 g Haferflocken

HASELNUSS & CREME
Eine köstliche Kombination für ein süßes und genussreiches Frühstück.

2 EL Haselnusscreme
350 ml Vollmilch
Geröstete Haselnüsse zum Servieren
50 g Haferflocken

MANDEL-PFIRSICH
Mit Mandelmilch, Pfirsichen und Haferflocken lecker wie ein Streuselkuchen.

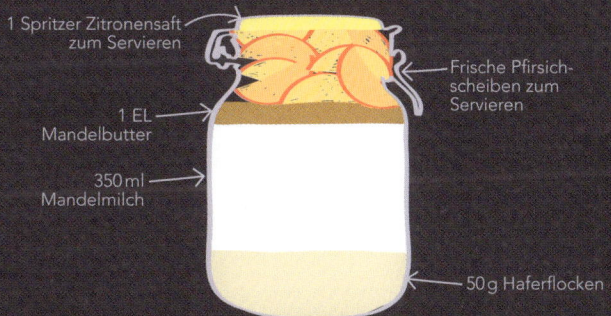

1 Spritzer Zitronensaft zum Servieren
1 EL Mandelbutter
350 ml Mandelmilch
Frische Pfirsichscheiben zum Servieren
50 g Haferflocken

ERDBEERTRAUM
Eine einfache, aber leckere Kombination aus frischen und eingemachten Früchten.

1 EL Erdbeerkonfitüre
350 ml Vollmilch
Frische Erdbeeren und Heidelbeeren zum Servieren
50 g Haferflocken

KAROTTENKUCHEN
Wenn Sie Karottenkuchen mögen, werden Sie diese Haferflocken lieben.

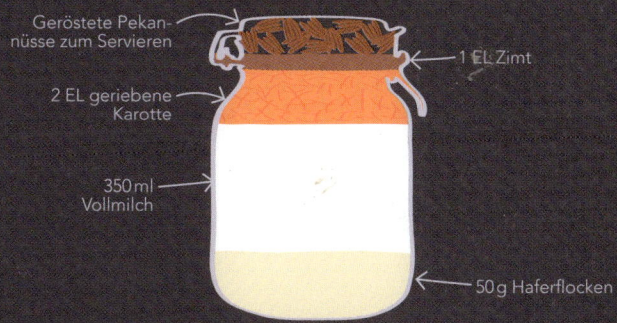

Geröstete Pekannüsse zum Servieren
2 EL geriebene Karotte
350 ml Vollmilch
1 EL Zimt
50 g Haferflocken

ZUTATEN

125 g Haferflocken

50 g gemischte Samen
wie Sonnenblumenkerne,
Sesamsaat, Kürbiskerne
und Leinsamen

50 g gemischte,
ungesalzene Nüsse wie
Cashewkerne, Mandeln,
Hasel- und Walnüsse

1 EL Olivenöl, plus Öl zum
Einfetten

2 EL flüssiger Honig

3 ½ EL Ahornsirup

25 g getrocknete
Heidelbeeren

25 g getrocknete
Cranberrys

25 g getrocknete
Kirschen

15 g Kokosflocken

Griechischer Joghurt oder
Milch zum Servieren

DER PLAN!

❶ HAFERFLOCKEN
RÖSTEN

❷ ÖL & HONIG
HINZUGEBEN

❸ TROCKENOBST
HINZUFÜGEN

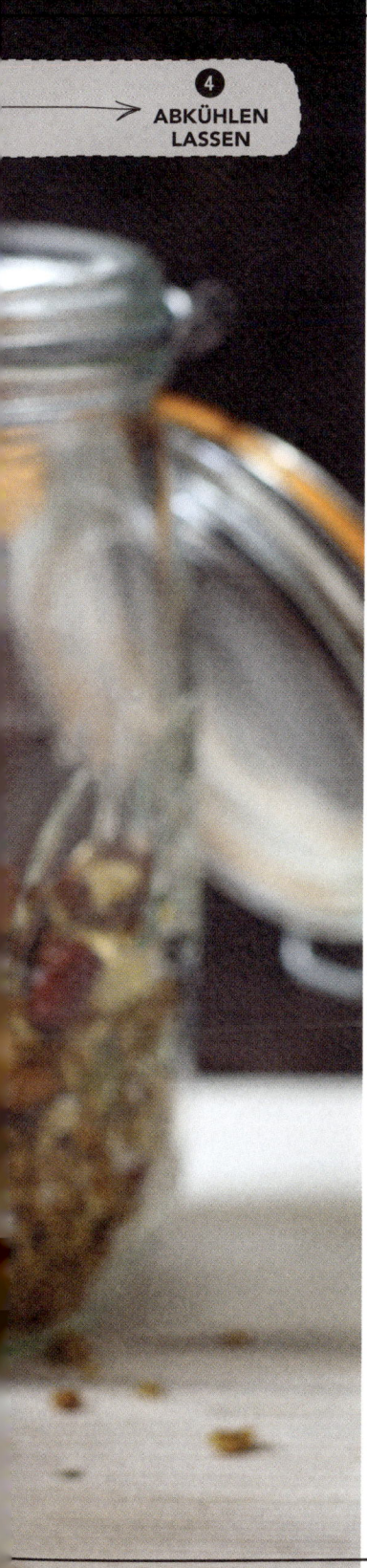

4
→ ABKÜHLEN
LASSEN

SCHNELLES MÜSLI

Wenn Sie Ihr Müsli selber machen, können Sie sicher sein, dass es nur die Dinge enthält, die Sie auch wirklich gerne mögen. Wenn es etwas luxuriöser sein darf, träufeln Sie etwas geschmolzene Schokolade über das abkühlende Müsli.

FÜR 4–6 PERSONEN • FERTIG IN 15 MIN., PLUS ABKÜHLZEIT

1 HAFERFLOCKEN, SAMEN & NÜSSE RÖSTEN

Haferflocken, Samen und Nüsse in eine Pfanne mit hohem Rand geben und unter regelmäßigem Rühren bei mittlerer Hitze 3–5 Minuten leicht anbräunen. Auf ein Backblech geben und beiseitestellen.

2 ÖL, HONIG & SIRUP HINZUGEBEN

Öl, Honig und Ahornsirup in die Pfanne geben und unter Rühren schmelzen. Haferflocken, Samen und Nüsse wieder in die Pfanne geben und unter regelmäßigem Rühren weitere 5 Minuten erhitzen, bis alles durchgewärmt und gleichmäßig überzogen ist.

3 TROCKENOBST HINZUFÜGEN

Beeren, Kirschen und Kokosflocken mischen, in die Pfanne geben und gründlich durchrühren.

4 ABKÜHLEN LASSEN

Die Mischung auf dem Backblech verteilen und vollständig auskühlen lassen. Die kalte Mischung in kleine Stücke brechen und in einen luftdicht schließenden Behälter füllen. Zum Servieren abwechselnd mit Joghurt in 4 Glasschalen schichten oder mit Milch servieren.

TIPP — Das Müsli hält sich luftdicht verschlossen bis zu 1 Monat. Wenn es älter wird, lohnt es sich, es im Ofen erneut knusprig zu backen.

Viele weitere Müsli-Ideen finden Sie auf S. 32–33.

MÜSLIMISCHUNGEN

Mögen Sie Ihr Müsli lieber süß und fruchtig, herzhaft und nussig oder irgendwo dazwischen? Die folgenden Vorschläge helfen Ihnen, Ihre Lieblingsmischung zu finden, die Sie dann nach dem Rezept auf S. 30–31 zubereiten können. Sie können natürlich auch einfach die Trockenzutaten mischen und direkt genießen.

TROCKENZUTATEN

Die Basis der meisten Müslimischungen bilden Getreidesorten wie Haferflocken. Buchweizen bietet da eine schöne glutenfreie Alternative. Nüsse und Samen sorgen für gesunden Biss, und Trockenfrüchte liefern Süße und eine weichere Konsistenz.

1 GETREIDE
Nehmen Sie 3–4 Teile Getreide oder **Getreidemischung** wie **Haferflocken**, **Dinkel**, **Quinoa** und **Gerste**. Auch schön: Roggen, Buchweizen oder Weizenkeime.

2 NÜSSE
Wenn Sie Nüsse mögen, nehmen Sie 1–2 Teile einer Nusssorte oder **-mischung** wie **Mandeln**, **Pistazien**, **Pekannüsse**, **Haselnüsse** oder **Paranüsse**. Hacken Sie große Nüsse klein. Auch schön: Cashewkerne, Macadamianüsse, Erdnüsse und Walnüsse.

3 SAMEN & SAATEN
Wenn Sie Samen und Saaten mögen, nehmen Sie 1–2 Teile einer Sorte oder **Mischung** wie **Kürbiskerne**, **Sesamsaat**, **Sonnenblumenkerne** und **Chiasamen**. Auch schön: Hanfsamen, Pinienkerne, Mohnsamen und Leinsamen.

4 TROCKENOBST
Für die Süße nehmen Sie 1–2 Teile einer Sorte oder **Trockenobstmischung** wie **Cranberrys**, **Bananenchips**, **Mangos** oder **Datteln**. Auch schön: Kirschen, Aprikosen, Feigen, Rosinen und Sultaninen.

NASSZUTATEN, GEWÜRZE & AROMEN

Fette geben der trockenen Mischung Bindung, Gewürze und Aromen spenden zusätzlichen Geschmack, und ein Sirup oder eine Konfitüre sorgt beim Kochen für süße, knusprige Stücke.

5 FETTE
Nehmen Sie ¼–½ Teil **Olivenöl**, Pflanzenöl oder zerlassene Butter.

6 GEWÜRZE & AROMEN
Fügen Sie Ihr Lieblingsgewürz wie **Zimt** oder **Vanilleextrakt bzw. -zucker** hinzu. Auch schön: Muskatpulver, Ingwerpulver, Piment, Bittermandelöl, abgeriebene Zitronen- oder Orangenschale und Kokosflocken.

7 SIRUPE & KONFITÜREN
Nehmen Sie ½–1 Teil Ihres Lieblingssirups oder Ihrer Lieblingskonfitüre wie **Ahornsirup**, **Himbeerkonfitüre** oder **Erdnussbutter**. Auch schön: Honig, Agavennektar, Reissirup, Haselnusscreme, Fruchtkonfitüren, Lemon Curd oder Apfelmus.

1 Getreidemischung

2 Nussmischung

3 Körnermischung

7 grobe Erdnussbutter

7 Himbeerkonfitüre

4 Trockenobstmischung

7 Ahornsirup

6 Vanilleextrakt

5 Olivenöl

6 gemahlener Zimt

Serviervorschläge
Servieren Sie das Müsli mit Milch (Kuhmilch oder laktosefreien Alternativen wie Mandel-, Soja- oder Kokosmilch) oder Joghurt und frischen gehackten Früchten oder einem Löffel Kompott.

BANANEN-HAFER-KLEIE-MUFFINS

Diese Muffins sind eine leckere und gesunde Wahl für einen gemütlichen Brunch. Sie müssen nicht erst komplett auskühlen, sondern schmecken auch warm einfach köstlich.

ERGIBT 12 MUFFINS • FERTIG IN: 20 MIN.
SIE BRAUCHEN: 12 PAPIER-MUFFINFORMEN UND 1 MUFFINBLECH MIT 12 MULDEN • HANDRÜHRGERÄT

- 160 g Weizenmehl
- 100 g Haferkleie
- 1 TL Zimt
- 1 TL Backpulver
- 1 TL Speisenatron
- 50 g gehackte Walnüsse
- 110 g weiche Butter
- 100 g Rohrzucker (z.B. Demerarazucker)
- 2 Eier, leicht verquirlt
- 3 reife Bananen, zerdrückt
- 120 ml Vollmilch

TROCKENZUTATEN MISCHEN

MUFFINFORMEN

1 EINSETZEN

MUFFINBLECH

Den Backofen auf 190 °C vorheizen.
Die Muffinformen in das Blech setzen.

2 SIEBEN

Zimt

Backpulver

Speisenatron

SIEB

Haferkleie

Mehl und Walnüsse

Mehl, Haferkleie, Zimt, Backpulver und Speisenatron sieben, um Luft beizumengen und Klümpchen im Teig zu vermeiden. Im Sieb verbliebene Kleie hinzugeben, Walnüsse einstreuen und gründlich verrühren.

NASSZUTATEN MISCHEN UND MIT TROCKENZUTATEN VERRÜHREN

Zucker

HANDRÜHR-GERÄT

3 SCHLAGEN

Butter

Butter und Zucker hell und schaumig aufschlagen.

pürierte Banane

Milch

4 MISCHEN

Eier

Die Eier hinzugeben und durchrühren. Bananen und Milch einrühren.

nasse Mischung

5 GIESSEN

trockene Mischung

Die nasse Mischung zur trockenen gießen und kurz verrühren (wenn man zu lange rührt, werden die Muffins zu fest).

BACKEN!

6 AUFTEILEN

Den Teig auf die Formen verteilen, dann das Blech in den Ofen geben und die Muffins 15–20 Minuten backen.

7 ÜBERPRÜFEN

Die Muffins sind fertig, wenn an einem in die Mitte gestochenen Zahnstocher kein Teig mehr klebt. Zum Abkühlen auf ein Kuchengitter setzen.

Zum Einfrieren warten, bis die Muffins ausgekühlt sind, dann auf einem Backblech ins Gefrierfach stellen. Nach 3 Stunden in einen Gefrierbeutel geben. Bei Zimmertemperatur auftauen.

ZITRONEN-MOHN-MUFFINS

Diese leichten, zitronigen Muffins sind perfekt für ein Sonntagsfrühstück oder einen -brunch. Sie können sie ofenfrisch essen und übrig gebliebene Muffins luftdicht verpackt als Snacks für die Woche aufbewahren.

ERGIBT 12 MUFFINS • FERTIG IN: 20 MIN., PLUS ABKÜHLZEIT
SIE BRAUCHEN: 12 PAPIER-MUFFINFORMEN UND 1 MUFFINBLECH MIT 12 MULDEN

ZUTATEN

- 250 g Mehl
- 1 TL Backpulver
- ¼ TL Salz
- 125 g feinster Zucker
- fein abgeriebene Schale von 1 Zitrone
- 1 gehäufter TL Mohnsamen
- 100 ml Vollmilch
- 100 ml Naturjoghurt
- 3½ EL Sonnenblumenöl
- 1 großes Ei, leicht verquirlt
- 2 EL Zitronensaft

FÜR DIE GLASUR

- 2 EL Zitronensaft
- 150 g Puderzucker
- fein abgeriebene Schale von 1 Bio-Zitrone

❶ TROCKENZUTATEN MISCHEN

Den Backofen auf 200 °C vorheizen und die Papierformen in die 12 Mulden eines Muffinblechs setzen. Mehl, Backpulver und Salz in eine große Schüssel sieben. Mit dem Schneebesen Zucker, Zitronenschale und Mohn einrühren.

❷ NASS- & TROCKENZUTATEN MISCHEN

Milch, Joghurt und Öl in einen Messbecher geben und gründlich mit Ei und Zitronensaft verquirlen. Die Flüssigkeit in die Mitte der Trockenzutaten gießen und mit einem Holzlöffel verrühren. Die Zutaten sollten nur gerade gemischt sein – rührt man zu lange, werden die Muffins zu fest.

❸ BACKEN

Die Mischung gleichmäßig auf die Formen verteilen und auf mittlerer Schiene des Backofens 15 Minuten backen, bis die Muffins hellbraun und aufgegangen sind. Aus dem Ofen nehmen und 5 Minuten im Blech abkühlen lassen, dann zum vollständigen Auskühlen auf ein Kuchengitter setzen.

❹ GLASIEREN

Für die Glasur Zitronensaft und Puderzucker zu einer flüssigen Mischung verrühren, über die Muffins träufeln und die Muffins mit abgeriebener Zitronenschale bestreuen.

DER PLAN! ❶ TROCKEN-ZUTATEN MISCHEN → ❷ NASS- & TROCKEN-ZUTATEN MISCHEN → ❸ BACKEN → ❹ GLASIEREN

QUINOA-POLENTA-MUFFINS

Diese ballaststoffreichen, herzhaften Muffins sind ein perfekter Start in den Tag. Zusammen mit Eiern, Bacon und Avocado ergeben sie ein kräftiges Frühstück, das einfachen Toast um Längen schlägt!

ERGIBT 8 MUFFINS • FERTIG IN: 30 MIN.
SIE BRAUCHEN: 8 PAPIER-MUFFINFORMEN UND 1 MUFFINBLECH MIT 8 MULDEN

ZUTATEN

- 1 EL Olivenöl
- 4 Eier (Größe L)
- 8 Scheiben Bacon
- 1 großes Stück Butter zum Servieren
- 2 Avocados, entkernt und in dünne Streifen geschnitten, zum Servieren

FÜR DEN TEIG

- 130 g Polenta
- 60 g Vollkornmehl
- 150 g Quinoa, nach Angaben des Herstellers gekocht
- 1 EL Backpulver
- ½ TL Speisenatron
- ¾ TL Meersalz
- 250 ml Milch
- 3½ EL Olivenöl
- 1 EL Honig
- 3 Eier (Größe L)

❶ TROCKENZUTATEN MISCHEN

Den Backofen auf 200 °C vorheizen. Das Muffinblech einfetten und die Papierformen einsetzen. Für den Teig Polenta, Mehl, Quinoa, Backpulver, Natron und Salz in eine große Rührschüssel geben und vermengen.

❷ NASS- & TROCKENZUTATEN MISCHEN

In einer zweiten Schüssel Milch, Öl, Honig und Eier miteinander verquirlen, dann sanft unter die Trockenzutaten mischen und kurz verrühren – rührt man zu lange, werden die Muffins zu fest.

❸ BACKEN

Den Teig gleichmäßig auf die acht Formen verteilen und das Blech in den Ofen schieben. 20 Minuten backen, bis an einem in die Mitte gestochenen Zahnstocher kein Teig mehr klebt.

❹ EIER, BACON & AVOCADO VORBEREITEN

In der Zwischenzeit das Öl bei mittlerer Hitze in einer Pfanne erhitzen, die Eier braten. Dann den Bacon hinzugeben und knusprig braten. Die Muffins aufschneiden, mit Butter bestreichen und mit Spiegelei, Bacon und Avocado servieren.

DER PLAN!
❶ TROCKEN-ZUTATEN MISCHEN → ❷ NASS- & TROCKEN-ZUTATEN MISCHEN → ❸ BACKEN → ❹ EIER, BACON & AVOCADO VORBEREITEN

TOAST-VARIANTEN

Chili-Mayo, Ei & knuspriger Bacon auf getoastetem Graubrot

Frischkäse, z. B. von der Ziege, oder auch **Brie**

Sehr reife frische **Feigen**

Frischkäse, Feigen & Schinken auf getoastetem Bagel

Für das **Aioli** 3 EL Mayonnaise im Standmixer mit 2 Knoblauchzehen und ½ TL Chipotle-Pulver oder geräuchertem Paprikapulver (Pimentón picante) verschlagen.

Den **Spinat** bei mittlerer Hitze in der Pfanne zusammenfallen lassen, anschließend ausdrücken.

Ziegenfrischkäse, Birne & Honig auf Weizentoast

Blattspinat, Rührei & Feta auf getoastetem Roggenbrot

Toast muss nicht immer nur die Nebenrolle spielen, er kann auch der Star sein! Mit etwas Fantasie und den richtigen Zutaten verwandeln Sie eine einfache Scheibe Brot in eine Sensation. Experimentieren Sie nicht nur mit unterschiedlichen Belägen, sondern auch mit verschiedenen Brotsorten. Hier sind einige Anregungen für Toastliebhaber.

Frischkäse, Räucherlachs, rote Zwiebeln, Tomaten & Kapern auf getoastetem Pumpernickel

Erdnussbutter, Banane, Walnüsse, Zimt & Honig auf Weizentoast

Joghurt, Pfirsichscheiben & Honig auf Weizentoast

Spritzer Olivenöl

Meersalz und frisch gemahlener schwarzer Pfeffer

Avocadopüree & hart gekochtes Ei auf Mehrkorntoast

ZUTATEN

4 EL Frischkäse

4 Scheiben Hefezopf oder Brioche, je 2,5 cm dick

4–6 Erdbeeren, geputzt und in dicke Scheiben geschnitten

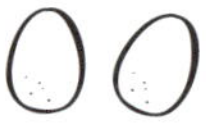

2 Eier (Größe L)

50 g brauner Zucker

4 EL oder 50 ml Milch

1 Pck. Vanillezucker oder ½ TL Vanilleessenz

½ TL Zimt

2 EL Butter

Honig zum Servieren

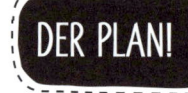 DER PLAN!  ❶ SCHICHTEN ⟶ ❷ IN EI WENDEN ⟶  ❸ BRATEN

ARME RITTER MIT ERDBEERFÜLLUNG

Hier ist eine leckere Variante des Brunch-Klassikers Arme Ritter. Für dieses Rezept kommt eine Füllung aus Frischkäse und saftigen Erdbeeren zwischen zwei Brotschichten – eine Luxusversion, die noch besser schmeckt als das Original!

ERGIBT 2 ARME RITTER • FERTIG IN: 20 MIN.

❶ SCHICHTEN

Jede Brotscheibe mit je 1 EL Frisch-käse bestreichen. 2 Scheiben mit jeweils 2–3 Erdbeerscheiben belegen und dann mit den beiden verblei-benden Brotscheiben bedecken, um 2 Sandwiches zu erhalten.

❷ IN EI WENDEN

Die Eier in einer Schüssel mit dem Schneebesen mit Zucker, Milch, Vanillezucker und Zimt verquirlen. Die Sandwiches in die Eimischung legen und vollständig untertauchen.

❸ BRATEN

1 EL Butter bei mittlerer Hitze in der Pfanne zerlassen. Die Sandwiches von jeder Seite 3–4 Minuten gold-braun braten. Bei Bedarf die ver-bleibende Butter in die Pfanne geben. Arme-Ritter-Sandwiches mit Honig beträufelt heiß servieren.

BUTTERMILCH-PFANNKUCHEN

Wenn man amerikanische Pancakes mit Buttermilch statt Vollmilch macht, werden sie wunderbar leicht und luftig – perfekt für einen entspannten Morgen.

ERGIBT 20 PFANNKUCHEN • FERTIG IN: 10–12 MIN.

- 25 g Butter, zerlassen und abgekühlt, plus Butter zum Backen und Servieren
- 150 ml Buttermilch
- 100 ml Vollmilch
- 2 Eier (Größe L), leicht verquirlt
- 1 TL Vanilleextrakt oder 1 Pck. Vanillezucker
- 1 TL Backpulver
- 25 g feinster Zucker
- 225 g Mehl, gesiebt
- Ahornsirup zum Servieren

NASSZUTATEN ZUBEREITEN

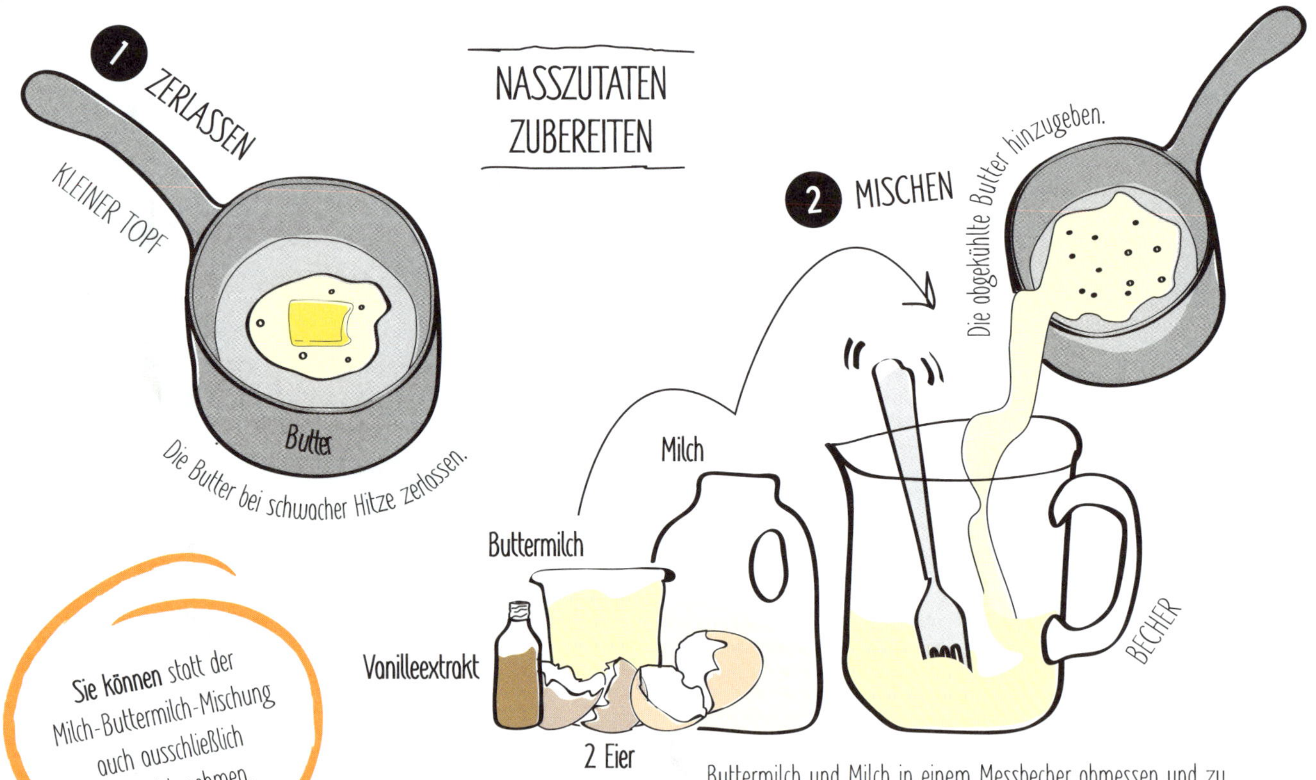

1 ZERLASSEN

KLEINER TOPF

Butter

Die Butter bei schwacher Hitze zerlassen.

2 MISCHEN

Die abgekühlte Butter hinzugeben.

Milch

Buttermilch

Vanilleextrakt

2 Eier

BECHER

Buttermilch und Milch in einem Messbecher abmessen und zu den übrigen Nasszutaten geben. Alles gründlich mit einer Gabel verquirlen.

Sie können statt der Milch-Buttermilch-Mischung auch ausschließlich Vollmilch nehmen.

DEN TEIG ANRÜHREN

3 MISCHEN

feinster Zucker

Backpulver

HOLZLÖFFEL

Mehl

Die Trockenzutaten mischen.

4 VERMENGEN

Nasszutaten

SCHNEEBESEN

Die Nasszutaten in eine Mulde in der Mitte der
Mehlmischung gießen und verrühren.

IN MEHREREN PORTIONEN BACKEN

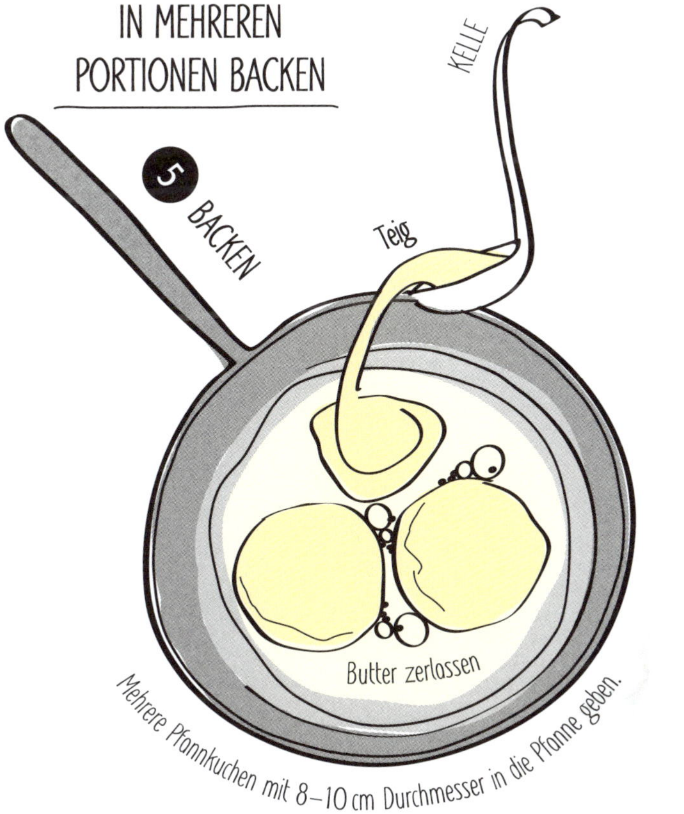

KELLE

5 BACKEN

Teig

Butter zerlassen

Mehrere Pfannkuchen mit 8–10 cm Durchmesser in die Pfanne geben.

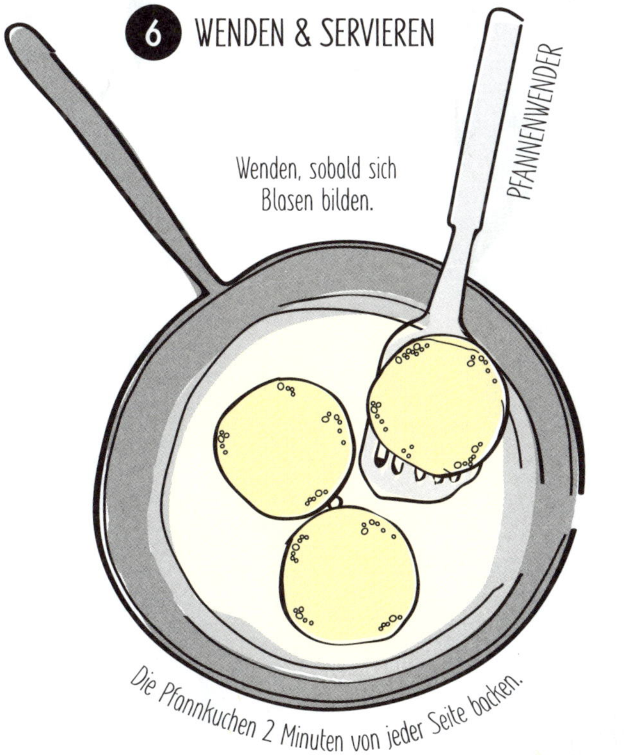

6 WENDEN & SERVIEREN

Wenden, sobald sich
Blasen bilden.

PFANNENWENDER

Die Pfannkuchen 2 Minuten von jeder Seite backen.

PFANNKUCHEN-VARIANTEN

Für Schokoladen-Pfannkuchen 3 EL **Kakaopulver** und 4 EL **Schokotropfen** zum Teig geben.

Mascarpone, Pfirsich & Honig mit frischer Minze

Schoko-Pfannkuchen mit Haselnusscreme & zerdrückten Himbeeren

Sehr reife frische Pfirsiche

Für die **karamellisierte Banane** je 2 EL **Butter** und **braunen Zucker** zerlassen und **Bananenscheiben** darin goldbraun karamellisieren.

Karamellisierte Banane & Walnüsse

Heidelbeerpfannkuchen mit knusprigem Bacon & Ahornsirup

Heidelbeeren und Ahornsirup sind immer ein Hit, aber warum nicht mal etwas anderes ausprobieren? Hier sind ein paar verlockend leckere Ideen sowohl für Genießer mit süßem Zahn als auch für Freunde des herzhaften Belags. Das Grundrezept für Pfannkuchen finden Sie auf S. 42–43.

Joghurt, Erdbeeren & Honig

Vanilleeis, Schokoladensauce & gehackte Haselnüsse

Für die Salbeipfannkuchen 1 Handvoll frische, fein gehackte **Salbeiblätter** zum Teig geben.

Für die Sauce 50 g **Butter** zerlassen, dann 25 g **braunen Zucker** einrühren und unter gelegentlichem Rühren bei schwacher Hitze 7–10 Minuten kochen, bis die Butter bräunt.

Salbeipfannkuchen mit Brauner-Zucker-Butter-Sauce

Schlagsahne, Lemon Curd & Heidelbeeren

ZUTATEN

225 g Mehl, gesiebt

1 TL Backpulver

25 g feinster Zucker

150 ml Buttermilch

100 ml Vollmilch

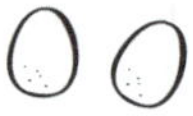

2 Eier (Größe L)

1 Pck. Vanillezucker oder
½ TL Vanilleessenz

25 g Butter, zerlassen und
abgekühlt, plus Butter zum
Braten und Servieren

150 g Heidelbeeren

Ahornsirup zum Servieren

DER PLAN!

1. TROCKENZUTATEN MISCHEN → 2. NASSZUTATEN VERQUIRLEN → 3. TEIG ANRÜHREN → 4. HEIDELBEEREN HINZUGEBEN

HEIDELBEER-PFANNKUCHEN

Dies ist der absolute Pfannkuchen-Klassiker, hier mit prickelnder Buttermilch, die den Teig leichter macht, aber auch problemlos durch Vollmilch ersetzt werden kann. Wenn man mit Freunden isst, kann man sich beim Backen und Essen auch gut abwechseln.

ERGIBT 20 PFANNKUCHEN · FERTIG IN: 20 MIN.

1 TROCKENZUTATEN MISCHEN

Mehl, Backpulver und Zucker in einer Rührschüssel mit einem großen Schneebesen vermengen.

2 NASSZUTATEN VERQUIRLEN

Buttermilch und Milch in einem Messbecher abmessen, Eier und Vanillezucker hinzugeben und gut verquirlen. Die abgekühlte Butter einrühren.

3 TEIG ANRÜHREN

Ein Mulde in die Mitte der Mehlmischung drücken und die Milchmischung langsam mit dem Schneebesen einrühren, bis ein dickflüssiger Teig entsteht.

4 HEIDELBEEREN HINZUGEBEN

Etwas Butter in einer Pfanne erhitzen, Teig für mehrere Pfannkuchen mit 8–10 cm Durchmesser hineingeben und mit Heidelbeeren bestreuen. Der Teig wird die Beeren beim Backen umschließen.

5 BACKEN & WENDEN

Die Pfannkuchen 2 Minuten von jeder Seite backen und wenden, sobald die Ränder fest sind und sich Blasen auf der Oberfläche bilden. Die fertigen Pfannkuchen auf einem Teller mit einem Handtuch bedecken, damit sie warm bleiben. Mit Butter und Ahornsirup servieren. Weitere Ideen für Beläge finden Sie auf S. 44–45.

TIPP – Tiefgekühlte Heidelbeeren sind preiswert und eignen sich genauso gut wie frische, Sie müssen sich also nicht auf die Beerensaison beschränken. Geben Sie sie gefroren in den Teig, sie tauen beim Backen auf und zerfallen nicht in der Pfanne.

> **Geben Sie**
> 1 gehäuften Teelöffel
> Zimt für eine würzig-süße,
> aromatische Note in
> den Teig.

KÜRBIS-ZIMT-WAFFELN

Die Gewürze und das Kürbispüree verleihen diesen Waffeln eine schöne herbstliche Note. Wenn Sie kein Kürbispüree in der Dose bekommen, backen und pürieren Sie einen frischen Kürbis einfach selber.

FÜR 6 PERSONEN • FERTIG IN: 20 MIN.
SIE BRAUCHEN: WAFFELEISEN ODER WAFFELAUTOMAT

ZUTATEN

- 200 g Mehl, gesiebt
- 50 g brauner Zucker
- 1 TL Backpulver
- 2 TL Zimt
- 2 Eier (Größe L), getrennt
- 300 ml Vollmilch
- 1 Pck. Vanillezucker
- 50 g Butter, zerlassen und abgekühlt
- 150 g Kürbispüree aus der Dose
- Ahornsirup, Bananenscheiben oder gebratene Apfelspalten zum Servieren

1 TROCKENE UND NASSE ZUTATEN MISCHEN

Mehl, Zucker, Backpulver und Zimt mit dem Schneebesen in einer Rührschüssel vermengen. Eigelbe, Milch, Vanillezucker, Butter und Kürbispüree einrühren.

2 EIWEISS STEIF SCHLAGEN

Waffeleisen oder -automat vorheizen. Das Eiweiß in einer sauberen Schüssel steif schlagen. Den Eischnee unter die Teigmischung heben und gründlich vermengen.

3 WAFFELN BACKEN

Den Backofen auf 130 °C vorheizen. Eine kleine Kelle Teig in das Waffeleisen (oder den -automat) geben und fast bis an den Rand verteilen. Den Deckel schließen und die Waffel goldgelb backen. Die Waffeln bis zum Servieren in einer Lage im Ofen warm stellen.

4 SOFORT SERVIEREN

Die Waffeln sofort mit Ahornsirup, Bananenscheiben oder gebratenen Apfelspalten servieren.

 DER PLAN!

 1 TROCKENE & NASSE ZUTATEN MISCHEN → **2 EIWEISS STEIF SCHLAGEN** → **3 WAFFELN BACKEN** → **4 SOFORT SERVIEREN**

MAISWAFFELN MIT BACON-AHORN-SAUCE

Diese unkomplizierten Maiswaffeln sind eine leckere Variante des beliebten Brunch-Klassikers. Das Maismehl macht sie knusprig und gibt ihnen eine feine Süße – die perfekte Unterlage für die süß-herzhafte Sauce.

ERGIBT 6-8 WAFFELN • FERTIG IN: 20 MIN.
SIE BRAUCHEN: WAFFELEISEN ODER WAFFELAUTOMAT

ZUTATEN

- 125 g Mehl
- 50 g feine Polenta oder Maismehl
- 1 TL Backpulver
- 2 EL feinster Zucker
- 300 ml Milch
- 75 g Butter, zerlassen
- 1 Pck. Vanillezucker
- 2 Eier (Größe L), getrennt
- 4 Scheiben durchwachsener Bacon
- 100 ml guter Ahornsirup
- Konfitüre, frisches Obst, gesüßte Sahne oder Eiscreme zum Servieren (nach Belieben)

1 TROCKENE UND NASSE ZUTATEN MISCHEN

Mehl, Polenta, Backpulver und Zucker in eine Rührschüssel geben. Eine Mulde in die Mitte drücken und Milch, Butter, Vanillezucker und Eigelbe hineingeben und mit dem Schneebesen zu einem Teig verrühren.

2 EIWEISS STEIF SCHLAGEN

Waffeleisen oder -automat vorheizen. Das Eiweiß in einer sauberen Schüssel steif schlagen und mit einem Metalllöffel unter den Teig heben.

3 WAFFELN BACKEN

Den Backofen auf 130 °C vorheizen. Eine kleine Kelle Teig in das Waffeleisen (oder den -automat) geben und fast bis an den Rand verteilen. Den Deckel schließen und die Waffel goldgelb backen. Die Waffeln bis zum Servieren in einer Lage im Ofen warm stellen.

4 DIE AHORN-BACON-SAUCE ZUBEREITEN UND SERVIEREN

Während die Waffeln backen, die Sauce kochen. Den Bacon in einer Pfanne knusprig braten. Kurz abkühlen lassen, dann zerkrümeln. Den Ahornsirup in einem kleinen Topf bei schwacher Hitze sanft erhitzen. Bacon in den warmen Sirup rühren und die Sauce über die Waffeln geben. Sofort mit Konfitüre, frischem Obst, süßer Sahne oder Eiscreme nach Belieben servieren.

DER PLAN!

1 TROCKENE & NASSE ZUTATEN MISCHEN → 2 EIWEISS STEIF SCHLAGEN → 3 WAFFELN BACKEN → 4 SAUCE KOCHEN & SERVIEREN

6 VARIANTEN MIT EI

① WEICH GEKOCHT	**②** POCHIERT	**③** GEBRATEN

① WEICH GEKOCHT

① Einen Topf halb mit Wasser füllen und aufkochen. 1 Prise Salz hineingeben (so tritt kein Eiweiß durch Risse in der Schale aus).

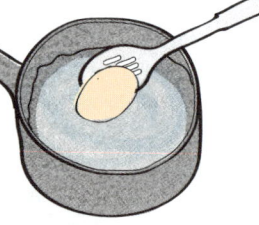

② Das Ei vorsichtig mit einem Schaumlöffel ins Wasser setzen.

③ 4–6 Min. kochen (je nach Größe des Eis und gewünschter Festigkeit des Eigelbs).

④ Das Ei aus dem Wasser heben und sofort servieren.

② POCHIERT

① Einen großen Topf mit Wasser zum Kochen bringen. 1 Prise Salz und 1 Spritzer Weißweinessig (für die Bindung) hineingeben.

② Ein sehr frisches Ei in eine Schüssel aufschlagen.

③ Das Wasser kräftig zu einem Strudel rühren und das Ei vorsichtig in die Mitte gießen.

④ Die Hitze zurücknehmen und 2–4 Minuten kochen (je nach Größe des Eis und gewünschter Festigkeit des Eigelbs). Heiß servieren.

③ GEBRATEN

SPIEGELEI

① Etwas Butter oder 1 Spritzer Olivenöl bei mittlerer Hitze in einer Pfanne erhitzen.

② Ein Ei in die Pfanne aufschlagen und 5–6 Minuten braten, bis das Eiweiß fest ist. Salzen, pfeffern und heiß servieren.

BEIDSEITIG GEBRATEN

① Für ein beidseitig gebratenes Spiegelei das Ei in die heiße, gefettete Pfanne (siehe oben) aufschlagen und 2–3 Minuten braten.

② Nach Geschmack salzen, das Ei mit dem Pfannenwender wenden und weitere 2 Minuten braten. Heiß servieren.

Eier sind vielseitig, nahrhaft und brauchen nicht viel Zeit – ideal für ein schnelles Frühstück oder einen Brunch. Neben diesen Klassikern können Sie Ihre Rühreier auch mit geriebenem Käse, gekochtem Schinken oder Frühlingszwiebeln zubereiten oder Sie geben etwas Spinat in die Förmchen, bevor Sie die Eier im Ofen backen.

4	5	6
EI IM KÖRBCHEN	**RÜHREI**	**GEBACKEN**

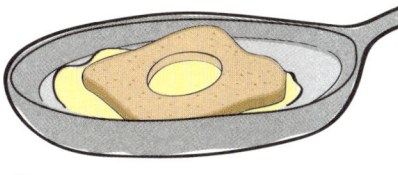

❶ Mit einem etwa 7 cm großen Ausstecher ein Loch aus der Mitte einer Scheibe Toast ausstechen.

❶ 2–3 Eier in eine große Schüssel aufschlagen. 2 EL Wasser oder Milch und Salz und Pfeffer nach Belieben hinzugeben.

❶ Den Backofen auf 180 °C vorheizen und 2 Eier zimmerwarm werden lassen.

❷ Etwas Butter bei mittlerer Hitze in einer Pfanne zerlassen und den Toast hineinlegen.

❷ Etwas Butter bei mittlerer Hitze in einer Pfanne zerlassen.

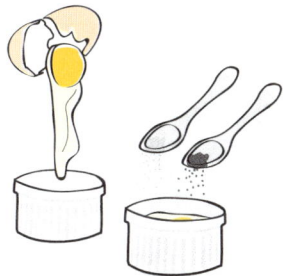

❷ 2 Auflaufförmchen oder Eierkocher dünn einfetten. In jede Form ein Ei aufschlagen und salzen und pfeffern.

❸ Ein Ei in das Loch aufschlagen und 2–3 Minuten braten. Salzen.

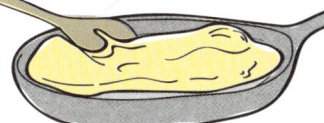

❸ Die Eier in die Pfanne gießen und unter regelmäßigem Rühren mit dem Holzlöffel 8–10 Minuten braten, bis das Ei gestockt ist.

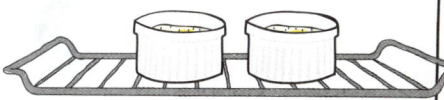

❸ Auf mittlerer Schiene im Ofen 17–20 Minuten backen, bis die Eier fest sind.

❹ Toast und Ei mit dem Pfannenwender wenden und weitere 2–3 Minuten braten. Heiß servieren.

❹ Heiß auf Toast servieren.

❹ Aus dem Ofen nehmen und heiß mit Buttertoast servieren.

EIER BENEDICT MIT BACON & WALNUSSBROT

Knuspriger, salziger Bacon und frisches Walnussbrot machen diesen Klassiker zu etwas ganz Besonderem. Er schmeckt am besten, solange Eigelb und Sauce noch heiß und flüssig sind.

FÜR 2 PERSONEN • FERTIG IN: 15 MIN.
SIE BRAUCHEN: STANDMIXER ODER KÜCHENMASCHINE

ZUTATEN

FÜR DIE HOLLANDAISE
- 100 g Butter
- 1 großes Eigelb
- ½ EL Zitronensaft
- Salz und frisch gemahlener schwarzer Pfeffer

FÜR ALLES ANDERE
- 6 Scheiben durchwachsener Räucherspeck
- 4 Eier (Größe L)
- 4 dicke Scheiben Walnussbrot oder Mehrkornbrot ohne Kruste

❶ HOLLANDAISE ZUBEREITEN

Die Butter bei schwacher Hitze zerlassen. Eigelb, Zitronensaft, Salz und Pfeffer im Standmixer kurz verschlagen. Die Butter bei laufendem Motor anfangs tropfenweise, dann im dünnen Strahl hinzugießen, bis eine dickflüssige Sauce entsteht. Schnell servieren.

❷ SPECK GRILLEN

In der Zwischenzeit den Backofengrill vorheizen. Die Speckstreifen quer halbieren, sodass 12 kurze Stücke entstehen, und auf oberster Schiene knusprig grillen. Warm stellen.

❸ EIER POCHIEREN

Einen großen Topf mit Salzwasser aufkochen, dann die Hitze auf ein Köcheln reduzieren. Die Eier nacheinander in eine Tasse aufschlagen und ins Wasser gleiten lassen. 3 Minuten pochieren, bis das Eiweiß stockt, aber das Eigelb noch flüssig ist. Mit dem Schaumlöffel herausheben.

❹ BROT TOASTEN

Währenddessen das Brot toasten und die Scheiben jeweils mit 3 Speckstücken, einem pochierten Ei und etwas Hollandaise belegen.

TIPP — Nehmen Sie die frischesten Eier, die Sie finden können, da diese beim Pochieren besser die Form halten. Rühren Sie in Schritt 3 das Wasser mit einem Löffel zu einem Strudel auf und geben Sie die Eier in die Mitte des Strudels. So halten die Eier besser zusammen. Dabei hilft auch ein Löffel Essig im Wasser.

Wenn Sie einmal das Originalrezept ausprobieren möchten: Eier Benedict werden mit Kochschinken und englischen Muffins statt mit Bacon und Walnussbrot gemacht. Sie können den Schinken auch durch Räucherlachs ersetzen.

DER PLAN! ❶ HOLLANDAISE ZUBEREITEN → ❷ SPECK GRILLEN → ❸ EIER POCHIEREN → ❹ BROT TOASTEN

CROQUE MADAME

Diese einfache Version des Bistro-Klassikers glänzt mit drei Lagen geschmolzenem Gruyère statt der traditionellen cremigen Sauce. Das ist der ultimative Käse-Schinken-Toast!

ERGIBT 4 CROQUES • FERTIG IN: 20 MIN.

ZUTATEN

- 2 EL Butter, plus Butter für das Brot
- 8 Scheiben Weißbrot
- 200 g geriebener Gruyère
- 1 EL Dijonsenf (nach Belieben)
- Salz und frisch gemahlener schwarzer Pfeffer
- 4 etwas dicker geschnittene Scheiben Kochschinken oder 150 g dünn geschnittener Kochschinken
- 1 EL Sonnenblumenöl
- 4 Eier (Größe M)

① SANDWICHES BELEGEN

Die Brotscheiben beidseitig mit Butter bestreichen. 50 g des geriebenen Käses zum Überbacken in Schritt 3 beiseitestellen. 4 Brotscheiben mit etwas Senf (nach Belieben) bestreichen, dann eine Lage Käse darauf verteilen und fest andrücken. Salzen und pfeffern, anschließend eine Scheibe Schinken, eine weitere Schicht Käse und eine zweite Brotscheibe darauf schichten.

② SANDWICHES BRÄUNEN

2 EL Butter in einer großen beschichteten Pfanne zerlassen und 2 Sandwiches bei mittlerer Hitze sorgfältig 2–3 Minuten von jeder Seite goldbraun rösten, dabei mit dem Pfannenwender flach drücken. Warm stellen und die verbleibenden Sandwiches bräunen. Die Pfanne mit Küchenpapier auswischen.

③ ÜBERBACKEN

Den Backofengrill vorheizen. Die Sandwiches auf ein Backblech legen und jeweils mit einem Viertel des zurückbehaltenen Käses bedecken. Auf oberster Schiene grillen, bis der Käse schmilzt und Blasen wirft.

④ EIER BRATEN

In der Zwischenzeit das Öl in der Pfanne erhitzen und die Eier nach Wunsch braten. Jedes Sandwich mit einem Ei belegen und sofort servieren.

DER PLAN!

① SANDWICHES BELEGEN → ② SANDWICHES BRÄUNEN → ③ ÜBERBACKEN → ④ EIER BRATEN

OMELETT

Omeletts sind das ultimative Fast Food: superschnell zubereitet und unfassbar lecker – einfach perfekt für ein sättigendes Frühstück oder einen Brunch.

ERGIBT 1 OMELETT • FERTIG IN: 5 MIN.

- 3 Eier (Größe L)
- Salz und frisch gemahlener schwarzer Pfeffer
- Butter zum Braten

5 MIN.

EIER VERQUIRLEN & WÜRZEN

SCHNEEBESEN

1 SCHLAGEN

Salz   Pfeffer

Eier

2 ZERLASSEN

Ei-Butter-Mischung

BESCHICHTETE PFANNE

Die Butter bei mittlerer Hitze zerlassen und die Eimischung hineingeben.

OMELETT BRATEN

3 SCHWENKEN

Die Pfanne schwenken, um das Ei gleichmäßig zu verteilen. Mit einer Gabel rühren, aber sofort aufhören, sobald das Ei stockt.

GABEL

Ein 3-Eier-Omelett ist am einfachsten zu falten – bei mehr als 6 Eiern wird es schwierig.

FALTEN & SERVIEREN

4 FALTEN

Übergeschlagenes Omelett

Die dem Stiel nähere Hälfte des Omeletts bis zur Mitte überschlagen.

5 KLOPFEN

sauber eingerolltes Omelett

Kräftig gegen den Stiel klopfen, damit die Unterseite des Omeletts sich über das Omelett legt. Das Omelett an den Rand gleiten lassen.

6 SERVIEREN

TELLER

Die Pfanne neigen, sodass das Omelett mit der »Naht« nach unten rollt.

KÄSE-SOUFFLÉ-OMELETT

Peppen Sie doch einmal Ihr Omelett mit luftigem Eiweiß und schmelzendem Käse zum Soufflé auf! Die wunderbare Textur geht beim Abkühlen schnell verloren, deshalb sollte man das Omelett sofort essen – am besten mit einem grünen Salat und knusprigem Brot.

ERGIBT 1 OMELETT • FERTIG IN: 20 MIN.

1 SAUCE ZUBEREITEN

Die Butter in einem Topf zerlassen. Mais und Paprikaschote einrühren, dann abdecken und 5 Minuten sanft weich köcheln lassen. Stärke und Milch einrühren. Aufkochen, unter ständigem Rühren 2 Minuten kochen, bis die Sauce andickt. Schnittlauch, Käse, Cayennepfeffer sowie Salz und Pfeffer einrühren.

2 EIER VORBEREITEN

Die Eigelbe mit 2 EL Wasser verquirlen, dann salzen und pfeffern. Das Eiweiß steif schlagen und den Eischnee mit einem Metalllöffel unter das Eigelb heben.

3 OMELETT BACKEN

Den Backofengrill vorheizen. Butter in einer beschichteten Pfanne zerlassen, die Eimischung hineingeben und sanft verteilen. Bei mittlerer Hitze 3 Minuten von der Unterseite goldgelb backen. Die Pfanne sofort unter den Grill schieben und 2–3 Minuten grillen, bis das Omelett aufgegangen und goldgelb ist. Die Sauce unter Rühren aufwärmen.

4 WENDEN, FALTEN & GARNIEREN

Das Omelett auf einen Teller gleiten lassen. Die Käse-Mais-Sauce schnell auf einer Hälfte verteilen (sie darf ruhig überlaufen). Die andere Hälfte darüberschlagen und mit gehacktem Schnittlauch garnieren. Sofort servieren.

1 SAUCE UBEREITEN → 2 EIER VORBEREITEN → 3 OMELETT BACKEN → 4 WENDEN, FALTEN & GARNIEREN

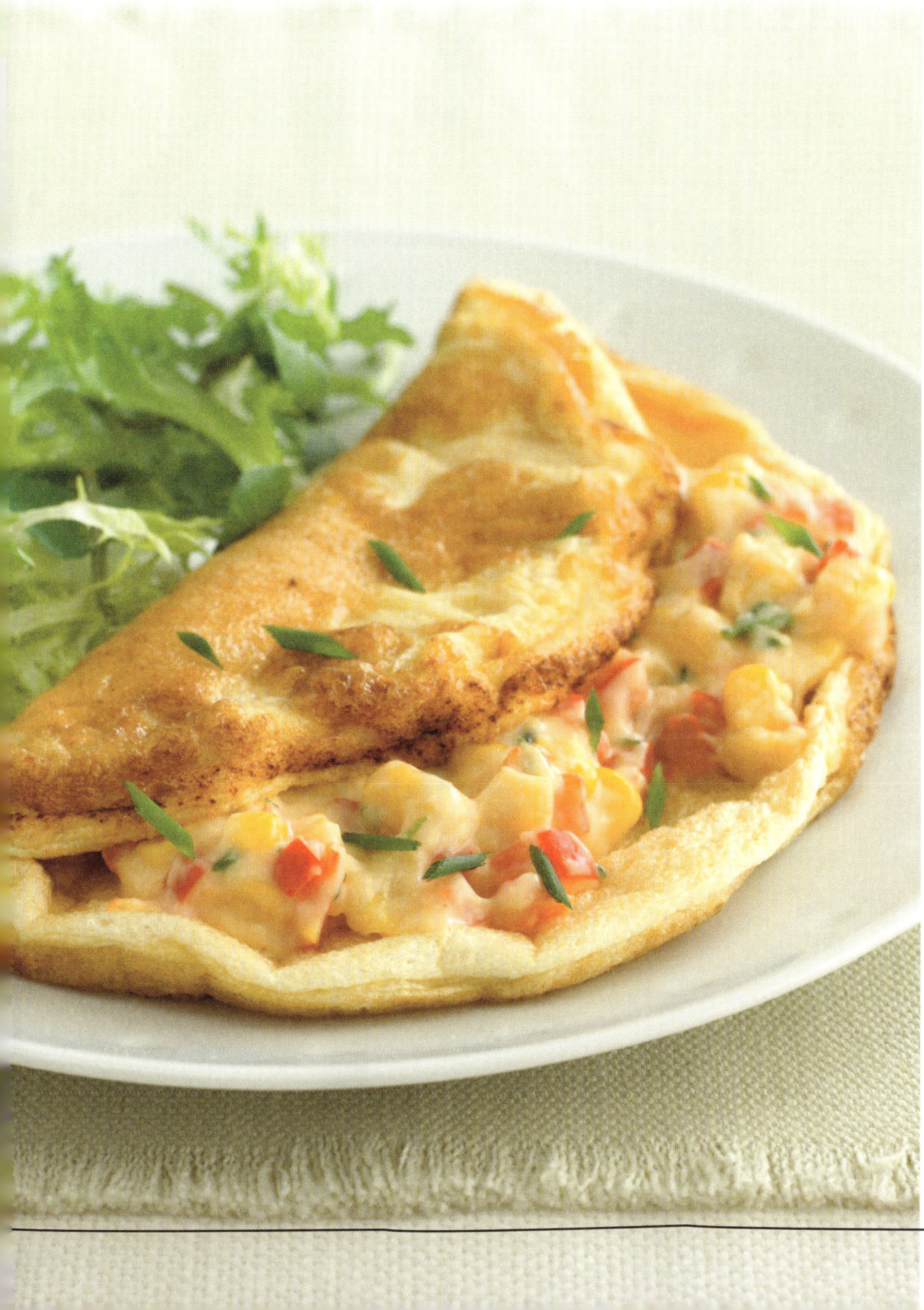

ZUTATEN

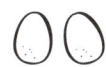

2 Eier (Größe L), getrennt

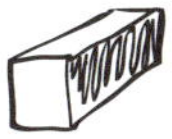

1 Stück Butter

FÜR DIE SAUCE

1 Stück Butter

1 Handvoll frische oder aufgetaute Maiskörner

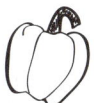

½ kleine rote Paprikaschote, entkernt und fein gehackt

2 TL Speisestärke

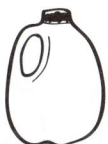

7 EL Milch

2 TL gehackter Schnittlauch, plus Schnittlauch zum Garnieren

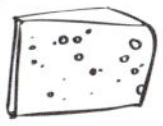

20 g Gruyère, gerieben

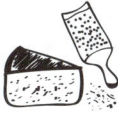

20 g Cheddar, gerieben

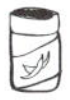

1 Prise Cayennepfeffer

Salz und frisch gemahlener schwarzer Pfeffer

FRÜHSTÜCKS-BURRITOS

Diese Burritos im amerikanischen Stil sind ein volles Frühstück für sich und eignen sich perfekt für einen Sonntags-Brunch. Was übrig bleibt, können Sie kalt stellen und unter der Woche in der Mikrowelle schnell wieder aufwärmen.

ERGIBT 4 BURRITOS • FERTIG IN: 20 MIN.

DER PLAN!

❶ FÜLLUNG ZUBEREITEN

Den Backofengrill vorheizen und den Bacon auf oberster Schiene knusprig grillen. Währenddessen die Hälfte des Öls in einer beschichteten Pfanne erhitzen und die Kartoffeln rundum knusprig braten, dann beiseitestellen. Die Pfanne mit Küchenpapier auswischen. Den Ketchup mit Paprikapulver oder Harissa verrühren.

❷ RÜHREI BRATEN

Anschließend die Rühreier zubereiten. Dafür die Eier mit Sahne verschlagen und kräftig salzen und pfeffern. Die Butter in der Pfanne zerlassen und die Eier bei schwacher Hitze braten, bis sie gerade gar und noch recht locker sind.

❸ TORTILLAS FÜLLEN

Zur gleichen Zeit die Tortillas auslegen und je 3 Scheiben Bacon in einer Linie über die Mitte legen. Ein Viertel der Kartoffeln darauf in einer Linie anrichten und mit dem Würzketchup bestreichen. Zum Abschluss je ein Viertel des Rühreis und des Käses darauf verteilen, dabei darauf achten, in der Mitte der Tortillas zu bleiben.

❹ BURRITOS EINROLLEN

Die Enden der Tortillas über die Füllung schlagen, dann die langen oberen und unteren Kanten darüber falten, sodass ein Paket entsteht. Sanft andrücken.

❺ BURRITOS BACKEN

Das verbleibende Öl in einer sauberen Pfanne erhitzen. Die Burritos mit der »Naht« nach unten hineinlegen und bei mittlerer Hitze 2–3 Minuten goldbraun und knusprig backen. Vorsichtig wenden und weitere 2–3 Minuten backen. Je nach Größe der Pfanne in 2 Portionen arbeiten. Die Burritos diagonal halbieren und mit zusätzlichem Ketchup (nach Belieben) servieren.

Als alternative Füllungen bieten sich gebratene Wurstscheiben, Champignons, Tomaten und sogar Chilischoten an.

1 FÜLLUNG ZUBEREITEN → 2 RÜHREI BRATEN → 3 TORTILLAS FÜLLEN → 4 BURRITOS EINROLLEN → 5 BURRITOS BACKEN

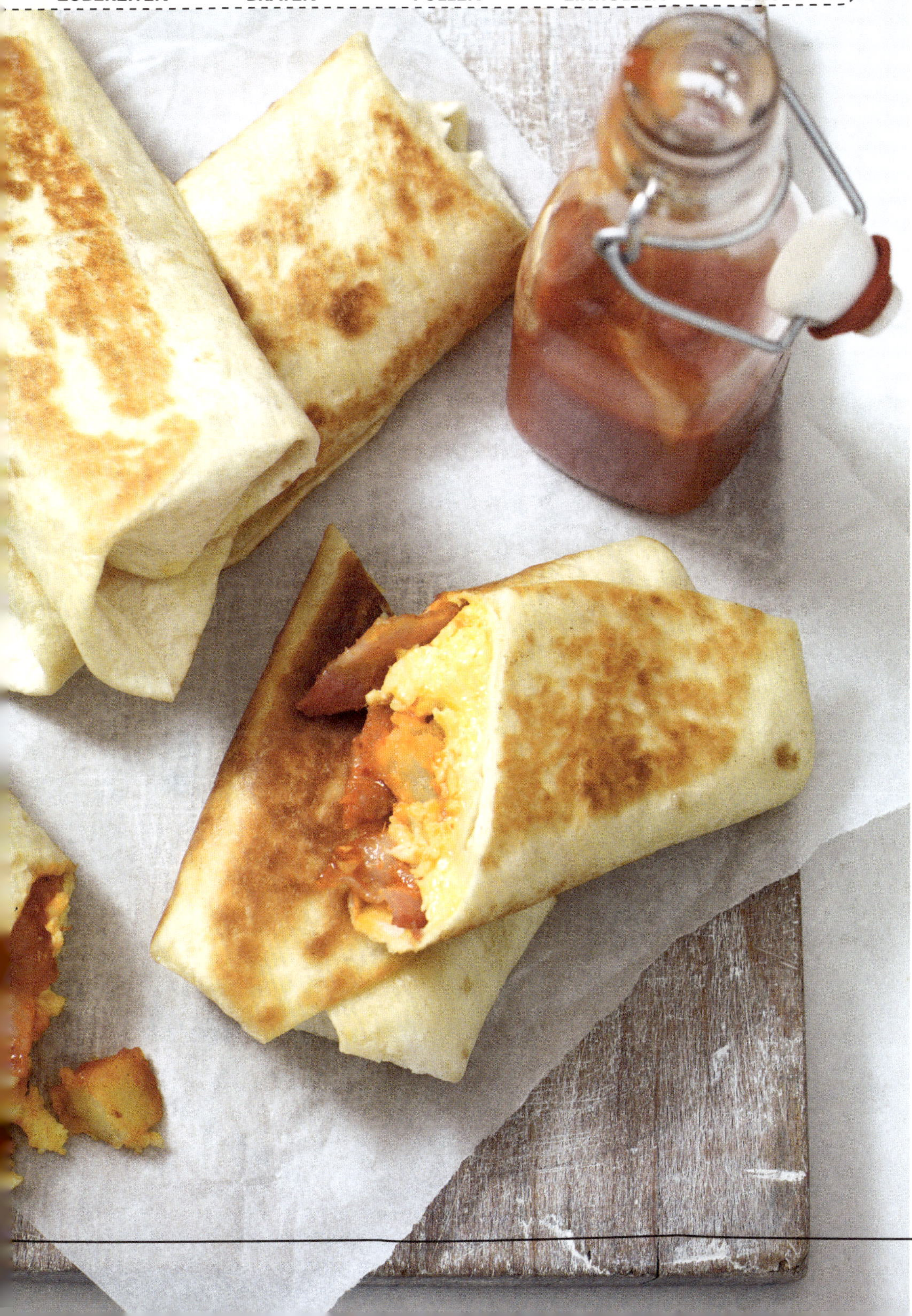

ZUTATEN

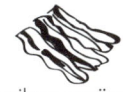

12 Scheiben geräucherter durchwachsener Bacon

2 EL Sonnenblumenöl

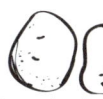

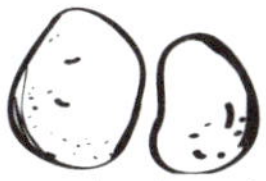

250 g gekochte, kalte Kartoffeln, in 1 cm große Würfel geschnitten

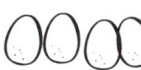

4 Eier (Größe L)

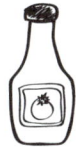

6 EL Tomatenketchup, plus Ketchup zum Servieren (nach Belieben)

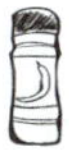

1 TL geräuchertes Paprikapulver (Pimentón picante) oder Harissa-Paste

1 EL Sahne

Salz und frisch gemahlener schwarzer Pfeffer

1 EL Butter

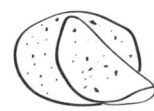

4 Tortilla-Wraps (20 cm Durchmesser)

100 g geriebener Käse, wie z. B. Cheddar

SHAKSHUKA

Dieses pikante Pfannengericht ist im ganzen Mittleren Osten beliebt. Reichen Sie dazu knuspriges Brot oder Fladenbrot, um das Ei und die leckere herzhafte Sauce aufzutunken.

FÜR 4 PERSONEN • FERTIG IN: 20 MIN.

- 2 EL Olivenöl
- 1 Zwiebel, halbiert und fein gehackt
- 2 rote oder grüne Paprikaschoten, fein gehackt
- 2 Knoblauchzehen, fein gehackt
- 1 rote Chilischote, entkernt und fein gehackt

- 1 TL Zucker
- 1 Dose gehackte Tomaten (400 g)
- Salz und frisch gemahlener schwarzer Pfeffer
- 4 Eier (Größe L)
- 1 kleines Bund glatte Petersilie, fein gehackt

GEMÜSE BRATEN

Zwiebel   Paprika

1 BRATEN

GROSSE BRATPFANNE

2–3 Minuten braten, bis das Gemüse weich ist.

> Kochen Sie größere Mengen der Tomatensauce (Schritt 1–3) und frieren Sie Einzelportionen ein. Sie können sie später auftauen und als leckere Pastasauce verwenden.

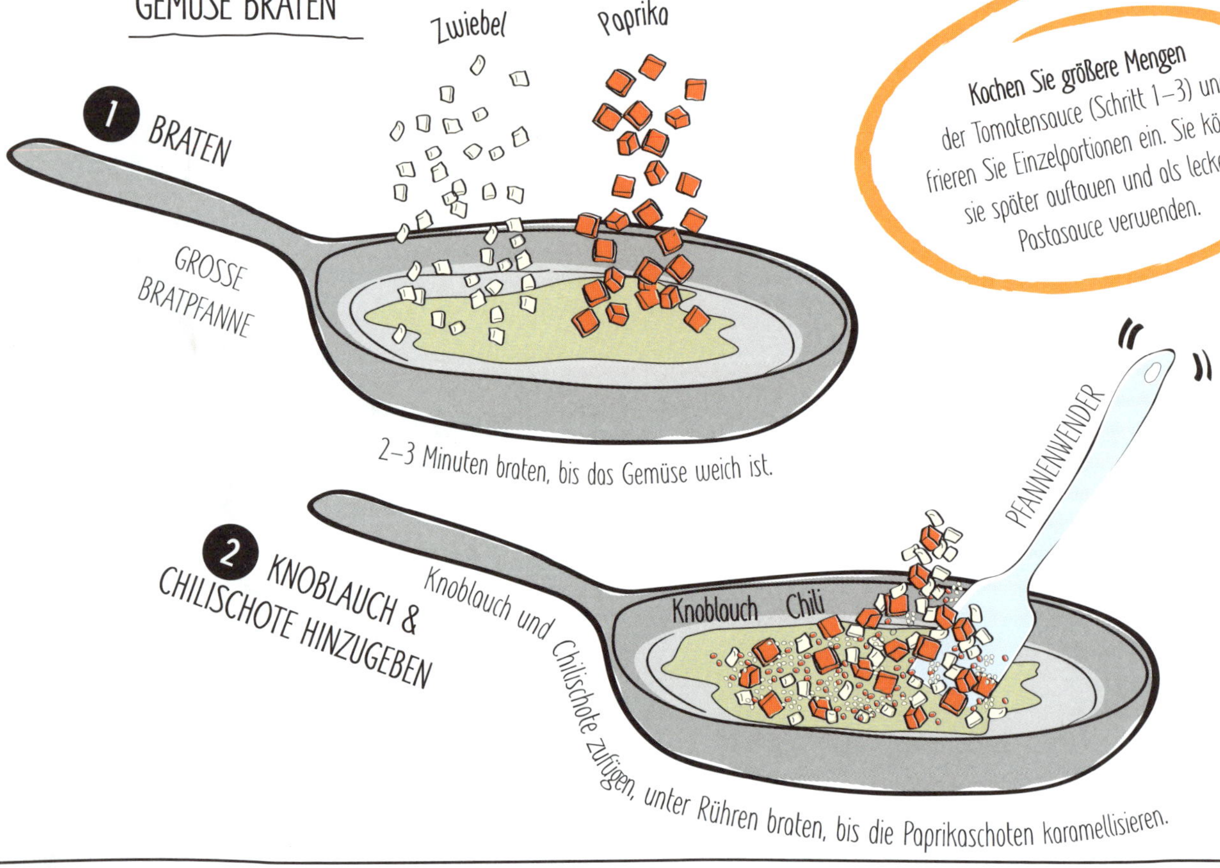

2 KNOBLAUCH & CHILISCHOTE HINZUGEBEN

PFANNENWENDER

Knoblauch   Chili

Knoblauch und Chilischote zufügen, unter Rühren braten, bis die Paprikaschoten karamellisieren.

Tomaten

Zucker

Salz

Pfeffer

3 TOMATEN HINZUFÜGEN

TOMATEN UND ZUCKER BEI MITTLERER HITZE 3–4 MINUTEN KOCHEN, DANN KRÄFTIG MIT SALZ UND PFEFFER ABSCHMECKEN.

EIER KOCHEN

4 EIER AUFSCHLAGEN

Eier

Mulden mit einem Löffel eindrücken.

Die Eier in die Mulden in der Sauce aufschlagen.

5 ABDECKEN & KOCHEN

Kochen, bis das Eiweiß stockt und die Eigelbe die gewünschte Festigkeit haben.

Petersilie

6 GARNIEREN & SERVIEREN

Den Deckel entfernen, Shakshuka mit gehackter Petersilie bestreuen.

RÖSTI MIT PANCETTA & ROTER ZWIEBEL

DER PLAN!

Ein Rösti ist genau richtig, wenn einem der Sinn nach etwas Deftigem zum Frühstück steht. Richten Sie auf jeder Portion ein Spiegelei an – gerne auch mit flüssigem Eigelb, das dann eine schöne »Sauce« bildet.

FÜR 2 PORTIONEN • FERTIG IN: 20 MIN.

1 KARTOFFELN KOCHEN

Einen Topf mit Salzwasser zum Kochen bringen, die Kartoffeln hineingeben und 10 Minuten kochen. Abgießen.

2 ZWIEBEL, PAPRIKASCHOTEN & PANCETTA BRATEN

Währenddessen das Öl bei mittlerer Hitze in einer großen beschichteten Pfanne erhitzen und Zwiebel und Paprikaschoten 5 Minuten anbraten. Pancetta hinzugeben, kräftig salzen und pfeffern und unter gelegentlichem Rühren weitere 5 Minuten braten.

3 KARTOFFELN BRATEN

Die gekochten Kartoffeln in die Pfanne geben und unter regelmäßigem Rühren bei starker Hitze 10 Minuten braten.

4 GARNIEREN & SERVIEREN

Den Rösti auf vorgewärmte Teller verteilen und mit Schnittlauch bestreuen. Mit geriebenem Cheddar oder gebackenen Bohnen und Tomatenketchup servieren.

TIPP – So ein Rösti ist eine prima Möglichkeit, übrig gebliebene Kartoffeln aufzubrauchen. Man schneidet sie einfach in Stücke und fängt direkt mit Schritt 2 an.

Geben Sie für etwas Schärfe 1 TL Cayennepfeffer oder scharfes, geröstetes Paprikapulver (Pimentón picante) in Schritt 2 hinzu.

1	2	3	4
KARTOFFELN KOCHEN	**GEMÜSE & PANCETTA BRATEN**	**KARTOFFELN BRATEN**	**GARNIEREN & SERVIEREN**

ZUTATEN

500 g mehlig kochende Kartoffeln, geschält und in mundgerechte Stücke geschnitten

2 TL Olivenöl

1 rote Zwiebel, fein gehackt

½ rote Paprikaschote, entkernt und gewürfelt

50 g Pancetta (ital. Speck), in Streifen geschnitten

1 EL fein gehackter Schnittlauch

Salz und frisch gemahlener schwarzer Pfeffer

50 g geriebener reifer Cheddar zum Servieren

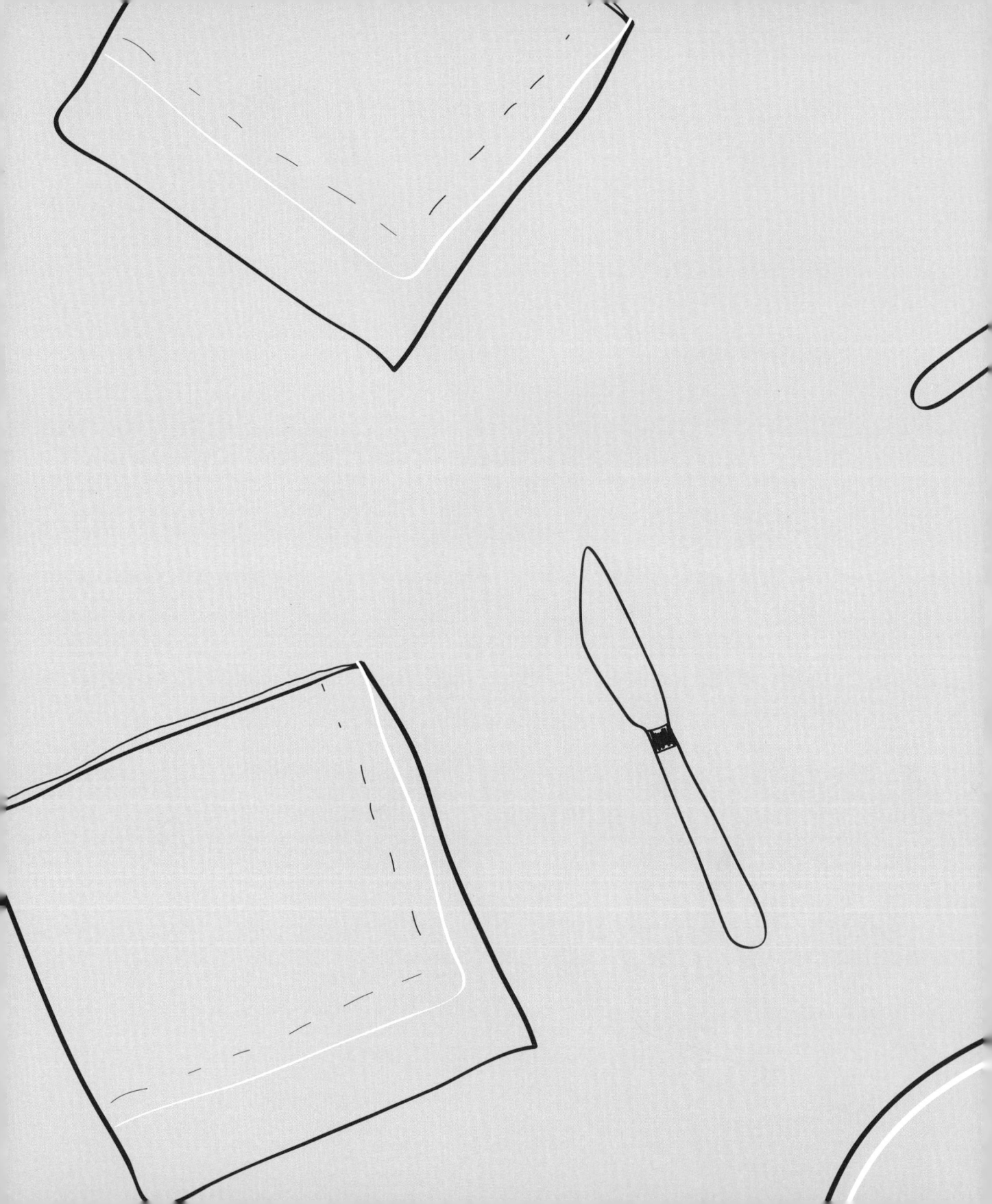

LUNCH FÜR GANZ EILIGE

ZUTATEN

4 große knusprige
Weizenbrötchen

6 reife mittelgroße Tomaten,
in Scheiben geschnitten

½ rote Paprikaschote, in
Streifen geschnitten

3 Frühlingszwiebeln, nur das
Weiße, in Ringe geschnitten

4 hart gekochte Eier,
geschält und in Scheiben
geschnitten

Grün von 1 kleinen Bund
Sellerie, gehackt

16 kleine schwarze Oliven,
entkernt, ganz oder
halbiert

FÜR DIE VINAIGRETTE

6 Sardellenfilets in Öl
oder Salzlake

12 EL Olivenöl

2½ EL Rot- oder
Weißweinessig

Salz und frisch gemahlener
schwarzer Pfeffer

DER PLAN!   ① VINAIGRETTE MISCHEN → ② SANDWICHES ZUSAMMENSTELLEN → ③ SERVIEREN

10 MIN.

PAN BAGNAT

Dieses Sandwich ist der garantierte neue Hit in Ihrem Repertoire! Die Vinaigrette spendet Geschmack und Saftigkeit, die auch den Namen erklärt: Pan Bagnat bedeutet im Provenzalischen »Gebadetes Brot«.

FÜR 4 PERSONEN • FERTIG IN: 10 MIN.

- -

❶ VINAIGRETTE MISCHEN

Für die Vinaigrette Sardellen abgießen und abspülen, mit Küchenpapier trocken tupfen und fein hacken. Mit Öl und Essig in eine Schüssel geben. Gut durchheben und salzen und pfeffern.

❷ SANDWICHES ZUSAMMENSTELLEN

Die Brötchen horizontal aufschneiden und mit der Schnittfläche nach oben legen. Jeweils einen Löffel Vinaigrette auf die untere Hälfte geben und gut verteilen. Tomaten, Paprika, Frühlingszwiebeln, Eier, Selleriegrün und Oliven darauf verteilen und leicht salzen und pfeffern.

❸ SERVIEREN

Die oberen Hälften mit der restlichen Vinaigrette bestreichen und auf die Füllung legen. Auf Tellern anrichten und sanft, aber bestimmt zusammendrücken. 2–3 Minuten stehen lassen, dann halbieren und servieren.

TIPP — Wenn Sie die Sandwiches zum Mitnehmen machen, füllen Sie die Vinaigrette in ein dicht schließendes Schraubglas und geben Sie sie erst unmittelbar vor dem Essen auf die Sandwiches. Auf diese Weise weichen sie nicht durch und bleiben kross!

SANDWICH-AUSWAHL

Krebs-fleisch (frisch oder aus der Dose) mit **Zitronensaft**, schwarzem **Pfeffer**, **Apfelspalten** und **frischen Kräutern** vermengen. **Harissa-Paste** gibt einen gewissen Kick.

Roastbeef auf Roggenbrot

Für die Mayonnaise 1 ½ EL **Mayonnaise** mit ½ EL **Meerrettich** verrühren.

Roastbeefscheiben, **Paprikaringe**, **Brunnenkresse** und **Meerrettichmayonnaise** auf dem Brot anrichten.

Krebs & Apfel auf Bagel-toast

Für das Honig-Hähnchen ½ klein geschnittenes **Hähnchenbrustfilet** bei mittlerer Hitze in etwas **Olivenöl** anbraten. 1 EL **flüssigen Honig** einrühren und karamellisieren lassen.

Gebratenes, klein gezupftes **Hähnchen** mit **Barbecue-Sauce**, **Avocadoscheiben** und **Rucolablättern** anrichten.

Das **Honig-Hähnchen** mit dünn geschnittener **roter Zwiebel**, frischem **Koriander** und **Sesamsamen** anrichten.

Grillhähnchen auf Weißbrot

Für die Barbecue-Sauce 2 EL **Ketchup**, je ½ EL **braunen Zucker**, **Apfelessig** und **Worcestersauce** mit je 1 Prise **Paprikapulver**, **Cayennepfeffer** und **Knoblauchgranulat** mischen.

Honig-Hähnchen auf Sesambrötchen

Verwandeln Sie das langweilige belegte Brot mit ein wenig Fantasie und etwas gut investiertem Zeitaufwand in ein echtes Gourmeterlebnis. Leicht und frisch, herzhaft-rauchig oder knackig-knusprig – hier findet sich etwas für jeden Geschmack! Es lohnt sich auch, mit verschiedenen Brotsorten zu experimentieren.

Krakauer auf Baguette

Krakauer in Scheiben mit gebratenen Zwiebeln und Paprika sowie körnigem Senf auf dem Baguette anrichten.

½ Zwiebel und ½ Paprika mit Salz und Pfeffer in etwas Olivenöl glasig andünsten.

Clubsandwich auf Focaccia

Chipotle-Aioli (siehe S. 38) mit Chili-Cheddar (oder einem anderen würzigen Käse), gebratenen Putenbruststreifen, gerösteter roter Paprikaschote, knusprigem durchwachsenen Bacon und frischem Babyspinat anrichten.

Hummus & Paprika auf Mehrkornbrot

Hummus mit Gurkenscheiben, roter Paprika und Alfalfasprossen (alternativ mit Kresse) anrichten.

Pute & Pesto auf Sauerteigbrot

Pesto (siehe S. 136) mit Havarti (nach Belieben auch Emmentaler oder Edamer), Putenbrustscheiben, frischem Spinat und 1 TL Mayonnaise anrichten.

SANDWICHES MIT ROTER BETE, ZIEGEN-KÄSE & RUCOLA

Die perfekten Sandwiches für Picknick oder Pausenbrot, die aber auch zu Hause auf Toast schmecken. Die süße und erdige Rote Bete passt hervorragend zu einem herzhaften Sauerteigbrot.

FÜR 4 PERSONEN • FERTIG IN: 10 MIN.

ZUTATEN

- 8 Scheiben Sauerteig- oder Bauernbrot
- weiche Butter zu Bestreichen
- 200 g Ziegenfrischkäse
- frisch gemahlener schwarzer Pfeffer
- 4 kleine Rote-Bete-Knollen, vorgekocht und in Scheiben geschnitten
- 2 Handvoll Rucolablätter

Sie können die Rote Bete durch geröstete oder sonnengetrocknete Tomaten ersetzen.

1 BROTE BESTREICHEN

Die Brotscheiben von einer Seite mit Butter bestreichen. 4 Scheiben mit je einem Viertel des Ziegenkäses bestreichen, mit etwas Pfeffer bestreuen und eine Lage Rote-Bete-Scheiben darauf anrichten.

2 ANRICHTEN & SERVIEREN

Mit Rucola garnieren und mit einer zweiten mit Butter bestrichenen Brotscheibe zudecken. Zum Servieren in der Mitte durchschneiden oder zum Mitnehmen verpacken.

TIPP — Wir verwenden hier vorgekochte Rote-Bete-Knollen (aus dem Glas oder dem Vakuumpack), um Zeit zu sparen, aber Sie können sie auch gerne selber backen, wenn Sie möchten: Den Backofen auf 200 °C vorheizen und 4 kleine Rote-Bete-Knollen (à etwa 75 g) in 5 mm dicke Scheiben schneiden. Die Scheiben auf einem Backblech auslegen, mit Olivenöl besprenkeln und kräftig salzen und pfeffern. Auf oberster Schiene unter einmaligem Wenden 20 Minuten backen, bis sie leicht gebräunt und zart sind. Aus dem Ofen nehmen und vor der Verwendung abkühlen lassen.

DER PLAN!   **1 BROTE BESTREICHEN** ⟶ **2 ANRICHTEN & SERVIEREN**

SANDWICHES MIT BACON, SALAT & TOMATE

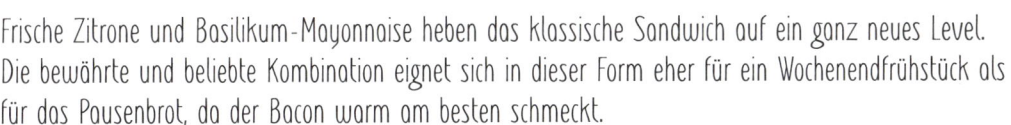

Frische Zitrone und Basilikum-Mayonnaise heben das klassische Sandwich auf ein ganz neues Level. Die bewährte und beliebte Kombination eignet sich in dieser Form eher für ein Wochenendfrühstück als für das Pausenbrot, da der Bacon warm am besten schmeckt.

FÜR 1 PERSON • FERTIG IN: 15 MIN.

ZUTATEN

- 3 Scheiben Bacon
- 3 EL weiche Butter
- 2 dicke Scheiben ofenfrisches Brot
- 2 große Salatblätter, grob gehackt
- 1 mittelgroße Tomate, in Scheiben geschnitten

FÜR DIE ZITRONEN-BASILIKUM-MAYONNAISE

- 2 EL Mayonnaise
- 2 TL Zitronensaft
- 1 EL fein gehackte Basilikumblätter
- Salz und frisch gemahlener schwarzer Pfeffer

1 MAYONNAISE ANRÜHREN

Den Backofengrill vorheizen. Die Mayonnaise mit Zitronensaft und Basilikum verrühren. Mit Salz und Pfeffer abschmecken und beiseitestellen.

2 BACON GRILLEN

Den Bacon im Backofen auf oberster Schiene von jeder Seite 2–3 Minuten knusprig grillen. Auf Küchenpapier abtropfen lassen und beiseitestellen.

3 BROT MIT BUTTER BESTREICHEN & RÖSTEN

Eine Grillpfanne oder große gusseiserne Pfanne erhitzen. Die Brotscheiben beidseitig dünn mit Butter bestreichen und von jeder Seite 2 Minuten in der Pfanne goldgelb toasten. Alternativ die Butter weglassen und das Brot im Toaster rösten.

4 ANRICHTEN & SERVIEREN

Die Brotscheiben aus der Pfanne heben. Eine Seite mit etwas Mayonnaise bestreichen, dann Salat, Tomate und Bacon darauf anrichten. Mit einer weiteren Lage Mayonnaise abschließen und mit einer zweiten Scheibe Brot zudecken. Zum Servieren in der Mitte durchschneiden.

 **DER PLAN!**

1 MAYONNAISE ANRÜHREN → 2 BACON GRILLEN → 3 BROT MIT BUTTER BESTREICHEN & RÖSTEN → 4 ANRICHTEN & SERVIEREN

ZUTATEN

1 Baguette oder französisches Landbrot

mittelscharfer Senf

4 Scheiben kalter Schweinebraten

4 Scheiben gekochter Schinken

4 Scheiben Emmentaler

4 Gewürzgurken, längs in Scheiben geschnitten

weiche Butter

DER PLAN!

1 SANDWICHES BELEGEN → **2** TOASTEN & SERVIEREN

CUBANO

Diese lateinamerikanische Variante des getoasteten Käse-Schinken-Sandwiches mit Gewürzgurken und Senf ist eines der beliebtesten Streetfood-Gerichte in Miami. Hier die Version für die heimische Küche!

FÜR 4 PERSONEN • FERTIG IN: 20 MIN.
SIE BRAUCHEN: SANDWICHTOASTER, KONTAKTGRILL ODER PANINI-PRESSE

- -

❶ SANDWICHES BELEGEN

Das Brot in vier 15–20 cm lange Stücke schneiden und längs halbieren. Vier untere Hälften dünn mit Senf bestreichen und mit jeweils einer Scheibe kaltem Braten, Kochschinken und Käse belegen. Mit einer Gurkenscheibe abschließen und mit der oberen Hälfte zudecken. Die Oberseite jedes Sandwiches mit Butter bestreichen.

❷ TOASTEN & SERVIEREN

Die Sandwiches in einen Sandwichtoaster, einen Kontaktgrill oder eine Panini-Presse legen und toasten, bis der Käse schmilzt und das Brot außen knusprig ist. Aus dem Toaster nehmen, diagonal in der Mitte durchschneiden und heiß servieren.

CIABATTA MIT GRILLGEMÜSE

Durch das Pressen und Kühlen mischen sich die Zutaten perfekt, und der Geschmack wird intensiver. Wenn Sie das Sandwich lieber warm mit geschmolzenem Mozzarella mögen, legen Sie es für ein paar Minuten auf den Kontaktgrill.

FÜR 4 PERSONEN • FERTIG IN: 20 MIN., PLUS KÜHLZEIT

ZUTATEN

- ½ Aubergine, in 1 cm dicke Scheiben geschnitten
- 2 Zucchini, in 1 cm dicke Scheiben geschnitten
- 4–6 EL Olivenöl
- Salz und frisch gemahlener schwarzer Pfeffer
- 1 große Fleischtomate
- 1 Ciabatta
- 2 gegrillte rote Paprikaschoten aus dem Glas, abgetropft und in Streifen geschnitten
- 1 Mozzarellakugel (etwa 125 g), in dünne Scheiben geschnitten
- 1 Handvoll Basilikumblätter

❶ GEMÜSE GRILLEN

Eine große Grillpfanne oder den Backofengrill vorheizen. Auberginen und Zucchini von beiden Seiten mit Olivenöl bepinseln und kräftig salzen und pfeffern. 2–4 Minuten von jeder Seite braten oder auf oberster Schiene grillen, bis sie an einigen Stellen stark gebräunt und gar sind. Zum Abkühlen in einer Lage auf einen großen Teller legen.

❷ TOMATEN SCHNEIDEN

Währenddessen 1 cm von beiden Enden der Tomate abschneiden und beiseitestellen. Die restliche Tomate so dünn wie möglich aufschneiden.

❸ CIABATTA VORBEREITEN

Das Ciabatta der Länge nach so aufschneiden, dass es an einer Seite verbunden bleibt. Die Hälften mit etwas Olivenöl beträufeln und mit dem Boden beziehungsweise Deckel der Tomate einreiben, um das Brot zu aromatisieren. Die Tomatenstücke wegwerfen.

❹ FÜLLEN

Paprikastreifen, Auberginen- und Zucchinischeiben auf einer Hälfte des Ciabattas anrichten und mit Mozzarella bedecken. Mit Basilikum bestreuen, salzen und pfeffern und mit Tomatenscheiben belegen.

❺ PRESSEN, KÜHLEN & SERVIEREN

Die obere Hälfte des Brots auflegen und fest andrücken. Das Sandwich straff in mehrere Lagen Frischhaltefolie einwickeln, bis es komplett eingepackt ist. Mit einem Gewicht (z. B. ein Schneidebrett und einige Konservendosen) beschwert mindestens 4 Stunden kalt stellen, dabei einmal wenden. Zum Servieren auswickeln und in Stücke schneiden.

DER PLAN! ❶ GEMÜSE GRILLEN → ❷ TOMATEN SCHNEIDEN → ❸ CIABATTA VORBEREITEN → ❹ FÜLLEN → ❺ PRESSEN & KÜHLEN

STILTON-TOAST MIT BIRNE & WALNÜSSEN

Das hier ist die Luxusversion eines Käsetoasts mit einer cremigen Käsesauce anstelle einer einfachen Scheibe Käse. Reichen Sie dazu einen pfeffrig-süßen Salat und Sie haben eine komplette Mahlzeit.

FÜR 4 PERSONEN • FERTIG IN: 20 MIN.

ZUTATEN

- 4–8 Scheiben Walnussbrot
- 1 Schalotte, fein gehackt
- 75 ml trockener Apfelcidre
- 30 g Butter
- 30 g Mehl
- 150 ml Milch
- 100 g Stilton (oder einen anderen Blauschimmelkäse), zerkrümelt
- 50 g Cheddar, gerieben
- 1 TL scharfer Senf
- 2 Eigelb
- 2 reife Birnen, entkernt und in Scheiben geschnitten
- 1 kleines Bund Brunnenkresse
- 60 g Walnüsse, grob gehackt
- 1 EL Balsamessig
- 2 EL natives Olivenöl extra
- frisch gemahlener schwarzer Pfeffer

1 BROT TOASTEN

Pro Person je nach Größe der Scheiben 1–2 Scheiben Brot leicht toasten.

2 CIDRE REDUZIEREN

Währenddessen Schalotte und Cidre in einen kleinen Topf geben und bei schwacher Hitze köcheln, bis der Cidre fast vollständig verkocht ist. In eine kleine Schale umfüllen und beiseitestellen.

3 KÄSESAUCE ZUBEREITEN

Den Topf auswaschen und die Butter darin bei mittlerer Hitze zerlassen, dann das Mehl einrühren. Unter Rühren 1 Minute anschwitzen, dann vom Herd nehmen und langsam die Milch einrühren. Auf den Herd stellen und unter ständigem Rühren 2–3 Minuten kochen, bis die Sauce andickt. Beide Käsesorten hinzugeben, unter Rühren schmelzen. Vom Herd nehmen und Senf, Eigelbe und Schalotte einrühren. Die Toastscheiben dick mit der Sauce bestreichen.

4 TOASTS GRILLEN

Den Backofengrill vorheizen, die Toasts auf oberster Schiene 2 Minuten grillen, bis der Käse goldbraun ist und Blasen wirft.

5 GARNIEREN & SERVIEREN

Birnen, Brunnenkresse und Walnüsse auf 4 Tellern anrichten, mit etwas Balsamessig und Olivenöl beträufeln und pfeffern. Die Toasts dazu anrichten und sofort servieren.

DER PLAN!

 **1 BROT TOASTEN** →  **2 CIDRE REDUZIEREN** →  **3 KÄSESAUCE ZUBEREITEN** →  **4 TOASTS GRILLEN** → **5 GARNIEREN & SERVIEREN**

SCHNELLE FALAFEL

Wenn Sie Kichererbsen aus der Dose nehmen, statt sie vorher selbst einzuweichen, ist diese Köstlichkeit aus dem Mittleren Osten viel schneller zubereitet.

ERGIBT 12 FALAFEL • FERTIG IN: 20 MIN., PLUS RUHEZEIT
SIE BRAUCHEN: KÜCHENMASCHINE

- 1 Dose Kichererbsen (etwa 400 g)
- 1 EL Tahin (Sesammus)
- 1 Knoblauchzehe, zerdrückt
- 1 TL Salz
- 1 TL gemahlener Kreuzkümmel
- 1 TL Kurkuma
- 1 TL gemahlener Koriander
- ½ TL Cayennepfeffer
- 2 EL fein gehackte glatte Petersilie

- Saft von 1 kleinen Zitrone
- 2 EL Mehl
- Pflanzenöl zum Braten

ZUM SERVIEREN
- 4 warme Pitabrote
- 1 Romanasalat, klein geschnitten
- 200 g griechischer Joghurt
- ½ kleine Gurke, gewürfelt

ZUTATEN VORBEREITEN

1 ABGIESSEN

WASSERHAHN

Kichererbsen

SIEB

Die Kichererbsen abgießen und unter fließendem kaltem Wasser abspülen.

2 HINZUFÜGEN

Knoblauch

Salz   Kreuzkümmel   Kurkuma   Koriander   Cayennepfeffer

Tahin

Zutaten in die Küchenmaschine geben.

MIXEN & FORMEN

3 MIXEN

KÜCHENMASCHINE

Die Mischung in der Küchenmaschine grob hacken, aber nicht pürieren. Das Mehl unterrühren.

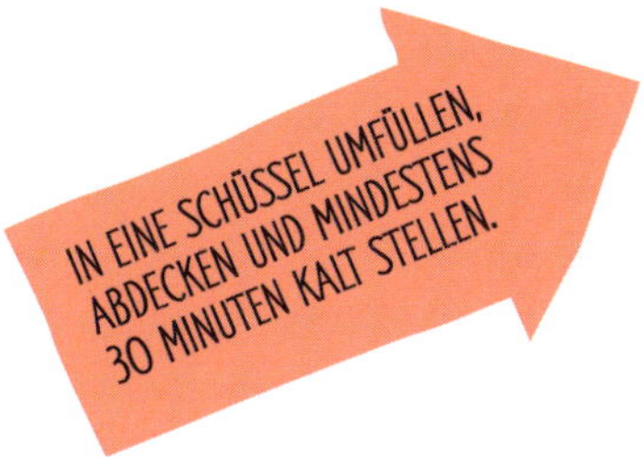

IN EINE SCHÜSSEL UMFÜLLEN, ABDECKEN UND MINDESTENS 30 MINUTEN KALT STELLEN.

4 FORMEN

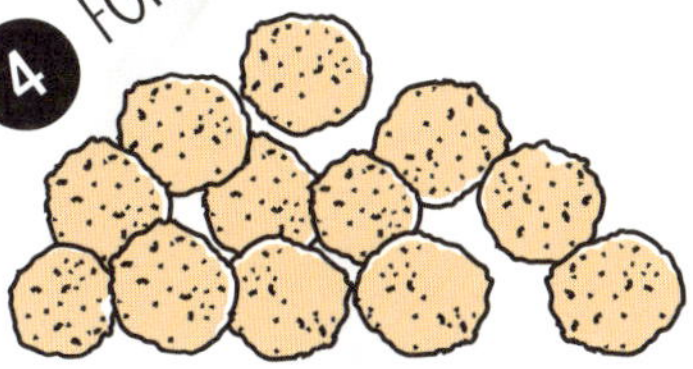

Die Mischung mit feuchten Händen zu 12 Kugeln formen.

5 FLACH DRÜCKEN

Mit der Hand sanft flach drücken.

FALAFEL BRATEN

6 BRATEN

WOK

3–4 Minuten leicht goldgelb braten.

Öl 5 cm hoch einfüllen, erhitzen und die Falafel in mehreren Portionen braten.

SCHAUMLÖFFEL

7 ABTROPFEN

KÜCHENPAPIER

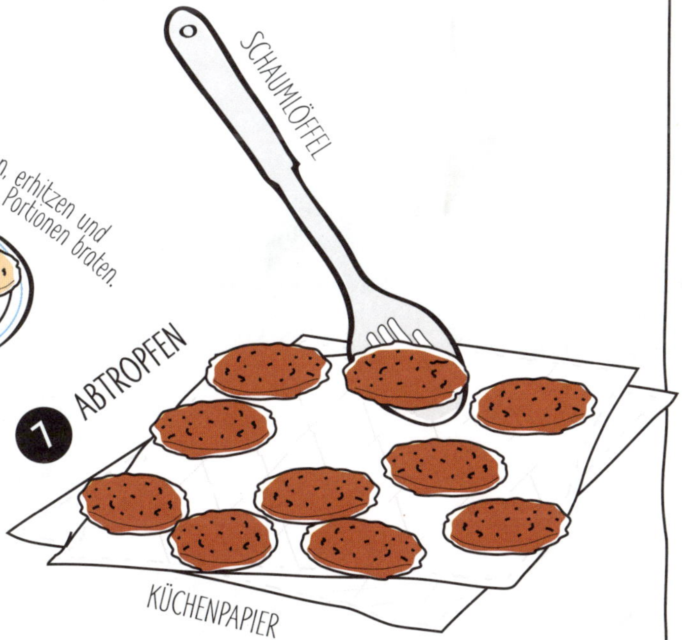

PITATASCHEN

Lamm-Frikadellen mit Rucola & Tsatsiki

Champignons & Feta mit Spinat, roten Zwiebeln & Oliven

Für die Frikadellen
Lammhackfleisch mit
gemahlenem **Kreuz-**
kümmel, **Salz** und
schwarzem Pfeffer
würzen. Zu Minifrikadellen
formen und grillen.

Für das Tsatsiki
100 g **griechischen**
Joghurt mit 75 g grob geriebener
Gurke, dem **Saft von 2 Limetten** und
4 EL gehacktem **Koriander** verrühren.

Pro Tasche 1 gehackten braunen
Champignon etwa 8 Minuten in
1 EL **Kokosöl** braten.

Hähnchensalat mit Apfel

Hummus & Bohnensprossen mit Gurke, Avocado & Karotte

Für den Salat
2 klein geschnittene
Hähnchenbrüste mit
2 gehackten **Äpfeln**, 2 gehackten
Selleriestangen, 250 g **griechischem Joghurt** und
dem **Saft von 1 Zitrone** vermengen.

- - - - - Diese Pitataschen mit ihren gesunden und leckeren Füllungen sind eine schnelle und schöne Alternative zu den üblichen Sandwiches. Wenn Sie Ihr Pitabrot warm mögen, toasten Sie es vor dem Füllen einfach 30 Sekunden bis 1 Minute, bis es aufgeht, aber noch nicht knusprig ist.

Curry-Hähnchen mit roter Zwiebel, Avocado & Koriander

Thunfisch-Mayo mit frischen Kräutern & Tomaten

Für die Currysauce 200 g **griechischen Joghurt** mit 50 ml **Kokosmilch**, 2 EL **gelber Currypaste** und 1 TL **Fischsauce** vermengen.

Für die Füllung 200 g **Thunfisch** aus der Dose mit 50 g **Mayonnaise**, dem Saft von 1 **Zitrone**, 50 g gehackter **Gewürzgurke** und 75 g gehackter **roter Paprikaschote** vermengen.

Honig-Soja-Steak mit Zwiebeln & Zuckerschoten

Garnelen & Avocado mit Brunnenkresse

In Streifen geschnittenes **Steak**, **Zwiebelringe** und **Zuckerschoten** in **Sesamöl** braten und mit je 3 EL **Honig** und **Sojasauce** sowie 1 EL **Sesamsamen** überziehen.

GAZPACHO

Diese kalte spanische Suppe eignet sich perfekt für heiße Tage und wenn man einfach den Geschmack des Sommers braucht! Hier sind die Gemüse die Stars und sollten so frisch wie möglich sein, da sie nicht gekocht werden.

FÜR 4 PERSONEN • FERTIG IN: 15 MIN., PLUS KÜHLZEIT
SIE BRAUCHEN: KÜCHENMASCHINE ODER STANDMIXER

❶ TOMATEN VORBEREITEN

Wasser zum Kochen bringen. Die Tomaten in eine hitzebeständige Schüssel geben, mit kochendem Wasser bedecken und 20 Sekunden stehen lassen, bis sich die Haut löst. Abgießen und unter kaltem Wasser abschrecken. Die Haut vorsichtig abziehen, die Tomaten halbieren, entkernen und das Fruchtfleisch hacken.

❷ ZUTATEN PÜRIEREN

Tomaten, Gurke, Paprikaschote, Knoblauch und Essig in die Küchenmaschine oder den Standmixer geben, mit Salz und Pfeffer abschmecken und glatt pürieren. Das Öl hinzugießen und erneut mixen. Bei Bedarf mit etwas kaltem Wasser oder Eiswürfeln verdünnen. Die Suppe in eine Terrine umfüllen, mit Frischhaltefolie abdecken und kalt stellen.

❸ GARNITUREN VORBEREITEN

Kurz vor dem Servieren die zusätzliche Gurke und Paprikaschote fein hacken. Gurke, Paprikaschote und Eiweiß sowie Eigelb in einzelnen Schüsseln sowie eine Flasche Olivenöl auf dem Tisch bereitstellen. Wenn die Suppe noch nicht kalt genug ist, einen oder zwei Eiswürfel in jeden Teller geben.

Etwas gehaltvoller wird es, wenn man Brot vom Vortag würfelt, in Öl einweicht und in Schritt 2 mit einem Spritzer Sherryessig hinzugibt.
Geben Sie für eine **Meeresfrüchtevariante** in Schritt 3 120 g gekochte, ausgelöste Krabben in die Suppenteller.

DER PLAN!

1. **TOMATEN VORBEREITEN** →
2. **ZUTATEN PÜRIEREN** →
3. **GARNITUREN VORBEREITEN**

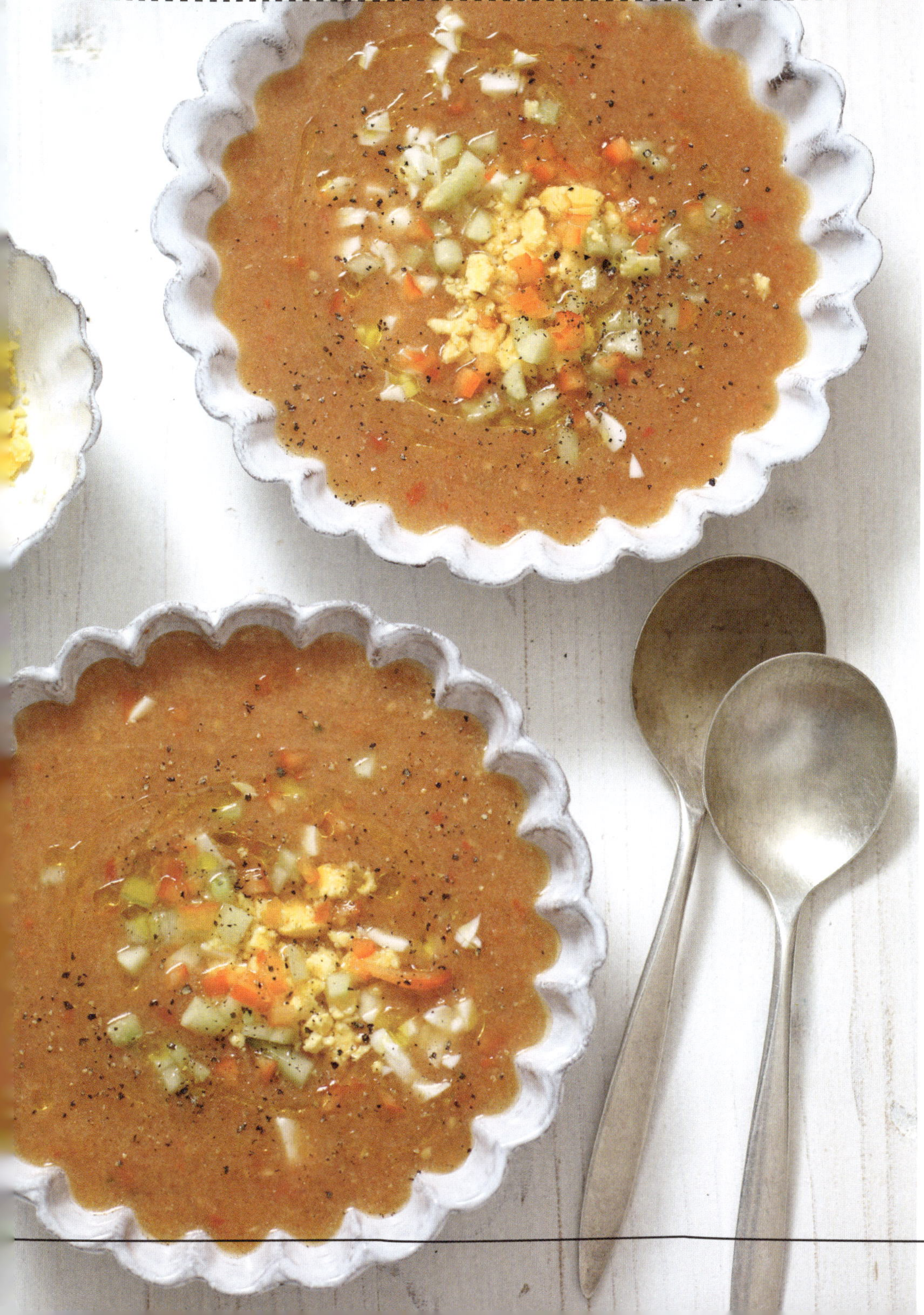

ZUTATEN

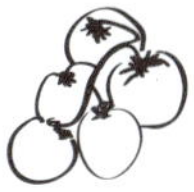

1 kg Tomaten

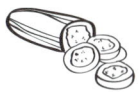

1 kleine Gurke, geschält und fein gehackt, plus Gurke zum Servieren

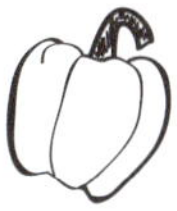

1 kleine rote Paprikaschote, entkernt und gehackt, plus Paprika zum Servieren

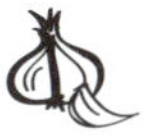

2 Knoblauchzehen, zerdrückt

4 EL Sherryessig

Salz und frisch gemahlener schwarzer Pfeffer

120 ml natives Olivenöl extra, plus Öl zum Servieren

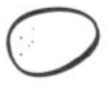

1 hart gekochtes Ei, Eiweiß und -gelb getrennt und gehackt, zum Servieren

SÜSSKARTOFFEL-SUPPE

Eine sämige Suppe, die nur wenige Minuten braucht. Die Croûtons sorgen für Biss und machen die Suppe gehaltvoller.

FÜR 4–6 PERSONEN • FERTIG IN: 20 MIN.
SIE BRAUCHEN: STABMIXER

- -

- 5 EL Olivenöl
- 1 Zwiebel, gehackt
- 1 Lauchstange, nur das Weiße, gehackt
- 1 Selleriestange, gehackt
- 500 g Süßkartoffeln, geschält und in 2,5 cm große Würfel geschnitten
- 750 ml Gemüse- oder Hühnerbrühe

- ½ EL gehackte Salbeiblätter
- Salz und frisch gemahlener schwarzer Pfeffer
- 4 Scheiben Weißbrot vom Vortag ohne Kruste, in 1 cm große Würfel geschnitten
- 30 g Butter

SUPPE VORBEREITEN

1 ANDÜNSTEN

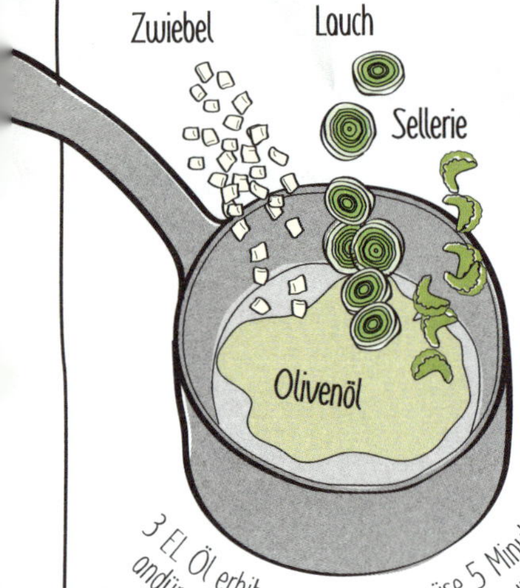

Zwiebel

Lauch

Sellerie

Olivenöl

3 EL Öl erhitzen und das Gemüse 5 Minuten andünsten, bis es weich, aber nicht gebräunt ist.

2 HINZUGEBEN

Brühe

Salz

Süßkartoffel

Salbei

Pfeffer

Zum Kochen bringen.

WÄHREND DIE SUPPE KOCHT, DIE CROÛTONS RÖSTEN.

3 KÖCHELN

TOPFDECKEL

Die Hitze reduzieren, Topf abdecken und 10 Minuten köcheln, bis die Süßkartoffeln gar sind.

HOLZLÖFFEL

Brotwürfel

4 RÖSTEN

GROSSE PFANNE

Olivenöl & Butter

Restliches Öl und Butter erhitzen, die Brotwürfel hineingeben
und unter ständigem Rühren rösten.

5 ABTROPFEN

10 Minuten goldbraun rösten, dann mit einem Schaumlöffel
aus der Pfanne heben und auf Küchenpapier abtropfen lassen.

CROÛTONS RÖSTEN

SCHAUMLÖFFEL

KÜCHENPAPIER

PÜRIEREN & SERVIEREN

Salz

Pfeffer

6 PÜRIEREN

STABMIXER

Die Suppe glatt pürieren,
mit Salz und Pfeffer abschmecken.

Croûtons

7 SERVIEREN

KELLE

Die Suppe in Suppenschüsseln füllen
und mit den Croûtons garnieren.

15-MINUTEN-SUPPE

Wie der Name schon sagt: Mehr Zeit braucht die Zubereitung nicht! Servieren Sie diese köstliche Suppe als vollständige Mahlzeit mit ofenfrischem Brot zum Auftunken.

FÜR 4 PERSONEN • FERTIG IN: 20 MIN.

❶ REIS KOCHEN

Brühe, Reis und Schinken in einem großen Topf zum Kochen bringen. Die Temperatur reduzieren und 15 Minuten köcheln lassen, bis der Reis fast gar ist.

❷ EIER UND KRÄUTER HINZUGEBEN

Die Eier hineingeben und 1 weitere Minute köcheln lassen. Vom Herd nehmen, Petersilie und Minze (nach Belieben) einrühren und heiß servieren.

TIPP — Sie können die Zubereitungszeit noch verkürzen, indem Sie übrig gebliebenen gekochten Reis nehmen oder den Reis durch Suppennudeln wie Vermicelli oder Muschelnudeln ersetzen.

DER PLAN! ① **REIS KOCHEN** ⟶ ② **EIER UND KRÄUTER HINZUGEBEN**

ZUTATEN

1 l heiße Hühner- oder Rinderbrühe, frisch oder aus gekörnter Brühe

2 EL Reis

4 EL gewürfelter Serranoschinken

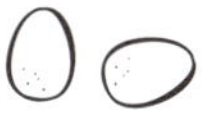

2 Eier, hart gekocht und gehackt

1 EL fein gehackte glatte Petersilie

1 EL fein gehackte Minze (nach Belieben)

SOMMER-ERBSENSUPPE MIT MINZE & QUINOA

Diese leichte und cremige kalte Suppe besticht durch die Proteinbombe Quinoa und die nussig schmeckende Mandelmilch. Sie ist schnell und einfach zuzubereiten und das perfekte Mittagessen für den Sommer.

FÜR 4 PERSONEN • FERTIG IN: 20–25 MIN., PLUS ABKÜHLZEIT
SIE BRAUCHEN: KÜCHENMASCHINE

ZUTATEN

- 50 g ungekochte Quinoa
- 2 Avocados, entkernt
- 500 g tiefgekühlte Erbsen
- 20 g gehackte Minzeblätter, plus Minze zum Garnieren
- 1 l ungesüße Mandelmilch

Sie können die Mandelmilch durch Kuhmilch ersetzen, wenn Sie mögen.

❶ QUINOA WASCHEN

Die Quinoa unter fließendem Wasser abspülen, abtropfen und in einem Topf mit 250 ml Wasser bedecken. Zum Kochen bringen.

❷ QUINOA KOCHEN

Die Temperatur bis zum Köcheln reduzieren, den Topf abdecken und 15–20 Minuten kochen, bis die Flüssigkeit fast vollständig aufgenommen und die Quinoa locker ist. Vom Herd nehmen, das Restwasser abgießen und die Quinoa zum Abkühlen beiseitestellen.

❸ AVOCADOS, ERBSEN, MINZE & MILCH MIXEN

Währenddessen das Fruchtfleisch der Avocados auslösen und in die Küchenmaschine geben. Erbsen, Minze und die Hälfte der Milch hinzugeben und glatt pürieren. Die restliche Milch hinzugeben und alles gut durchmixen.

❹ VERTEILEN & SERVIEREN

Die Suppe auf 4 Suppenschalen verteilen und die abgekühlte Quinoa in gleichen Mengen daraufgeben. Mit Minze garnieren und sofort servieren.

DER PLAN! ❶ QUINOA WASCHEN → ❷ QUINOA KOCHEN → ❸ ZUTATEN MIXEN → ❹ VERTEILEN & SERVIEREN

PARMESANSUPPE

Diese elegante Suppe, bei der das verquirlte Ei zusammen mit dem geriebenen Parmesan in die kochende Brühe eingerührt wird, ist eine Spezialität aus Rom, wo sie »Stracciatella alla Romana« genannt wird.

FÜR 4–5 PERSONEN • FERTIG IN: 20 MIN.

ZUTATEN

- 2 l heiße Hühnerbrühe
- Salz
- 4–5 Eier (Größe L)
- 2 EL fein geriebener Parmesan
- 1 TL frisch geriebene Muskatnuss
- abgeriebene Schale von 1 Bio-Zitrone
- 2 EL fein gehackte glatte Petersilie

❶ BRÜHE REDUZIEREN

Die Hühnerbrühe in einem großen Topf zum Kochen bringen und auf ein Drittel einkochen lassen. Mit Salz abschmecken.

❷ EIER & KÄSE VERQUIRLEN

Die Eier in einer Schüssel gut mit Parmesan, Muskat und Zitronenschale verquirlen.

❸ EIMISCHUNG EINRÜHREN

Die Temperatur bis auf ein Köcheln reduzieren und die Eimischung einrühren. Weitere 1–2 Minuten rühren, bis das Ei zu feinen, nudelähnlichen Fäden stockt.

❹ WÜRZEN, GARNIEREN & SERVIEREN

Die Suppe abschmecken und bei Bedarf mehr Käse, Pfeffer und Salz einrühren. Mit Petersilie garniert servieren.

> **Sie können** ganz nach Belieben auch noch gewürfelten Prosciutto, fein gehackte Petersilie und entkernte, gehackte scharfe Chilischoten hinzugeben.

 **DER PLAN!**  ❶ **BRÜHE REDUZIEREN** →  ❷ **EIER & KÄSE VERQUIRLEN** → ❸ **EIMISCHUNG EINRÜHREN** →  ❹ **ABSCHMECKEN & SERVIEREN**

SALAT IM GLAS

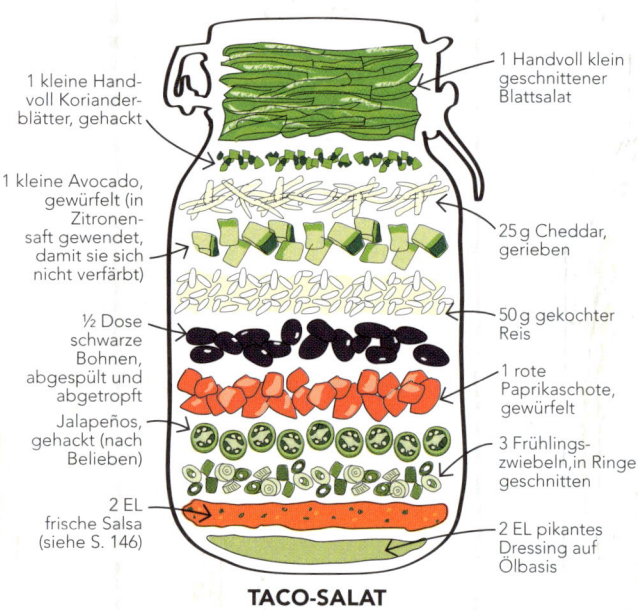

1 kleine Hand-
voll Koriander-
blätter, gehackt

1 Handvoll klein
geschnittener
Blattsalat

1 kleine Avocado,
gewürfelt (in
Zitronen-
saft gewendet,
damit sie sich
nicht verfärbt)

25 g Cheddar,
gerieben

½ Dose
schwarze
Bohnen,
abgespült und
abgetropft

50 g gekochter
Reis

Jalapeños,
gehackt (nach
Belieben)

1 rote
Paprikaschote,
gewürfelt

2 EL
frische Salsa
(siehe S. 146)

3 Frühlings-
zwiebeln, in Ringe
geschnitten

2 EL pikantes
Dressing auf
Ölbasis

TACO-SALAT

Texmex im Glas – der perfekte Salat für
alle, die es etwas schärfer mögen.

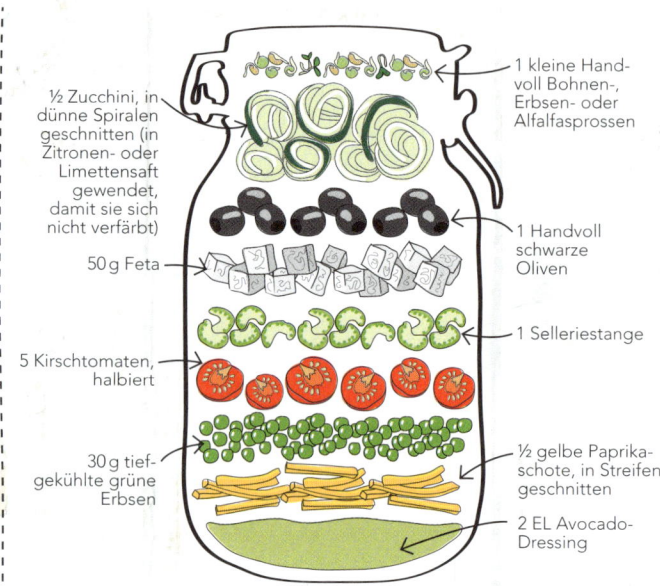

½ Zucchini, in
dünne Spiralen
geschnitten (in
Zitronen- oder
Limettensaft
gewendet,
damit sie sich
nicht verfärbt)

1 kleine Hand-
voll Bohnen-,
Erbsen- oder
Alfalfasprossen

50 g Feta

1 Handvoll
schwarze
Oliven

5 Kirschtomaten,
halbiert

1 Selleriestange

30 g tief-
gekühlte grüne
Erbsen

½ gelbe Paprika-
schote, in Streifen
geschnitten

2 EL Avocado-
Dressing

COURGETTI-AVOCADO-SALAT

Verwenden Sie für die Zucchininudeln
einen Spiralschneider oder Zestenreißer.

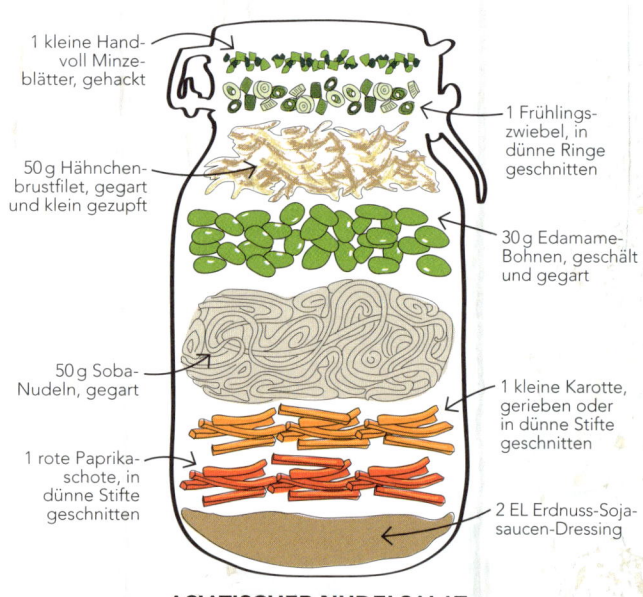

1 kleine Hand-
voll Minze-
blätter, gehackt

1 Frühlings-
zwiebel, in
dünne Ringe
geschnitten

50 g Hähnchen-
brustfilet, gegart
und klein gezupft

30 g Edamame-
Bohnen, geschält
und gegart

50 g Soba-
Nudeln, gegart

1 kleine Karotte,
gerieben oder
in dünne Stifte
geschnitten

1 rote Paprika-
schote, in dünne Stifte
geschnitten

2 EL Erdnuss-Soja-
saucen-Dressing

ASIATISCHER NUDELSALAT

Ein Salat mit Pfiff, der die Aromen
Japans und Thailands zusammenbringt.

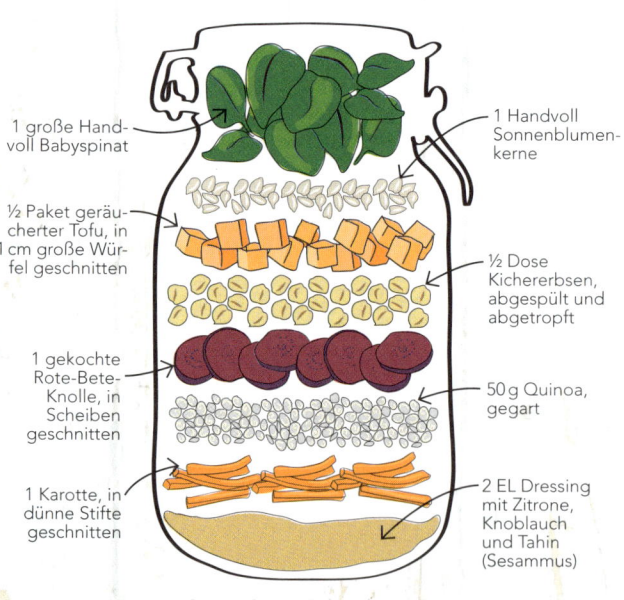

1 große Hand-
voll Babyspinat

1 Handvoll
Sonnenblumen-
kerne

½ Paket geräu-
cherter Tofu, in
1 cm große Wür-
fel geschnitten

½ Dose
Kichererbsen,
abgespült und
abgetropft

1 gekochte
Rote-Bete-
Knolle, in
Scheiben
geschnitten

50 g Quinoa,
gegart

1 Karotte, in
dünne Stifte
geschnitten

2 EL Dressing
mit Zitrone,
Knoblauch
und Tahin
(Sesammus)

QUINOA-TOFU-SALAT

Ein leckerer, rein vegetarischer
Proteinschub aus dem Glas.

Ein Salat im Einmachglas ist ein schnelles und unkompliziertes Lunchpaket. Indem Sie die Zutaten in der richtigen Reihenfolge schichten, kann das Dressing nicht durchsickern und alles durchweichen. Sie müssen das Glas dann nur noch vor dem Essen kurz umdrehen und schütteln. Leckere Dressings finden Sie auf S. 90–91.

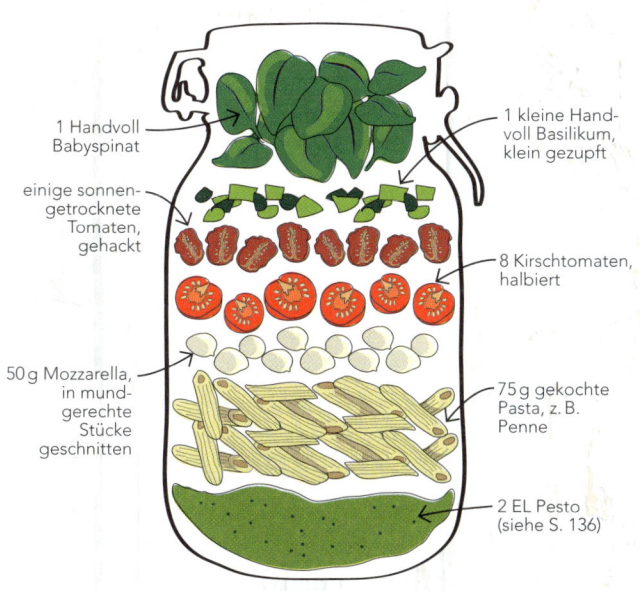

1 Handvoll Babyspinat

1 kleine Handvoll Basilikum, klein gezupft

einige sonnengetrocknete Tomaten, gehackt

8 Kirschtomaten, halbiert

50 g Mozzarella, in mundgerechte Stücke geschnitten

75 g gekochte Pasta, z. B. Penne

2 EL Pesto (siehe S. 136)

CAPRESE-PASTA-SALAT

Ein einfacher, duftiger Salat, der sich prima mit übrig gebliebenen Nudeln zubereiten lässt.

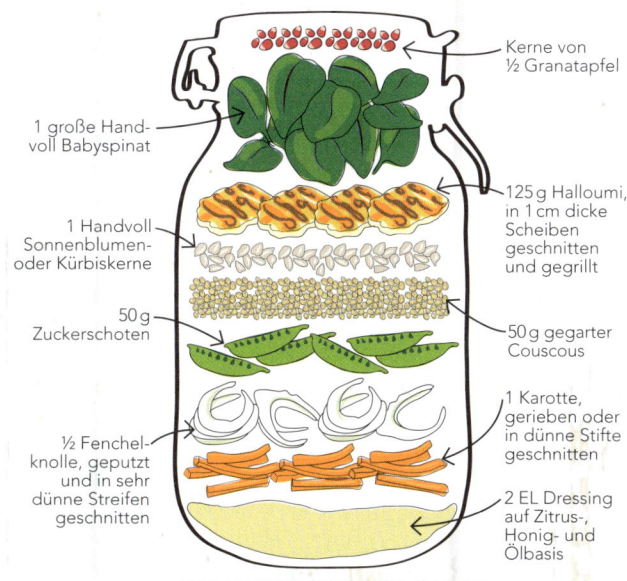

Kerne von ½ Granatapfel

1 große Handvoll Babyspinat

125 g Halloumi, in 1 cm dicke Scheiben geschnitten und gegrillt

1 Handvoll Sonnenblumen- oder Kürbiskerne

50 g gegarter Couscous

50 g Zuckerschoten

1 Karotte, gerieben oder in dünne Stifte geschnitten

½ Fenchelknolle, geputzt und in sehr dünne Streifen geschnitten

2 EL Dressing auf Zitrus-, Honig- und Ölbasis

HALLOUMI-FENCHEL-SALAT

Salziger, cremiger Halloumi und knackige Rohkost ergeben hier ein sättigendes Lunchpaket.

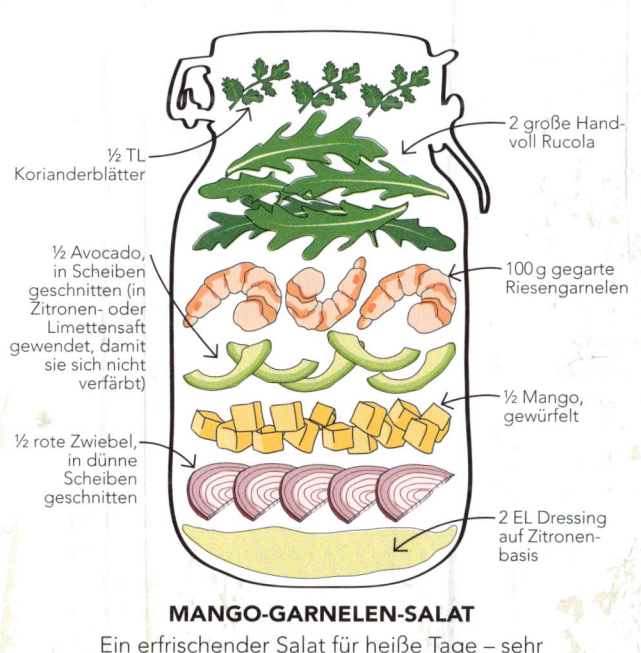

½ TL Korianderblätter

2 große Handvoll Rucola

½ Avocado, in Scheiben geschnitten (in Zitronen- oder Limettensaft gewendet, damit sie sich nicht verfärbt)

100 g gegarte Riesengarnelen

½ Mango, gewürfelt

½ rote Zwiebel, in dünne Scheiben geschnitten

2 EL Dressing auf Zitronenbasis

MANGO-GARNELEN-SALAT

Ein erfrischender Salat für heiße Tage – sehr lecker mit einem Spritzer Limettensaft.

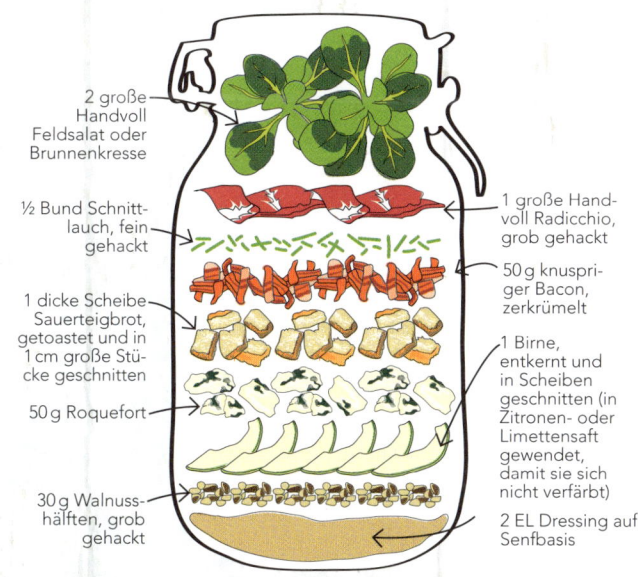

2 große Handvoll Feldsalat oder Brunnenkresse

½ Bund Schnittlauch, fein gehackt

1 große Handvoll Radicchio, grob gehackt

1 dicke Scheibe Sauerteigbrot, getoastet und in 1 cm große Stücke geschnitten

50 g knuspriger Bacon, zerkrümelt

50 g Roquefort

1 Birne, entkernt und in Scheiben geschnitten (in Zitronen- oder Limettensaft gewendet, damit sie sich nicht verfärbt)

30 g Walnusshälften, grob gehackt

2 EL Dressing auf Senfbasis

ROQUEFORT-RADICCHIO-SALAT

Die klassische Kombination aus Blauschimmelkäse, Äpfeln und Walnüssen.

DRESSINGRAD

Dieses Zutatenrad hilft Ihnen beim Experimentieren mit Ihren eigenen Dressingkreationen, mit denen Sie jeden Salat im Handumdrehen veredeln. Tauchen Sie zum Probieren ein Salatblatt ins Dressing und schütteln Sie überschüssiges Dressing ab. Das ist aussagekräftiger als der ins Glas getauchte und abgeleckte Finger. Wenn das Dressing noch nicht ganz rund ist, ruinieren Sie sich so auch nicht gleich den ganzen Salat!

UND SO GEHT'S

Die meisten Dressings beruhen auf der Mischung von 3 Teilen Öl mit 1 Teil Säure (Essig oder Zitronensaft), plus Aromen, die als Emulgatoren Öl und Essig miteinander verbinden und dafür sorgen, dass der Salat gleichmäßig benetzt wird. Obst, Gemüse und Gewürze geben zusätzlichen Geschmack.

- - - - - - - - - - - - - - - - -

1 ÖL ODER FETTBASIS WÄHLEN
In den Standmixer geben.

2 SÄURE WÄHLEN
Essig oder eine andere saure Zutat hinzugeben.

3 AROMEN WÄHLEN
Damit das Dressing emulgiert.

4 GEMÜSE, OBST ODER GEWÜRZE HINZUFÜGEN
Ganz nach Belieben!

Wie wäre es mit Petersilie, Basilikum, Minze, Rosmarin, Estragon, Koriander, Oregano, Schnittlauch, Chilischoten oder Thymian?

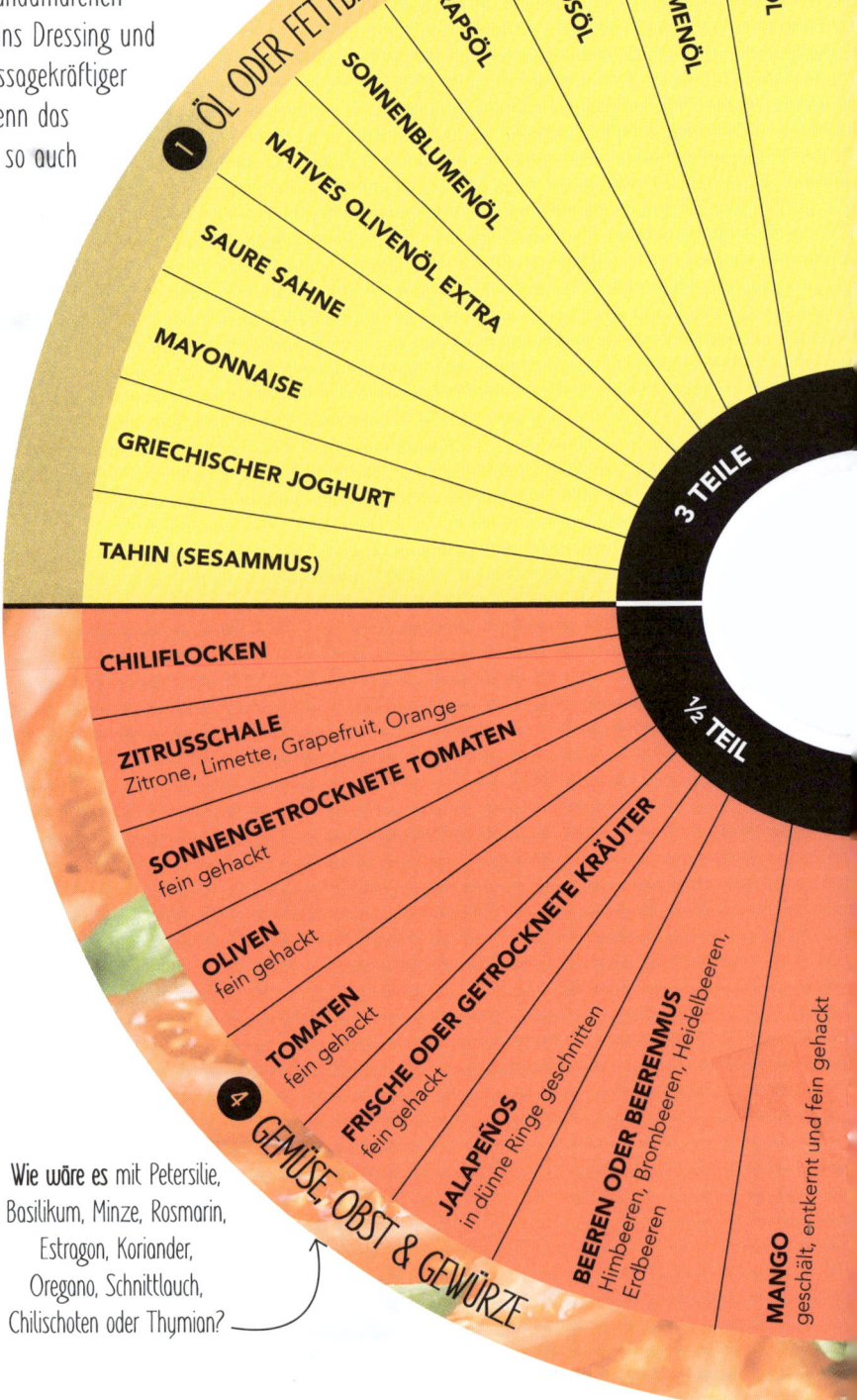

1 ÖL ODER FETTBASIS
- ERDNUSSÖL
- HANFSAMENÖL
- KOKOSÖL
- RAPSÖL
- SONNENBLUMENÖL
- NATIVES OLIVENÖL EXTRA
- SAURE SAHNE
- MAYONNAISE
- GRIECHISCHER JOGHURT
- TAHIN (SESAMMUS)

3 TEILE

½ TEIL

4 GEMÜSE, OBST & GEWÜRZE
- CHILIFLOCKEN
- ZITRUSSCHALE
  Zitrone, Limette, Grapefruit, Orange
- SONNENGETROCKNETE TOMATEN
  fein gehackt
- OLIVEN
  fein gehackt
- TOMATEN
  fein gehackt
- FRISCHE ODER GETROCKNETE KRÄUTER
  fein gehackt
- JALAPEÑOS
  in dünne Ringe geschnitten
- BEEREN ODER BEERENMUS
  Himbeeren, Brombeeren, Heidelbeeren, Erdbeeren
- MANGO
  geschält, entkernt und fein gehackt

2 SÄURE

Verzichten Sie auf den viel zu dominanten Malzessig, der alles andere übertönt.

Sesamöl hat einen kräftigen, nussigen Geschmack, der eher als Aromat dient denn als Basis. Kombinieren Sie es mit Sonnenblumen- oder Erdnussöl.

3 AROMATEN & EMULGATOREN

ZITRUSSÄFTE
Zitrone, Limette, Grapefruit, Orange

ESSIGE
Balsam-, Rotwein-, Weißwein-, Apfel-, Sherry-, Reiswein-, Obstessige

BUTTERMILCH

MISOPASTE

SENF
Dijonsenf, mittelscharf, körnig

SESAMÖL

SOJASAUCE

HONIG ODER AHORNSIRUP

GERIEBENER PARMESAN

CURRYPULVER

SCHARFE CHILISAUCE

FRUCHTKONFITÜRE

SARDELLEN

PESTO
(siehe S. 136)

HARISSA

KNOBLAUCH
zerdrückt

WORCESTERSAUCE

TOMATENMARK

ZWIEBELN
weiß, rot, Schalotte, Frühlingszwiebel, fein gehackt

1 TEIL

¼–½ TEIL

SUPER MISCHUNGEN

Hier einige unserer Lieblingsdressings zur Inspiration ...

VINAIGRETTE
natives Olivenöl extra • Rot- oder Weißweinsig • Dijonsenf • Schalotte (nach Belieben)

MINZ-JOGHURT
Joghurt • Zitronensaft • Knoblauch • Minze • Zitronenschale

MANGO & LIMETTE
Sonnenblumenöl • Reisweinessig • Limetten-saft & abgeriebene Schale • Mango

HONIG-BALSAMICO
Rapsöl • Balsamessig • Honig • körniger Senf

GRÜNE GÖTTIN
Zu gleichen Teilen Mayonnaise & saure Sahne • Zitronensaft • Knoblauch • Sardellen • Petersilie • Estragon • Schnittlauch

WALDORFSALAT

Der vor über 100 Jahren im New Yorker Hotel Waldorf Astoria kreierte Klassiker ist ein cremig-knackiger Salat, der perfekt zu gegrilltem Hähnchen passt, wenn es einmal etwas kräftiger sein soll.

FÜR 4 PERSONEN • FERTIG IN: 15 MIN.

ZUTATEN

- 2 große Äpfel
- 4 Selleriestangen, in dünne Scheiben geschnitten
- 25 kernlose blaue Trauben, halbiert
- 2 EL geröstete und zerstoßene Walnüsse
- 60 g Mayonnaise
- Saft von 1 Zitrone
- Salz und frisch gemahlener schwarzer Pfeffer
- 2 Salatherzen

① ÄPFEL WÜRFELN

Die Kerngehäuse der Äpfel mit einem Ausstecher entfernen. Die Äpfel mit einem scharfen Messer in gleich dicke Scheiben schneiden. Immer einige Scheiben aufeinanderlegen und längs und quer in gleich große Würfel schneiden.

② ANMACHEN & DURCHHEBEN

Äpfel, Sellerie, Trauben und Walnüsse in eine Schüssel geben. Mayonnaise und Zitronensaft hinzugeben und gründlich durchheben. Mit Salz und Pfeffer abschmecken.

③ ANRICHTEN & SERVIEREN

Die Salatherzen grob klein schneiden und auf 4 Teller verteilen. Die Frucht-Nuss-Mischung auf den Salatherzen anrichten und mit Zitronensaft beträufeln.

 **DER PLAN!**    **① ÄPFEL WÜRFELN** →  **② ANMACHEN & DURCHHEBEN** → **③ ANRICHTEN & SERVIEREN**

TOMATENSALAT MIT MOZZARELLA & ROTEN ZWIEBELN

10 MIN.

Dieser Salat ist einfach, in nur wenigen Minuten zuzubereiten und birst vor leuchtenden Farben und köstlichen italienischen Aromen. Reichen Sie dazu nach Wunsch Ciabatta zum Auftunken.

FÜR 4 PERSONEN • FERTIG IN: 10 MIN.

ZUTATEN

- 8 reife Eiertomaten, in Scheiben geschnitten
- 6 Kirschtomaten, halbiert
- 1 kleine rote Zwiebel, geschält und in Streifen geschnitten
- 1 Handvoll Basilikumblätter, klein gezupft
- natives Olivenöl extra zum Beträufeln
- Salz und frisch gemahlener schwarzer Pfeffer
- 2 Handvoll Rucola
- Balsamessig zum Beträufeln
- 2 Mozzarellakugeln, in Stücke gerupft

❶ SALAT ANMACHEN

Tomaten, Zwiebel und die Hälfte des Basilikums in eine Schüssel geben. Mit reichlich Olivenöl beträufeln, salzen, pfeffern und durchheben.

❷ MISCHEN, WÜRZEN & SERVIEREN

Die Rucolablätter auf einem Vorlegeteller auslegen und mit etwas Öl und Balsamessig beträufeln. Mit Pfeffer und Salzen würzen und die Tomaten-Basilikum-Mischung darauf anrichten. Den Mozzarella über den Salat verteilen und mit etwas mehr Öl und Essig beträufeln. Sofort servieren.

> **Sie können** diesen Salat mit gekochter Pasta und Knoblauchöl zu einem Lunch anreichern. Geben Sie den Rucola erst am Ende hinzu, damit er nicht zusammenfällt.

DER PLAN!   ❶ SALAT ANMACHEN → ❷ MISCHEN, WÜRZEN & SERVIEREN

BUNTER COUSCOUS-SALAT

DER PLAN!

Dieser elegante, vom Nahen Osten inspirierte Salat lässt sich mühelos am Vorabend zubereiten und dann am nächsten Tag als gesunder gekühlter Lunch mit ins Büro nehmen. Er ist preiswerter und deutlich leckerer als ein Supermarkt-Sandwich.

FÜR 4–6 PERSONEN • FERTIG IN: 12 MIN.

1 BRÜHE KOCHEN

Wasser zum Kochen bringen. Den Couscous in eine Schüssel geben und mit 1 ½ EL Olivenöl besprenkeln. Mit den Fingern verreiben, die gekörnte Brühe (nach Belieben) darüberstreuen und vermengen.

2 COUSCOUS EINWEICHEN

500 ml kochendes Wasser (bei Verwendung von gekörnter Brühe) oder heiße Gemüsebrühe über den Couscous gießen und kurz durchrühren. Der Couscous sollte knapp bedeckt sein. Sofort mit Frischhaltefolie abdecken.

3 QUELLEN, TESTEN & ABKÜHLEN

5 Minuten quellen lassen, dann prüfen, ob die Körner fast weich sind und das Wasser absorbiert ist. Den Couscous mit der Gabel auflockern und abkühlen lassen, dabei hin und wieder erneut auflockern.

4 PINIENKERNE RÖSTEN

Währenddessen die Pinienkerne unter Rühren bei mittlerer Hitze in einer beschichteten Pfanne rösten, bis sie leicht bräunen. Achtung, sie brennen schnell an. Zum Abkühlen beiseitestellen.

5 MISCHEN

Den abgekühlten Couscous mit Pinienkernen, Aprikosen und Koriander vermengen. Olivenöl und Zitronensaft einrühren, salzen und pfeffern. Zum Servieren mit Granatapfelkernen bestreuen.

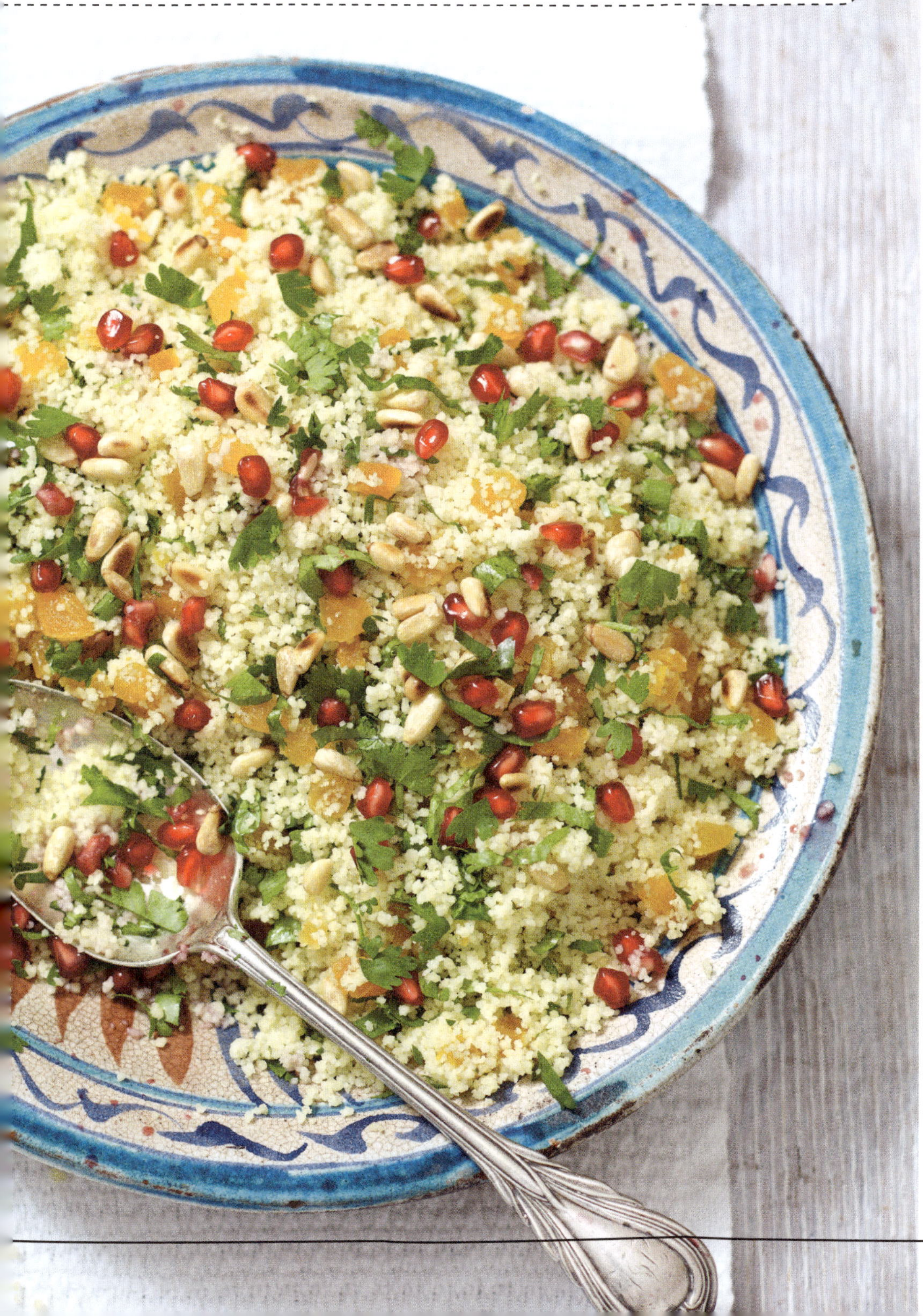

ZUTATEN

300 g Couscous

1½ EL Olivenöl

1 EL gekörnte Brühe oder 500 ml heiße Gemüsebrühe

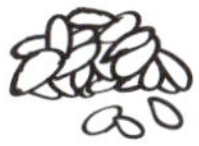

50 g Pinienkerne

100 g getrocknete Aprikosen, fein gehackt

1 große Handvoll Korianderblätter, fein gehackt

4½ EL natives Olivenöl extra

Saft von 1 großen Zitrone

Salz und frisch gemahlener schwarzer Pfeffer

2–3 EL Granatapfelkerne zum Servieren

ZUTATEN

350 g Entrecôte oder
dickes Rumpsteak

200 g Reis- oder
Glasnudeln

250 g grüne Papaya
oder Mango, geschält,
entkernt und in dünne
Stifte geschnitten oder
grob gerieben

4 EL geröstete ungesalzene
Erdnüsse, grob gehackt

FÜR DAS DRESSING

1 TL Zitronengraspüree

1 TL fein geriebener
frischer Ingwer

2 EL gehackte
Korianderblätter

2 EL vietnamesische oder
thailändische Fischsauce

2 EL gehackte Minze

Saft von 2 Limetten

1 TL brauner Zucker

2 frische rote Chilischoten,
entkernt und fein gehackt

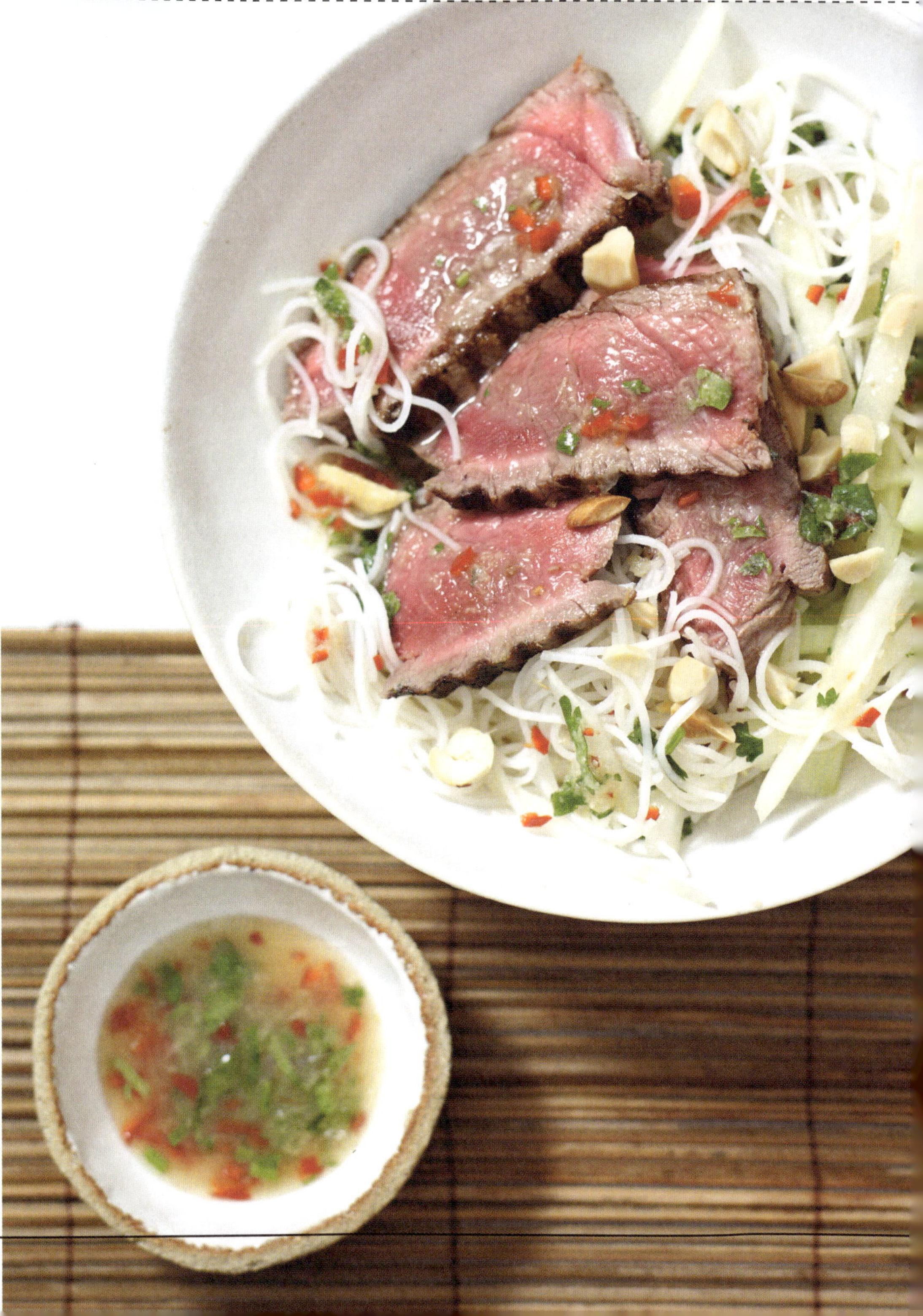

4
DURCHHEBEN
& SERVIEREN

RINDFLEISCHSALAT MIT GRÜNER PAPAYA & NUDELN

Ein farbenfroher Nudelsalat mit vietnamesischen Wurzeln, der ein erfrischendes Mittagessen abgibt. Grüne Papayas, also eigentlich unreife Früchte, finden sich in vielen südostasiatischen Salaten wieder. Sie können sie durch grüne Mangos ersetzen, die genauso gut schmecken.

FÜR 4 PERSONEN • FERTIG IN: 20 MIN., PLUS RUHEZEIT

❶ STEAK GRILLEN

Den Backofengrill vorheizen. Das Fett vom Fleisch abschneiden und das Steak auf oberster Schiene 3–4 Minuten von jeder Seite grillen, bis es gebräunt, aber innen noch rosa ist. 15 Minuten ruhen lassen, dann in dünne Streifen schneiden.

❷ NUDELN EINWEICHEN

Die Nudeln in kochendem Wasser nach Angaben des Hersteller einweichen. Abgießen, unter kaltem Wasser abschrecken und mit der Schere in mundgerechte Stücke schneiden. Beiseitestellen.

❸ DRESSING MISCHEN

Zitronengraspüree, Ingwer, Korian-der, Fischsauce, Minze, Limettensaft, Zucker und Chilischote verrühren.

❹ DURCHHEBEN & SERVIEREN

Nudeln, Papaya und Steak in eine Salatschüssel geben und locker mit dem Dressing durchheben. Vor dem Servieren mit Erdnüssen bestreuen.

TIPP — Wenn Sie mögen, können Sie das Steak mehrere Stunden im Voraus grillen und erst kurz vor dem Servieren zum Salat geben.

Diesen Salat

findet man in unzähligen Varianten in Vietnam, Thailand und Kambodscha. Versuchen Sie ihn auch mal im thailändischen Stil mit gegrilltem Hähnchenbrustfilet statt mit Steak und Klebreis anstelle der Nudeln.

PIKANTER ASIATISCHER SALAT

Dieser farbenfrohe Salat ist ebenso lecker wie gesund und macht nur wenig Arbeit. Er hält sich ohne Dressing bis zum nächsten Tag. Machen Sie ihn erst im letzten Augenblick an, damit er nicht zusammenfällt.

FÜR 4–6 PERSONEN • FERTIG IN: 20 MIN.

ZUTATEN

- 400 g Hähnchenbrustfilet ohne Haut und Knochen
- Hühnerbrühe
- 4 EL Limettensaft
- 4 TL thailändische Fischsauce
- 1 EL feinster Zucker
- 1 Msp. Chiliflocken (nach Belieben)
- 1 Eisbergsalat, klein geschnitten
- 100 g Bohnensprossen
- 1 große Karotte, dünn gehobelt
- 1 Stück Gurke (15 cm), entkernt und in dünne Scheiben geschnitten
- ½ rote Paprikaschote, entkernt und in dünne Streifen geschnitten
- ½ gelbe Paprikaschote, entkernt und in dünne Streifen geschnitten
- 15 Kirschtomaten, halbiert
- 1 kleine Handvoll Minzeblätter, gehackt
- 1 kleine Handvoll Korianderblätter, gehackt
- 50 g gesalzene Erdnüsse, gehackt (nach Belieben)

❶ HÄHNCHEN POCHIEREN

Das Hähnchenbrustfilet je nach Dicke 7–10 Minuten in einem großen Topf in Hühnerbrühe oder Salzwasser pochieren, bis es gar ist. Abkühlen lassen und in dünne Scheiben schneiden.

❷ DRESSING MISCHEN

Limettensaft, Fischsauce, Zucker und die Chiliflocken (nach Belieben) verrühren, bis sich der Zucker löst.

❸ DURCHHEBEN & SERVIEREN

Gurke, Paprikaschoten und Tomaten mit dem Großteil der Kräuter, dem Fleisch und dem Dressing durchheben. Zum Servieren mit den restlichen Kräutern und den Erdnüssen (nach Belieben) bestreuen.

TIPP — Sparen Sie Zeit und bereiten Sie das Gemüse zu, während das Hähnchen pochiert. Zum Blitzschneiden der Tomaten: Legen Sie mehrere Kirschtomaten in einer Reihe auf einen kleinen Teller und halten Sie sie mit einem umgedrehten zweiten Teller an Ort und Stelle. Schneiden Sie jetzt mit einem scharfen Messer von sich weg quer zwischen den Tellern hindurch, und Sie erhalten mehrere Tomatenhälften in einem Schritt.

DER PLAN! ❶ HÄHNCHEN POCHIEREN → ❷ DRESSING MISCHEN → ❸ DURCHHEBEN & SERVIEREN

BULGUR MIT BUNTEN PAPRIKASCHOTEN & ZIEGENKÄSE

Süße, knackige Paprikaschoten und cremiger Ziegenkäse sind eine tolle Kombination. Bulgur sollte man immer im Haus haben – er liefert Ballaststoffe und Proteine und ist zudem auch noch leicht zuzubereiten.

FÜR 4 PERSONEN • FERTIG IN: 15 MIN.

ZUTATEN

- 250 g feiner Bulgur
- 300 ml heiße Gemüsebrühe
- Salz und frisch gemahlener schwarzer Pfeffer
- 1 Bund Frühlingszwiebeln, fein gehackt
- 1 orangefarbene Paprika-schote, entkernt und in Würfel geschnitten
- 1 gelbe Paprikaschote, entkernt und in Würfel geschnitten
- 1 Prise Paprikapulver edelsüß
- 1 Handvoll frische Minzeblätter, fein gehackt
- Saft von 1 Zitrone
- 125 g weicher Ziegenkäse, zerkrümelt
- natives Olivenöl extra zum Beträufeln

❶ BULGUR EINWEICHEN

Den Bulgur in eine große Schüssel geben und knapp mit heißer Brühe bedecken. 10 Minuten quellen lassen, dann mit einer Gabel auflockern. Mit Salz und Pfeffer abschmecken.

❷ GEMÜSE & KÄSE HINZUGEBEN

Frühlingszwiebeln, Paprika-schoten, Paprikapulver, Minze und Zitronensaft hinzugeben und gut durchrühren. Erneut abschmecken. Zum Servieren mit Ziegenkäse bestreuen und großzügig mit Olivenöl besprenkeln.

Sie können auch den Bulgur durch Couscous und den Ziegenkäse durch Feta ersetzen. Dazu den Couscous knapp mit heißer Brühe bedecken, dann die Schüssel mit Frischhaltefolie abdecken und 5 Minuten quellen lassen. Anschließend mit der Gabel auflockern.

DER PLAN!   ❶ BULGUR EINWEICHEN   →   ❷ GEMÜSE & KÄSE HINZUGEBEN

BOHNEN-BURGER

Diese Burger sind eine leckere, fettarme Alternative zum traditionellen Hamburger und lassen sich im Handumdrehen zubereiten. Lassen Sie für eine vegetarische Variante die Sardellen weg.

ERGIBT 6 BURGER • FERTIG IN: 20 MIN.
SIE BRAUCHEN: KÜCHENMASCHINE

- 1 Dose Adzuki-Bohnen (Asialaden, etwa 400 g)
- 1 Dose Kichererbsen (etwa 400 g)
- 1 Zwiebel, fein gehackt
- 6 Sardellen in Olivenöl, abgetropft
- 1 EL körniger Senf
- Salz und schwarzer Pfeffer
- 2 Eier

- 2–3 EL Mehl, plus Mehl zum Bestäuben
- 2–3 EL Pflanzenöl zum Braten

ZUM SERVIEREN
- 6 Hamburgerbrötchen, getoastet
- knackiger Eisbergsalat
- Tomatenketchup

BOHNEN VORBEREITEN

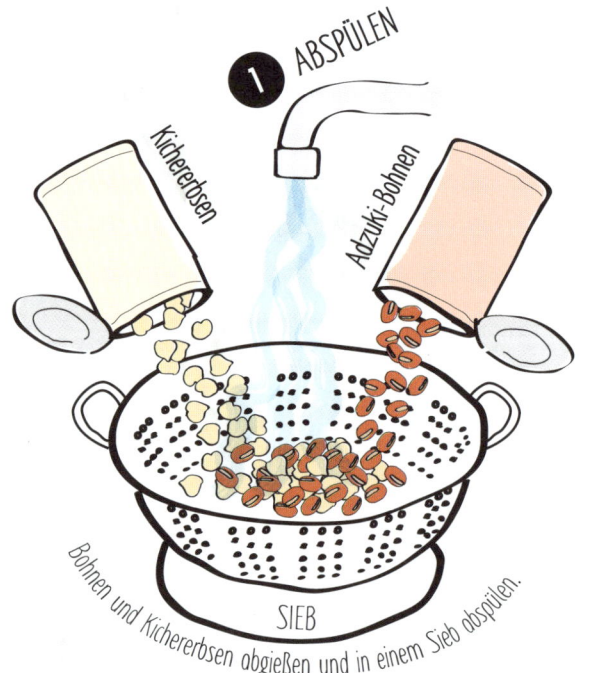

1 ABSPÜLEN

Kichererbsen

Adzuki-Bohnen

SIEB

Bohnen und Kichererbsen abgießen und in einem Sieb abspülen.

2 BOHNEN PÜRIEREN

Bohnen und Kichererbsen in der Küchenmaschine schnell und grob pürieren.

KÜCHENMASCHINE

Wenn Sie keine Küchenmaschine haben, können Sie die Bohnen auch mit einem Kartoffelstampfer grob zerdrücken. Hacken Sie die Sardellen und verquirlen Sie die Eier gut, bevor Sie alles miteinander vermengen.

DIE ÜBRIGEN ZUTATEN HINZUGEBEN

3 WÜRZE HINZUFÜGEN

Zwiebeln   Sardellen   Senf

Erneut mixen …

4 EIER HINZUGEBEN

Eier   Salz   Pfeffer

… und noch mal …

5 MEHL HINZUFÜGEN

… und noch mal!

FORMEN & BRATEN

Zu Frikadellen formen

6 FORMEN

7 BRATEN

Das Öl erhitzen und jeweils 2 oder 3 Frikadellen bei mittlerer
Hitze 3–4 Minuten von jeder Seite goldbraun braten.

BURGER ZUSAMMENSTELLEN

8 SCHICHTEN

Brötchen

Tomatenketchup

Bohnenfrikadelle

Salatblatt

Brötchen

NUDELSALAT MIT THUNFISCH & ARTISCHOCKEN

Dieser herzhafte Salat aus einigen wenigen Grundzutaten und frischen Bohnen ist eine ganze Mahlzeit für sich. Er steckt voller Geschmack und sieht auch noch toll aus! Sie können ihn bequem im Voraus für die Woche vorbereiten.

FÜR 4 PERSONEN • FERTIG IN: 20 MIN.

❶ PASTA & BOHNEN KOCHEN

Einen großen Topf mit Wasser zum Kochen bringen und die Pasta nach Angaben des Herstellers kochen. 4–5 Minuten vor Ende der Kochzeit die grünen Bohnen hinzugeben. Abgießen und unter fließendem kaltem Wasser abschrecken. Gut abtropfen und in eine Servierschüssel geben. Thunfisch, Cannellini-Bohnen, Tomaten und Artischocken hinzugeben und gut durchheben.

❷ DRESSING MISCHEN

3 EL Öl von den Tomaten und 3 EL Öl von den Artischocken in einen kleinen Becher geben. Zitronensaft und -schale, Senf, Salz und Pfeffer einrühren.

❸ SALAT ANMACHEN

Das Zitronen-Senf-Dressing über den Salat geben. Die Kräuter hinzugeben und gründlich durchheben. Abdecken und bis zum Servieren kalt stellen.

TIPP — Bewahren Sie das restliche Öl von den Tomaten und den Artischocken auf. Sie können damit nicht nur Dressings würzen, sondern auch Gemüse darin anbraten.

Nehmen Sie für eine vegetarische Variante statt des Thunfischs 1 Glas geröstete Paprikastreifen (etwa 250 g) und 1 Handvoll abgespülte Kapern oder Oliven.

DER PLAN!

1. **PASTA & BOHNEN KOCHEN** → 2. **DRESSING MISCHEN** → 3. **SALAT ANMACHEN**

ZUTATEN

200 g Pasta

100 g grüne Bohnen, geputzt und halbiert

200 g Thunfisch im eigenen Saft, abgetropft und zerkleinert

1 Dose Cannellini-Bohnen (etwa 400 g), abgespült und abgetropft

10 sonnengetrocknete Tomaten in Öl, abgetropft und grob gehackt (Öl aufheben)

1 Glas Artischockenherzen in Öl (etwa 250 g), abgetropft (Öl aufheben)

abgeriebene Schale und Saft von 1 Bio-Zitrone

1 TL körniger Senf

Salz und frisch gemahlener schwarzer Pfeffer

3 EL gehackte glatte Petersilie

Blätter von 3 Basilikum-stängeln, klein gezupft

DO-IT-YOURSELF-SUSHI

DEN REIS ZUBEREITEN ...

1

200 g Shari- oder Sushi-Reis unter fließendem Wasser abspülen, bis das Wasser klar ist.

2

Mit 250 ml Wasser in einen Topf geben.

3

Aufkochen, umrühren, die Temperatur reduzieren und abdecken.

4

6–8 Minuten köcheln lassen, bis der Reis das Wasser aufgenommen hat.

5

Den gekochten Reis in eine Rührschüssel umfüllen.

6

Mit 150 ml Reisessig, 1 EL Zucker und 1 Prise Salz vermengen.

DIE SUSHI-ROLLEN FORMEN ...

1 Ein Noriblatt auf eine Sushimatte legen. Mit einer 5 mm dicken Lage abgekühltem Reis bedecken, mit den Fingern andrücken. Am oberen (entfernten) Ende einen 1 cm breiten Streifen des Blatts unbedeckt lassen.

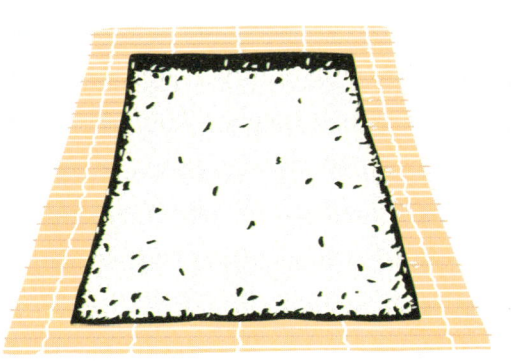

2 Eine Lage der Füllung in einem Streifen auf das untere (zum Körper gewandte) Ende geben.

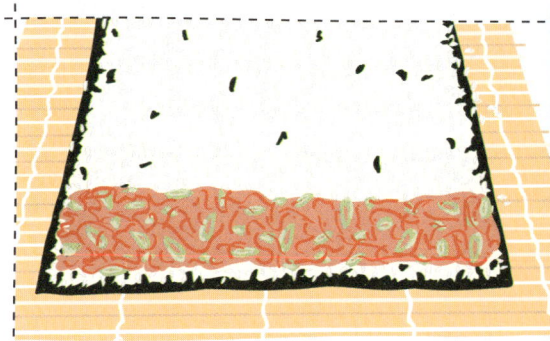

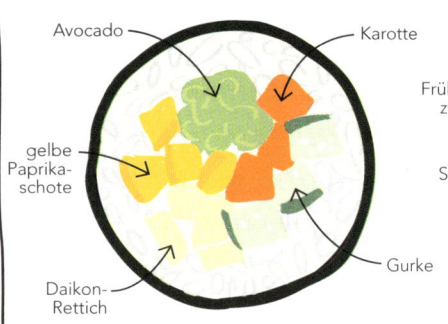

Avocado — Karotte
gelbe Paprikaschote
Daikon-Rettich — Gurke

GARTENROLLE

1 in Streifen geschnittene **Avocado**, je 50 g **Karotten-** und **Gurkenstifte**, 1 fein gehackte **gelbe Paprikaschote** und 1 geschälter und in dünne Scheiben geschnittener **Daikon-Rettich**.

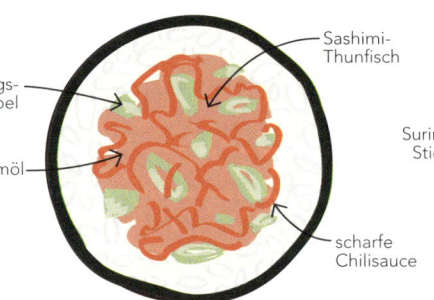

Frühlingszwiebel — Sashimi-Thunfisch
Sesamöl — scharfe Chilisauce

PIKANTER THUNFISCH

75 g fein gehackter **Sashimi-Thunfisch**, vermengt mit 1 EL scharfer **Chilisauce**, 1 Spritzer **Sesamöl** und 1 EL in Ringe geschnittener **Frühlingszwiebel**.

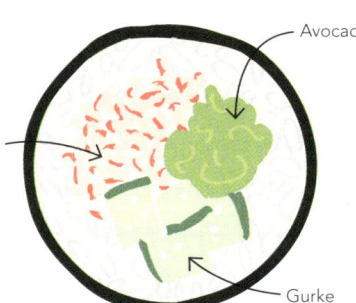

Avocado
Surimi-Sticks — Gurke

CALIFORNIA-ROLLE

1 in Streifen geschnittene **Avocado**, 50 g in dünne Stifte geschnittene **Gurke** und 2 klein gerupfte **Surimi-Sticks**.

Diese köstlichen Sushi-Rollen sind verblüffend schnell und einfach zuzubereiten und ein perfekter Lunch für Eilige. Folgen Sie dem Grundrezept und der Anleitung und wählen Sie dann Ihre Füllung aus der Liste unten. Wenn Sie diese zubereiten, während der Reis kocht, ist das Sushi in 20 Minuten fertig. Das Grundrezept ergibt 1 ordentliche Portion.

3 Die Matte fest vom unteren Ende her einrollen, dabei die Kante des Noriblatts einschlagen. Die Matte beim weiteren Rollen anheben. Das freie Ende des Noriblatts mit Reisessig befeuchten und die Rolle am Ende fest andrücken, um die Füllung einzuschließen.

ZUM SERVIEREN ...

Die Sushi-Rollen mit **eingelegtem Ingwer**, **Sojasauce** und **Wasabi** in Schalen servieren.

Sie können **eingelegten Ingwer** fertig kaufen, aber wenn Sie etwas Zeit haben, macht es mehr Spaß, ihn selbst einzulegen: 200 g geschälten und in dünne Scheiben geschnittenen **jungen Ingwer** mit 1 EL **Salz** vermengen und 30 Minuten ziehen lassen. 250 ml **Reisessig** mit 50 g **Zucker** mischen, aufkochen und über den Ingwer geben. Vor dem Servieren abkühlen lassen oder bis zu zwei Wochen im Kühlschrank kalt stellen.

4 Die Enden der Rolle gerade abschneiden und die Rolle in 8 gleich dicke Stücke schneiden.

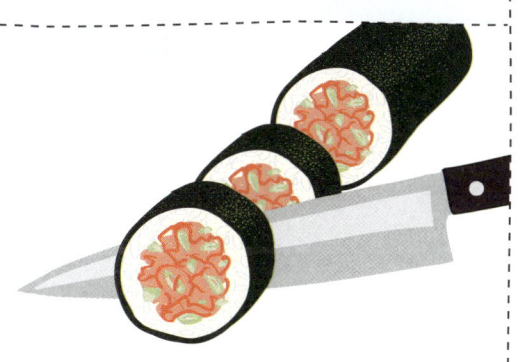

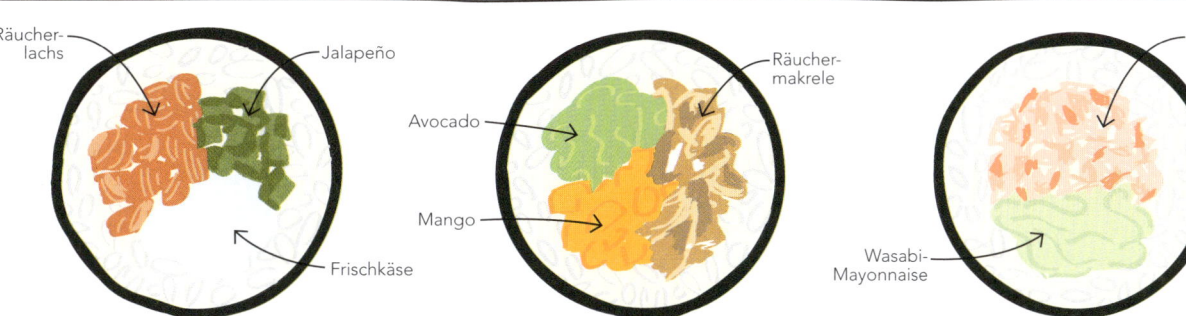

PHILADELPHIA-ROLLE
1 **Jalapeño** oder andere milde grüne Chilischote, entkernt und fein gehackt, 3 EL **Frischkäse** und 50 g **geräucherter Lachs**.

RÄUCHERMAKRELE
75 g **geräucherte Makrele**, klein gerupft, 50 g frische **Mango**, in Spalten geschnitten, und 1 **Avocado**, in Spalten geschnitten.

WASABI-GARNELEN
75 g gekochte **Garnelen**, gehackt, und 3 EL **Wasabi-Mayonnaise** (nach Geschmack mit etwas **Wasabipaste** verrührte **Mayonnaise**).

KÜRBIS-FRITTATA

Diese leicht zuzubereitende Frittata ist prall mit allem Guten von Kürbis und Spinat gefüllt und eignet sich prima für ein schnelles, leckeres und gesundes Essen.

FÜR 2 PERSONEN • FERTIG IN: 20–30 MIN.

- 1 kleiner Butternusskürbis (etwa 500 g), entkernt und gewürfelt
- 2 EL Olivenöl
- 1 kleines Stück Butter
- 1 kleine Zwiebel, gewürfelt
- 200 g Blattspinat
- 125 g weicher Ziegenkäse

- 4 halb getrocknete Tomaten in Öl, abgetropft und klein geschnitten
- 2 EL geriebener Parmesan
- geriebene Muskatnuss
- 2 EL gehackter Estragon
- 6 Eier (Größe L), verquirlt
- Salz und frisch gemahlener schwarzer Pfeffer

1 BLANCHIEREN

TOPF

Butternusskürbis

kochendes Wasser

Den Kürbis 2–4 Minuten blanchieren (kurz kochen), bis er leicht weich ist.

FÜLLUNG ZUBEREITEN

2 ABTROPFEN

SIEB

Den Kürbis gut abtropfen lassen.

3 ANBRATEN

Zwiebeln

HOLZLÖFFEL

Butternusskürbis

GROSSE BESCHICHTETE PFANNE

Öl & Butter

Öl und Butter erhitzen und die Zwiebel 3 Minuten schmoren. Den Kürbis hinzugeben und 2 Minuten braten.

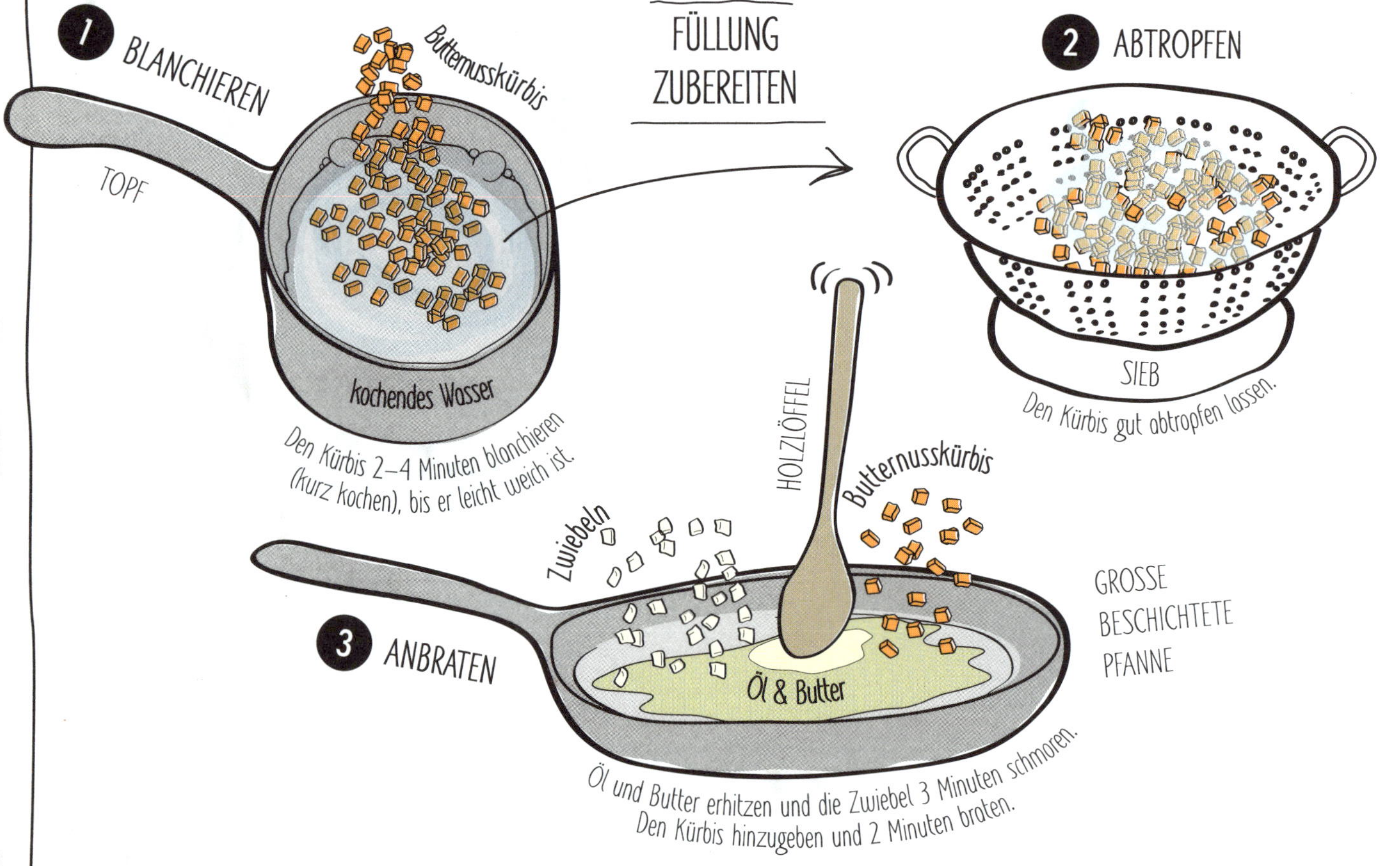

4 ERHITZEN

Spinat

WÄHREND DER SPINAT KÖCHELT, DAS VERQUIRLTE EI SALZEN UND PFEFFERN UND DEN BACKOFENGRILL VORHEIZEN.

Den Spinat hinzugeben und zusammenfallen lassen. 1–2 Minuten unter sanftem Rühren köcheln, bis die ganze Flüssigkeit verkocht ist.

Sie können den Spinat durch Mangold oder Pak Choi ersetzen.

5 WÜRZEN

Ziegenkäse
halb getrocknete Tomaten
Estragon
Muskatnuss
Parmesan

Ziegenkäse und Tomaten hinzugeben und gleichmäßig verteilen. Mit Parmesan, Muskatnuss und Estragon bestreuen.

STOCKEN LASSEN & GRILLEN

PFANNENDECKEL

Das Ei gelegentlich anheben.

6 EI HINZUGEBEN

Das Ei kochen, bis es gerade stockt, dann den Deckel auflegen und weitere 5 Minuten kochen.

7 GRILLEN

Ohne Deckel auf oberster Schiene in den Backofen schieben und 3–4 Minuten unter dem Grill bräunen. In Stücke schneiden, servieren.

SCHNELLE FRITTATA

Diese in der griechischen Küche als »Kayiana« bekannte Variante des Rühreis mit Käse und Tomaten ist ein absolutes Wohlfühlessen – das ideale wärmende Mittagessen im Handumdrehen.

FÜR 4–5 PERSONEN • FERTIG IN: 20 MIN.

ZUTATEN

- 4 EL Olivenöl
- 2 große, reife, feste Tomaten, in dicke Scheiben geschnitten
- 1 Knoblauchzehe, gehackt
- 100 g Mozzarella oder Taleggio, gewürfelt
- 6 Eier (Größe L)
- 1 EL fein gehackter Dill
- Salz und frisch gemahlener schwarzer Pfeffer

❶ TOMATEN GAREN

Das Öl in einer kleinen Pfanne erhitzen. Die Tomatenscheiben in einer Lage hineinlegen und mit dem Knoblauch bestreuen. Bei sanfter Hitze garen, bis sie weich und etwas trocken sind. Den Käse darauf verteilen und leicht zerlaufen lassen.

❷ EIER VORBEREITEN

Während Tomaten und Käse garen, die Eier mit dem Dill in eine große Schüssel geben. Salzen, pfeffern und gründlich verquirlen. Die Mischung über die Tomaten und den zerlaufenen Käse geben und die Temperatur auf mittlere Hitze erhöhen. Den Deckel halb auflegen, Frittata garen, bis die Oberfläche zu stocken beginnt.

❸ WENDEN & SERVIEREN

Einen großen Teller auf die Pfanne legen und die Frittata darauf stürzen. Die Temperatur reduzieren und die Frittata mit der anderen Seite nach oben in die Pfanne gleiten lassen. Weitere 2–3 Minuten garen, bis die Unterseite goldbraun ist. Vom Herd nehmen. Die Frittata in Portionen schneiden und sofort servieren.

DER PLAN! ❶ TOMATEN GAREN → ❷ EIER VORBEREITEN → ❸ WENDEN & SERVIEREN

BOHNEN-TORTILLA

Dieses spanische Rezept kombiniert Eier mit angebratenen Dicken Bohnen statt der üblichen Kartoffeln zu einem leckeren und schnellen Essen. Sie können auch mundgerechte Stücke als Tapas servieren.

FÜR 4–6 PERSONEN • FERTIG IN: 20 MIN.

ZUTATEN

- 4 EL Olivenöl
- 500 g Dicke Bohnen, enthülst
- 2 EL Weißwein oder trockener Sherry
- 4 Eier (Größe L)
- 1 TL frische Majoranblätter
- Salz und frisch gemahlener schwarzer Pfeffer

❶ BOHNEN ANBRATEN

1 EL Öl in einer kleinen Pfanne erhitzen. Die Bohnen in die Pfanne geben, 1 Minute anbraten, dabei einmal wenden. Wein oder Sherry einrühren und kochen, bis der Alkohol verkocht ist. Die Temperatur auf ein Köcheln reduzieren, abdecken und 5–6 Minuten kochen, bis die Bohnen gerade weich sind und die Flüssigkeit fast vollständig verkocht ist. Vom Herd nehmen und abkühlen lassen.

❷ EIER VORBEREITEN

Eier und Majoran in eine große Schüssel geben. Mit Salz und Pfeffer würzen und gründlich verquirlen. Die Bohnenmischung in die Schüssel geben und gründlich durchrühren.

❸ TORTILLA BACKEN

Das restliche Öl in der Pfanne erhitzen. Die Ei-Bohnen-Mischung hineingeben und gleichmäßig verteilen. Die Tortilla bei sanfter Hitze backen, dabei die Ränder mit dem Pfannenwender begradigen, bis die Oberseite stockt und die Unterseite goldbraun ist.

❹ WENDEN & SERVIEREN

Die Tortilla wenden (siehe Schritt 3 auf der linken Seite) und weitere 2–3 Minuten garen, bis sie fest, aber in der Mitte noch saftig ist. Warm servieren oder abkühlen lassen.

DER PLAN!

  ❶ BOHNEN ANBRATEN →  ❷ EIER VORBEREITEN → ❸ TORTILLA BACKEN →  ❹ WENDEN & SERVIEREN

AUS ALT MACH NEU

HÄHNCHENFLEISCH

Gegartes Hähnchenfleisch passt zu allen möglichen Gerichten. Wenn Sie es klein zupfen, können Sie es in Sandwiches, Wraps und Salaten verwenden. Bewahren Sie abgekühltes Fleisch abgedeckt bis zu 3 Tage im Kühlschrank auf.

HÄHNCHEN-TACOS
100 g Hähnchenfleisch mit 1 Spritzer Apfelessig und je 1 Prise Chiliflocken sowie geräuchertem Paprikapulver durchheben. Mit Salsa, Guacamole (siehe S. 146) und Zwiebelstreifen in Tortillas einrollen.

ODER

HÜHNERSUPPE
1 gehackte Zwiebel, ½ gehackte Selleriestange und 1 gewürfelte Karotte in Butter andünsten, bis sie weich sind. 1 EL Mehl einrühren, 2 Minuten köcheln. 250 ml Hühnerbrühe zugießen, 10 Minuten sanft kochen, bis das Gemüse zart ist. 100 g gegartes zerkleinertes Hähnchenfleisch hinzugeben und erhitzen. Salzen und pfeffern und mit gehackter Petersilie bestreuen.

ODER

Grillhähnchen auf Weißbrot (S. 68) • Pita mit Hähnchensalat mit Apfel (S. 78) • Pita mit Curry-Hähnchen (S. 79) • Asiatischer Nudelsalat (S. 88) • Pikanter asiatischer Salat (S. 98) • Rotes Curry (S. 134)

BROT

Zerkleinern und toasten Sie altbackenes Brot beispielsweise für einen italienischen Brotsalat. Auch Semmelbrösel sind praktisch: Sie geben Frikadellen, Würsten und Burger-Patties Bindung und sorgen für eine knusprige Panade bei Gebackenem und Frittiertem.

ITALIENISCHER BROTSALAT
2 Scheiben altbackenes Brot (in mundgerechten Stücken), 100 g reife Tomaten (gehackt), ½ rote Zwiebel (in dünne Streifen geschnitten) und ½ Gurke (gewürfelt) mit 1 TL Rotweinessig und 3 TL nativem Olivenöl extra vermengen, salzen und pfeffern. 30 Minuten ziehen lassen, mit gehackter Petersilie und klein gezupftem Basilikum bestreuen.

ODER

SEMMELBRÖSEL
Brotscheiben einfrieren und mit einer Käsereibe reiben.

ODER

Für Brotstücke und -scheiben:
Arme Ritter mit Erdbeerfüllung (S. 40) • Süßkartoffelsuppe (S. 82–83) • Die Bruschetta-Bar (S. 180–181)
Für Semmelbrösel:
Hähnchenschnitzel (S. 118–119) • Beef Burger (S. 121) • Lammkoteletts in Harissa-Kruste (S. 206–207)

Wenn Sie übrig gebliebene Reste für leckere neue Gerichte verwenden, sparen Sie nicht nur Zeit, sondern auch Geld. Bereiten Sie ruhig größere Mengen von den unglaublich vielseitigen Grundzutaten auf dieser Seite zu, dann haben Sie gleich einen Vorrat für die nächste Mahlzeit. Die Mengenangaben gelten jeweils für 1 Person.

REIS

Lassen Sie übrig gebliebenen Reis möglichst zügig abkühlen, stellen Sie ihn kalt und brauchen Sie ihn binnen 24 Stunden auf. Erhitzen Sie ihn vor dem Servieren gründlich.

MEXIKANISCHER GRÜNER REIS
Je 1 Handvoll Koriander und Petersilie, frische Chilischote (nach Belieben), 1 Zwiebel und 1 Knoblauchzehe im Mixer zu einer Paste pürieren. Mit 200 g gekochtem Reis vermengen. Zum Servieren mit gegarten Hähnchenbruststreifen und Chilisauce in Tortillas einwickeln.

ODER

GEBRATENER REIS
200 g gekochten Reis bei mittlerer Hitze in 1 EL Sesamöl im Wok anbraten, bis er heiß ist. 2 Eier (verquirlt) hinzugeben und pfannenrühren, bis das Ei stockt. 1 Handvoll gekochte Erbsen und 1 Bund fein gehackte Frühlingszwiebeln einrühren. Salzen, pfeffern und sofort servieren.

ODER

15-Minuten-Suppe (S. 84) • Schneller im Wok (S. 124–125) • Arancini (S. 131) • Gemüse mit Füllung (S. 132–133)

KARTOFFELN

Gekocht, püriert oder gebacken – übrig gebliebene Kartoffeln sind eine ungemein vielseitige Zutat. Man sollte sie aber am besten binnen drei Tagen aufbrauchen.

FALSCHE PIROGGEN
125 g Kartoffelpüree mit 125 g Frischkäse vermengen. In Guo-Tie- oder Wan-Tan-Blätter einschlagen (Technik siehe S. 184–185). Die Teigtaschen 2–3 Minuten in einem großen Topf in Wasser kochen, mit einem Schaumlöffel herausheben. Sofort mit saurer Sahne, gehackter Petersilie und in Butter gebratenen Zwiebeln servieren.

ODER

KARTOFFELTALER
125 g Kartoffelpüree mit 1 Handvoll gekochtem, gehacktem Grünkohl oder Wirsing vermengen. Zu Talern oder einem ganzen Kuchen für eine Bratpfanne formen. Etwa 3 Minuten von jeder Seite in zerlassener Butter knusprig und goldbraun braten.

ODER

Kürbis-Frittata (S. 106–107, mit Kartoffeln statt Butternusskürbis) • Rösti mit Pancetta & roter Zwiebel (S. 62)

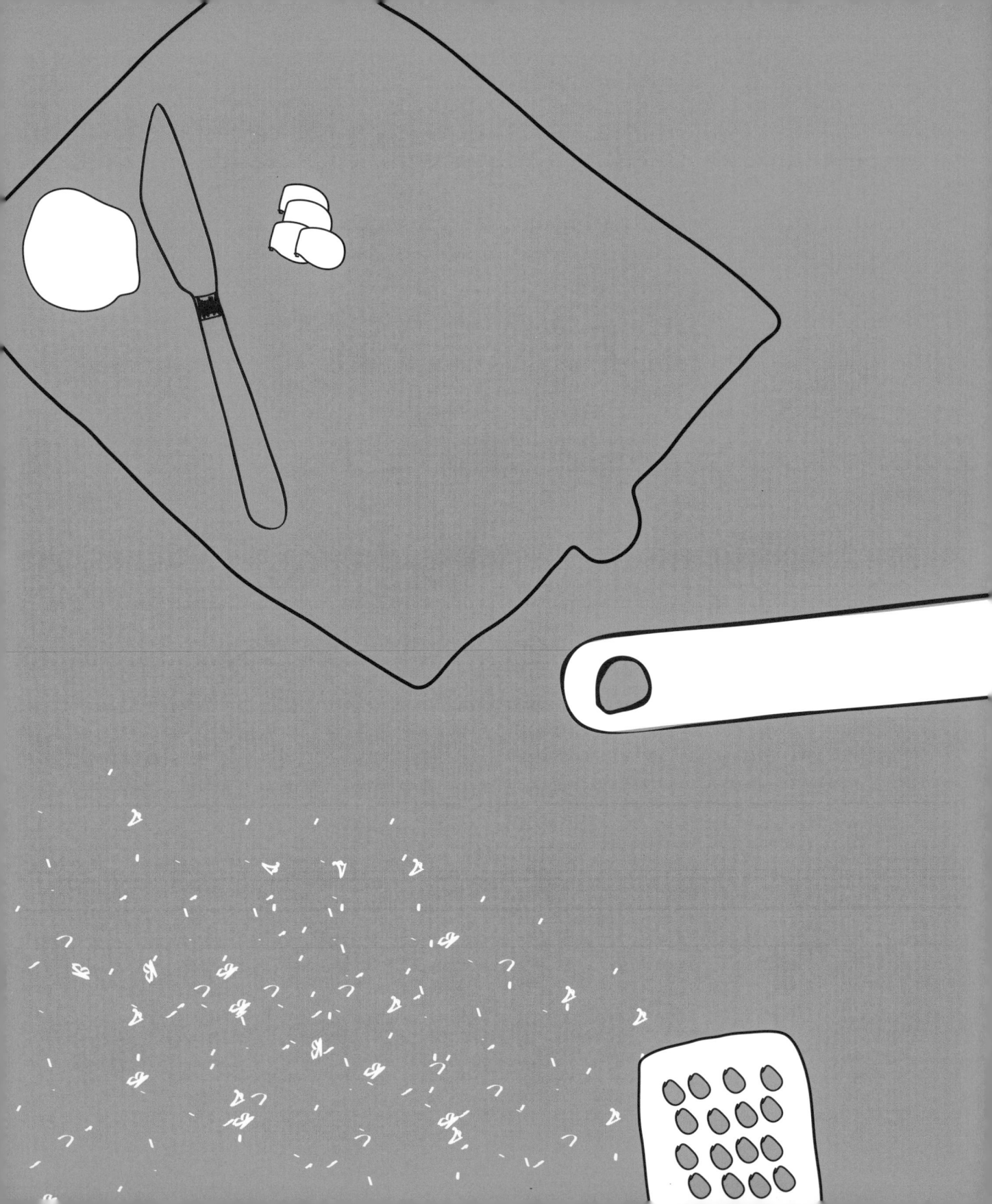

ESSEN
AM ENDE DES TAGES

ZUTATEN

Salz und frisch gemahlener schwarzer Pfeffer

500 g neue Kartoffeln, gewaschen und in mundgerechte Stücke geschnitten

200 g heiß geräucherte Makrelenfilets ohne Haut

60 g junge Salatblätter

2 EL gehackter Dill

2 EL gehackter Schnittlauch

200 g gekochte Rote Bete, grob gehackt

Baguette zum Servieren

FÜR DAS DRESSING
4 EL natives Olivenöl extra
Saft von 1 Zitrone
1 TL körniger Senf
1 TL flüssiger Honig
1 Knoblauchzehe, fein gehackt

DER PLAN!

1 KARTOFFELN KOCHEN → **2** MAKRELEN VORBEREITEN → **3** DRESSING ANRÜHREN

→ ④
ANMACHEN
& SERVIEREN

MAKRELENSALAT

Ein schöner duftender Salat voller Geschmack für ein leichtes Abendessen. Das leckere Dressing lässt sich mit einem knusprigen Baguette auftunken. Räuchermakrele ist eine schöne Zutat, die preiswert und reich an Eiweiß ist.

FÜR 4 PERSONEN • FERTIG IN: 20 MIN.

① KARTOFFELN KOCHEN

Einen großen Topf mit Salzwasser zum Kochen bringen und die Kartoffeln 10–15 Minuten kochen, bis sie gar sind. Abgießen und beiseitestellen.

② MAKRELEN VORBEREITEN

In der Zwischenzeit die Fischfilets in mundgerechte Stücke teilen, dabei alle Gräten entfernen. Dann in eine große Schüssel geben. Salatblätter und Kräuter hinzugeben und sanft durchheben.

③ DRESSING ANRÜHREN

Für das Dressing alle Zutaten in einen kleinen Becher geben, mit Salz und Pfeffer abschmecken und mit einer Gabel verquirlen.

④ ANMACHEN & SERVIEREN

Die warmen Kartoffeln in die Salatschüssel geben, alles mit dem Dressing übergießen und durchheben. Die Rote Bete hinzugeben und sofort mit Baguette servieren.

TIPP — Rollen Sie die Zitrone vor dem Pressen kräftig auf der Arbeitsfläche hin und her. So erhalten Sie viel mehr Saft mit viel weniger Mühe.

HÄHNCHENSALAT MIT RADICCHIO & SPARGEL

Dieser warme französische »salade tiède« ist schnell und unkompliziert zubereitet. Knackiger Salat plus würziges Hähnchenbrustfilet plus kräftiges Dressing ergeben ein gesundes Abendessen, das nur wenige Minuten Arbeit braucht.

FÜR 4 PERSONEN • FERTIG IN: 15 MINUTEN

DER PLAN!

1 HÄHNCHENBRUSTFILET BRATEN

2 EL des Öls bei mittlerer bis starker Hitze 5–7 Minuten erhitzen. Hähnchenfleisch und Knoblauch hineingeben und unter Rühren 5–7 Minuten braten, bis das Fleisch zart und gar ist. Die Paprika einrühren und mit Salz und Pfeffer abschmecken.

2 RADICCHIO HINZUGEBEN

In der Zwischenzeit die Radicchioblätter in eine große Salatschüssel legen. Das Hähnchen mit einem Schaumlöffel aus der Pfanne nehmen und zum Salat geben.

3 SPARGEL BRATEN

Den Spargel zum Bratensaft in die Pfanne geben und unter ständigem Rühren 1–2 Minuten braten oder bis er gerade zart ist. Zum Hähnchen in die Schüssel geben.

4 ANMACHEN, DURCHHEBEN & SERVIEREN

Die restlichen 2 EL Öl mit Essig und Zucker verquirlen, dann in die Pfanne gießen und bei starker Hitze verrühren. Das Dressing über den Salat geben und schnell durchheben, um alle Zutaten gründlich zu mischen und mit Dressing zu überziehen. Sofort servieren.

> **Sie können**
> den Himbeeressig durch jeden anderen Essig wie Wein- oder Apfelessig ersetzen.

| **1** HÄHNCHEN BRATEN | → | **2** RADICCHIO HINZUGEBEN | → | **3** SPARGEL BRATEN | → | **4** ANMACHEN & SERVIEREN |

ZUTATEN

4 EL natives Olivenöl extra

4 Hähnchenbrustfilets (à 150 g), in Streifen geschnitten

1 Knoblauchzehe, fein gehackt

50 g geröstete rote Paprikaschote, in dünne Streifen geschnitten

Salz und frisch gemahlener schwarzer Pfeffer

1 kleiner Radicchio, klein gezupft

250 g grüner Spargel, geputzt und in je 3 Stücke geschnitten

2 EL Himbeeressig

½ TL Zucker

HÄHNCHENSCHNITZEL

Ein zitronenfrisch paniertes Schnitzel im Handumdrehen! Reichen Sie dazu einen grünen Salat und Kartoffel-Wedges oder gekochte junge Kartoffeln.

FÜR 2 PERSONEN • FERTIG IN: 15 MIN.

- 2 große Hähnchenbrust-filets ohne Haut
- Salz und frisch gemahlener schwarzer Pfeffer
- 125 g frische Semmelbrösel
- fein abgeriebene Schale von 1 Bio-Zitrone
- 1 EL Mehl
- 1 Ei, leicht verquirlt
- 1 EL Olivenöl

FÜR DIE SAUCE

- 4–6 Salbeiblätter, fein gehackt
- Saft von 1 Zitrone

HÄHNCHENBRUSTFILET PLATTIEREN

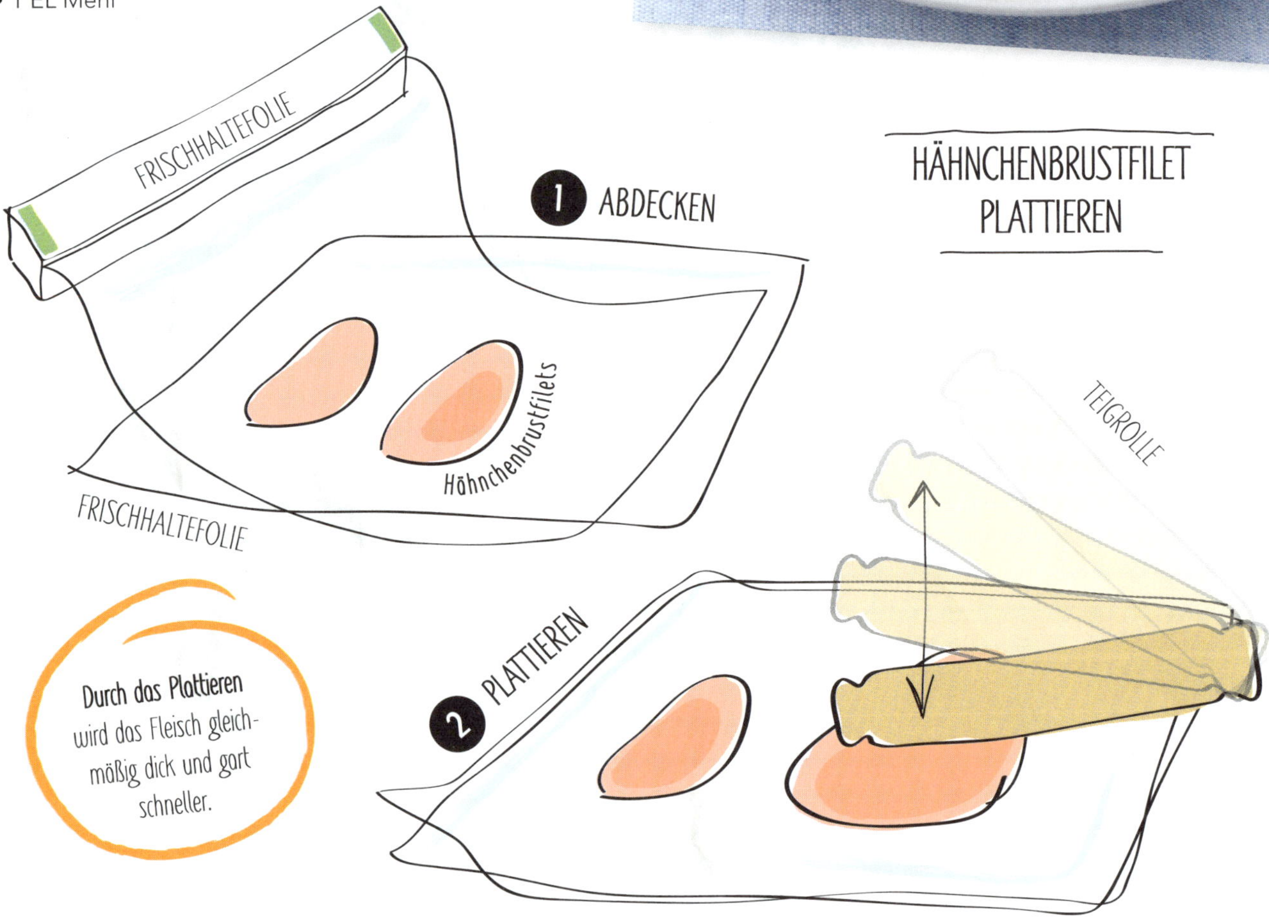

FRISCHHALTEFOLIE

1 ABDECKEN

Hähnchenbrustfilets

FRISCHHALTEFOLIE

TEIGROLLE

Durch das Plattieren wird das Fleisch gleichmäßig dick und gart schneller.

2 PLATTIEREN

Auf doppelte Größe und 1 cm Dicke flach klopfen.

KNUSPRIG
PANIEREN

3 VORBEREITEN

Zitronenschale

Salz

Pfeffer

Semmelbrösel

MEHL, VERQUIRLTES EI UND
SEMMELBRÖSEL AUF JE EINEN
EIGENEN TELLER GEBEN.

4 PANIEREN

Hähnchenbrustfilet

Mehl

verquirltes Ei

gewürzte Semmelbrösel

BRATEN

1 Schluck Olivenöl

5 BRATEN

Das Öl bei mittlerer bis starker Temperatur erhitzen und die Schnitzel
5 Minuten von jeder Seite braten, bis sie gar und goldbraun sind.

Zitronensaft

Salbeiblätter

6 GARNIEREN

Zitronensaft und Salbei hinzugeben, einige
Sekunden weiterbraten, dann servieren!

HÄHNCHEN-SCALOPPINE MIT ZITRONENSAUCE

Scaloppine sind dünn plattierte, unpanierte Schnitzel, in diesem Fall Hähnchenschnitzel, die durch das Plattieren schneller garen und butterzart werden. Reichen Sie dazu Frühlingsgemüse und neue Kartoffeln.

FÜR 4 PERSONEN • FERTIG IN: 20 MIN.

ZUTATEN

- 4 Hähnchenbrustfilets ohne Haut und Knochen
- 1 EL Olivenöl
- Salz und frisch gemahlener schwarzer Pfeffer
- 3 EL Mehl
- 1 EL Butter
- 250 ml Hühnerbrühe
- Saft von ½ Zitrone
- 4 gehäufte EL Crème fraîche
- 1 EL fein gehackte Thymianblätter
- ½ TL feinster Zucker

1 HÄHNCHEN PLATTIEREN

Den Backofen auf 150 °C vorheizen. Die Hähnchenbrüste mit einer Teigrolle gleichmäßig auf 1 cm Dicke plattieren.

2 SCALOPPINE BRATEN

Das Öl in einer großen Pfanne erhitzen. 2 EL des Mehls mit Salz und Pfeffer würzen. Das Fleisch mit dem Mehl einreiben und überschüssiges Mehl abschütteln. Die Scaloppine bei mittlerer Hitze 5 Minuten von jeder Seite braten, bis sie durch und goldgelb sind. In eine Auflaufform legen und im Backofen warm stellen.

3 SAUCE ZUBEREITEN

Die Pfanne mit Küchenpapier auswischen. Die Butter in der Pfanne zerlassen, das restliche Mehl einstreuen und unter Rühren bei mittlerer Hitze 1 Minute anschwitzen. Nach und nach unter ständigem Rühren Brühe und Zitronensaft hinzugeben und aufkochen.

4 SAUCE ANDICKEN & SCALOPPINE SERVIEREN

Crème fraîche, Thymian und Zucker hinzugeben und mit Salz und Pfeffer abschmecken. Die Sauce unter ständigem Rühren mit dem Schneebesen 5 Minuten kochen, bis sie andickt und glänzt. Die Scaloppine aus dem Ofen holen und den Bratensaft zur Sauce geben. Das Fleisch zum Servieren diagonal aufschneiden und mit der Sauce übergießen.

DER PLAN!

1 HÄHNCHEN PLATTIEREN → 2 SCALOPPINE BRATEN → 3 SAUCE ZUBEREITEN → 4 SAUCE ANDICKEN & SERVIEREN

BEEF BURGER

Selbst gemachte Beef Burger lohnen jede Mühe, dabei sind sie unkompliziert zuzubereiten und schmecken um Klassen besser als jedes gekaufte Produkt. Servieren Sie sie im Brötchen mit Salat und Relish.

ERGIBT 4 BURGER • FERTIG IN: 20 MIN., PLUS KÜHLZEIT

ZUTATEN

- 400 g Rinderhackfleisch
- 50 g frische Semmelbrösel
- 1 Eigelb
- ½ rote Zwiebel, fein gehackt
- ½ TL Senfpulver
- ½ TL Selleriesalz
- 1 TL Worcestersauce
- frisch gemahlener schwarzer Pfeffer
- 2 EL Olivenöl

ZUM SERVIEREN

- 4 Hamburgerbrötchen, halbiert
- 1 Eisbergsalat, klein geschnitten
- 2 Tomaten, in dicke Scheiben geschnitten
- 1 kleine rote Zwiebel, in dünne Streifen geschnitten
- 1 Gewürzgurke, in dünne Scheiben geschnitten
- 4 EL pikantes Tomaten-Relish

❶ FLEISCH WÜRZEN

Alle Zutaten für die Burger (mit Ausnahme des Öls) in einer großen Schüssel gründlich vermengen.

❷ BURGER FORMEN

Die Mischung mit feuchten Händen (damit das Hack nicht kleben bleibt) in 4 Portionen aufteilen und zwischen den Handflächen zu Kugeln rollen. Jede Kugel mit der Hand zu einer großen, etwa 3 cm dicken Scheibe flach drücken und die Ränder sauber glatt streichen.

❸ KALT STELLEN

Die Burger auf einen Teller legen, mit Frischhaltefolie abdecken und 30 Minuten kalt stellen (so behalten sie beim Braten ihre Form besser).

❹ BURGER BRATEN

Das Öl in einer großen Pfanne erhitzen und die Burger von jeder Seite 5–6 Minuten braten, bis sie sich elastisch anfühlen und die Ränder dunkel angebraten sind.

❺ ZUSAMMENSTELLEN & SERVIEREN

In der Zwischenzeit die Brötchen bei mittlerer Hitze in der trockenen Pfanne goldgelb toasten. Die Burger mit den unter »Zum Servieren« aufgeführten Zutaten nach Belieben zusammenstellen.

DER PLAN!  ❶ FLEISCH WÜRZEN → ❷ BURGER FORMEN →  ❸ KALT STELLEN →  ❹ BURGER BRATEN → ❺ SERVIEREN

THAI-FRIKADELLEN MIT ERDNUSS-SAUCE

Die süße Erdnuss-Sauce macht diese duftige, herzhafte Leckerei erst rund. Besprenkeln Sie die Frikadellen zum Servieren mit Limettensaft und reichen Sie dazu Basmati- oder Duftreis.

FÜR 4 PERSONEN • FERTIG IN: 20 MIN.

ZUTATEN

FÜR DIE FRIKADELLEN

- 500 g Rinder- oder Schweine-hackfleisch oder eine Mischung aus beidem
- 1 Knoblauchzehe, fein gehackt
- 1 TL Zitronengraspüree
- 1 EL gehackter Koriander
- 1 EL rote Thai-Currypaste
- 1 EL Zitronensaft
- 1 EL thailändische Fischsauce
- 1 Ei
- Salz und frisch gemahlener schwarzer Pfeffer
- Reismehl zum Mehlieren
- Sonnenblumenöl zum Braten
- Limettenspalten zum Garnieren

FÜR DIE ERDNUSS-SAUCE

- 1 EL Pflanzenöl
- 1 EL rote Thai-Currypaste
- 2 EL grobe Erdnussbutter
- 1 EL brauner Zucker
- 1 EL Zitronensaft
- 250 ml Kokosmilch

1 ERDNUSS-SAUCE ZUBEREITEN

Für die Erdnuss-Sauce das Öl in einer kleinen Pfanne erhitzen und die Currypaste 1 Minute anbraten. Nach und nach die übrigen Zutaten einrühren und aufkochen. Die Temperatur reduzieren und 5 Minuten köcheln lassen, bis die Sauce andickt. Bei Bedarf mit etwas Wasser verdünnen.

2 FRIKADELLEN VORBEREITEN

In der Zwischenzeit Hackfleisch, Knoblauch, Zitronengras, Koriander, Currypaste, Zitronensaft, Fischsauce und Ei vermengen und mit Salz und Pfeffer abschmecken. Die Mischung zu walnussgroßen Kugeln formen und mit dem Reismehl mehlieren.

3 FRIKADELLEN BRATEN

Das Öl in einer Pfanne erhitzen und die Frikadellen in mehreren Portionen gar und goldbraun braten.

4 ABTROPFEN & SERVIEREN

Auf Küchenpapier abtropfen lassen, dann heiß mit warmer Erdnuss-Sauce und Limettenspalten servieren.

DER PLAN! → 1 ERDNUSS-SAUCE ZUBEREITEN → 2 FRIKADELLEN VORBEREITEN → 3 FRIKADELLEN BRATEN → 4 ABTROPFEN & SERVIEREN

DAN-DAN-NUDELN

Der pikante Klassiker aus Sichuan hat seinen Namen von der Stange, an der die Straßenverkäufer das Gericht tragen. Hier eine einfache Version mit gut erhältlichen Zutaten. Passen Sie die Schärfe Ihrem Geschmack an.

FÜR 4 PERSONEN • FERTIG IN: 20 MIN.

ZUTATEN

- 300 g getrocknete chinesische Eiernudeln
- Salz
- 200 g kleine Brokkoliröschen
- 4 EL Sojasauce
- 1 TL Tahin (Sesammus)
- 1 EL Speisestärke
- 2 TL Sesamöl
- 2 TL Chiliöl
- 1 EL Balsamessig
- 1 TL feinster Zucker
- 150 ml Hühnerbrühe (frisch oder gekörnt)
- 2 EL Sonnenblumenöl
- 2 Knoblauchzehen, fein gehackt
- 1 Stück Ingwer (2,5 cm), fein gehackt
- 350 g Schweinehackfleisch
- 1 Bund Frühlingszwiebeln, fein gehackt, zum Servieren
- 50 g gesalzene Erdnüsse, grob gehackt, zum Servieren (nach Belieben)

❶ NUDELN & BROKKOLI KOCHEN

Die Nudeln in einem großen Topf mit sprudelndem Salzwasser nach Angaben des Herstellers kochen. Gut abtropfen. Bis zur Verwendung in einer Schüssel mit kaltem Wasser bedecken (damit sie nicht verkleben). Währenddessen den Brokkoli 2 Minuten in sprudelndem Salzwasser kochen, dann abgießen und unter kaltem Wasser abschrecken, um den Garvorgang zu unterbrechen und die Farbe zu erhalten.

❷ SAUCE ZUBEREITEN

Sojasauce, Tahin und Stärke zu einer dicken Paste verrühren, dann Sesamöl, Chiliöl, Balsamessig, Zucker und Brühe einrühren.

❸ GEMÜSE BRATEN

Das Sonnenblumenöl in einem großen Wok erhitzen und Knoblauch und Ingwer 1 Minute pfannenrühren, bis sie Farbe annehmen. Das Hackfleisch hinzugeben und unter Rühren bei starker Hitze braten, bis es bräunt. Die Sauce hinzugeben und 2 Minuten köcheln, bis sie etwas angedickt ist.

❹ NUDELN HINZUGEBEN & SERVIEREN

Die abgetropften Nudeln und den Brokkoli hinzugeben, gut durchrühren, um sie mit Sauce zu überziehen und durchzuwärmen. Zum Servieren mit Frühlingszwiebeln und Erdnüssen (nach Belieben) bestreuen.

 **DER PLAN!** ❶ NUDELN & BROKKOLI KOCHEN → ❷ SAUCE ZUBEREITEN → ❸ GEMÜSE BRATEN → ❹ SERVIEREN

SCHNELLER IM WOK

① AUF DIE PLÄTZE, ...

- Ein Wok ist die perfekte Pfanne fürs Pfannenrühren. Er heizt sich schnell auf, und seine Form bietet eine große Oberfläche zum Kochen.

- Verwenden Sie möglichst keine Woks mit Antihaftbeschichtung, die verhindert, dass der Wok die für das Pfannenrühren notwendige hohe Temperatur erreicht.

- Kein Wok? Kein Problem – es funktioniert mit jeder großen hohen Pfanne.

- Zum Rühren eignet sich ein hitzebeständiger Löffel (je länger, desto besser, ein langer Stiel hält die Finger vom heißen Wok weg). Lassen Sie ihn nicht im Wok liegen, damit er nicht anbrennt oder schmilzt.

② FERTIG, ...

- Bereiten Sie alle Zutaten im Vorfeld zu – später ist dafür keine Zeit mehr.

- Schneiden Sie die Zutaten in kleine, gleich große Stücke, damit sie schnell und gleichmäßig garen.

- Kochen Sie Reis und Nudeln zuerst, stellen Sie sie abgetropft beiseite und geben Sie sie hinzu, sobald die anderen Zutaten gar sind.

- Verwenden Sie Sonnenblumen- oder Erdnussöl (2 EL). Beide werden sehr heiß, ohne zu verbrennen.

- Heizen Sie den Wok vor, bevor Sie das Öl hineingeben (Öl kühlt das Metall wieder ab).

- Schwenken Sie das Öl durch den Wok und warten Sie mit dem Braten, bis es rauchheiß ist.

③ LOS!

- Geben Sie Chilis und Gewürze zuerst ins Öl, um es zu aromatisieren. Dann fügen Sie die übrigen Zutaten nach ihrer Garzeit hinzu:

  – Beginnen Sie mit Eiweiß, wie Fleisch, Fisch oder Tofu (insg. 150 g). Erdnüsse und Eier kommen später.

  – Jetzt geben Sie harte Gemüse wie Karotten und Brokkoli (75 g) hinzu.

  – Dann folgen weichere Gemüse wie Zwiebeln, Champignons, Blattgemüse und Paprikaschoten (75 g).

  – Geben Sie danach Würzsaucen und Kräuter nach Geschmack gegen Ende der Kochzeit hinzu.

  – Schließlich kommen gekochter Reis oder Nudeln (75 g Trockengewicht) zum Durchwärmen in den Wok.

GRUNDZUTATEN FÜR DEN WOK

EIWEISS

Rindfleisch • Schweinefleisch • Garnelen • Kalamari • Lachs • Erdnüsse • Tofu • gekochte Eier

GEMÜSE

Bohnensprossen • Zwiebeln • Frühlingszwiebeln • Schalotten • Knoblauch • Bambussprossen • Wasserkastanien • Pak Choi • Karotten • grüne Bohnen • Zuckerschoten • Shiitake-Pilze • Enoki-Pilze • Edamame-Bohnen • Austernpilze • Daikon-Rettich • Weißkohl • Chinakohl • Sojabohnensprossen

Pfannenrühren ist schnelle Küche in Perfektion. Wenn Sie unseren drei Schritten zum Erfolg folgen, gelingen Ihre Wokgerichte auf jeden Fall. Darüber hinaus erfahren Sie hier, wie Sie die Grundrezepte mit traditionellen Zutaten aufpeppen können. Die Mengen sind jeweils für 1 Person ausgelegt.

WOK-STILE

KOREANISCH

AROMEN Rote Paprikaschote • Cayennepfeffer • rote Chilipaste • koreanische Sojabohnenpaste • koreanische Sojasauce • Sesamöl • Aprikosensirup • Sake oder Mirin (Reiswein)

TYPISCHE ZUTATEN Tofu • Chinakohl • Sojabohnensprossen • Daikon-Rettich

VIETNAMESISCH

AROMEN Gewürznelken • Zimtrinde • Sternanis • Fischsauce • Zitronengras • Garnelenpaste

TYPISCHE ZUTATEN Rindfleisch • Schweinefleisch • Garnelen • Kalamari • Glasnudeln • flache Reisnudeln • Klebreis • Austernpilze • eingelegter Bambus

JAPANISCH

AROMEN Shoyu oder Tamari (japanische Sojasaucen) • Mirin • Reisessig • Teriyaki-Sauce • Sake • eingelegter Ingwer (Gari)

TYPISCHE ZUTATEN Tofu • Eier • Lachs • Shiitake-Pilze • Enoki-Pilze • Weißkohl • Edamame-Bohnen • Daikon-Rettich • Klebreis • Soba-Nudeln • Udon-Nudeln • Mizuna-Salat (als Garnitur)

INDONESISCH

AROMEN Galgant (Thai-Ingwer) • Garnelenpaste • Palmzucker • Limettensaft • Kurkuma • Muskat • Ketjap Manis (süße Sojasauce)

TYPISCHE ZUTATEN Eier • Erdnüsse • Rindfleisch • Schweinefleisch • grüne Bohnen • Frühlingszwiebeln • Zuckerschoten • Schalotten • Langkornreis • Weizennudeln • Glasnudeln • flache Reisnudeln

THAILÄNDISCH

AROMEN Tamarindenpaste • Thai-Basilikum • Zitronengras • Fischsauce • Garnelenpaste • Limettensaft

TYPISCHE ZUTATEN Garnelen • Hähnchenfleisch • Erdnüsse • Bohnensprossen • Frühlingszwiebeln • Duftreis • flache Reisnudeln • Glasnudeln

SICHUAN-STIL

AROMEN Sichuan-Pfeffer • scharfe Chilischote (vorzugsweise Facing Heaven) • Sesampaste • Ingwer • Sternanis • Zimt • Knoblauch

TYPISCHE ZUTATEN Erdnüsse • Eiernudeln

REIS & NUDELN

Klebreis • Soba-Nudeln • Udon-Nudeln • Eiernudeln • Rundkornreis • Langkornreis • Duftreis • flache Reisnudeln • Glasnudeln • Weizennudeln

THAILÄNDISCHES WOK-RIND-FLEISCH IM SALATBLATT

DER PLAN!

Hier eine schöne und originelle Möglichkeit, ein Wok-Gericht zu präsentieren: im Salatschälchen! Sie können das Gericht ohne Beilage mit den Fingern essen oder es mit Basmatireis oder Quinoa zu einer reichhaltigeren Mahlzeit aufwerten.

FÜR 4–6 PERSONEN • FERTIG IN: 15 MIN.

---

1 BROKKOLI BLANCHIEREN

Einen großen Topf mit Wasser zum Kochen bringen und den Brokkoli 1 Minute blanchieren, dann abgießen und unter kaltem Wasser abschrecken. Beiseitestellen.

2 FRISCHE ZUTATEN ANBRATEN

Das Sonnenblumenöl im Wok oder einer großen hohen Pfanne erhitzen. Frühlingszwiebeln, Knoblauch, Ingwer, Karotte, Korianderstängel und Chilischote hineingeben und einige Minuten anbraten, bis sie leicht Farbe annehmen.

3 FLEISCH HINZUGEBEN

Das Hackfleisch hinzugeben und bei starker Hitze braten, bis es gut gebräunt ist.

4 MISCHEN, WÜRZEN & SERVIEREN

Den Brokkoli in den Wok geben, Fischsauce, Sojasauce, Limettensaft und Zucker einrühren. Gut verrühren und 1–2 Minuten kochen, bis der Brokkoli heiß ist. Die Korianderblätter hinzufügen und das Gericht auf den Salatblättern verteilen.

Sie können das Rinderhackfleisch auch durch Puten-, Schweinehackfleisch oder durch Krabben ersetzen.

1 BROKKOLI BLANCHIEREN → **2 ZUTATEN ANBRATEN** → **3 FLEISCH HINZUGEBEN** → **4 MISCHEN & SERVIEREN**

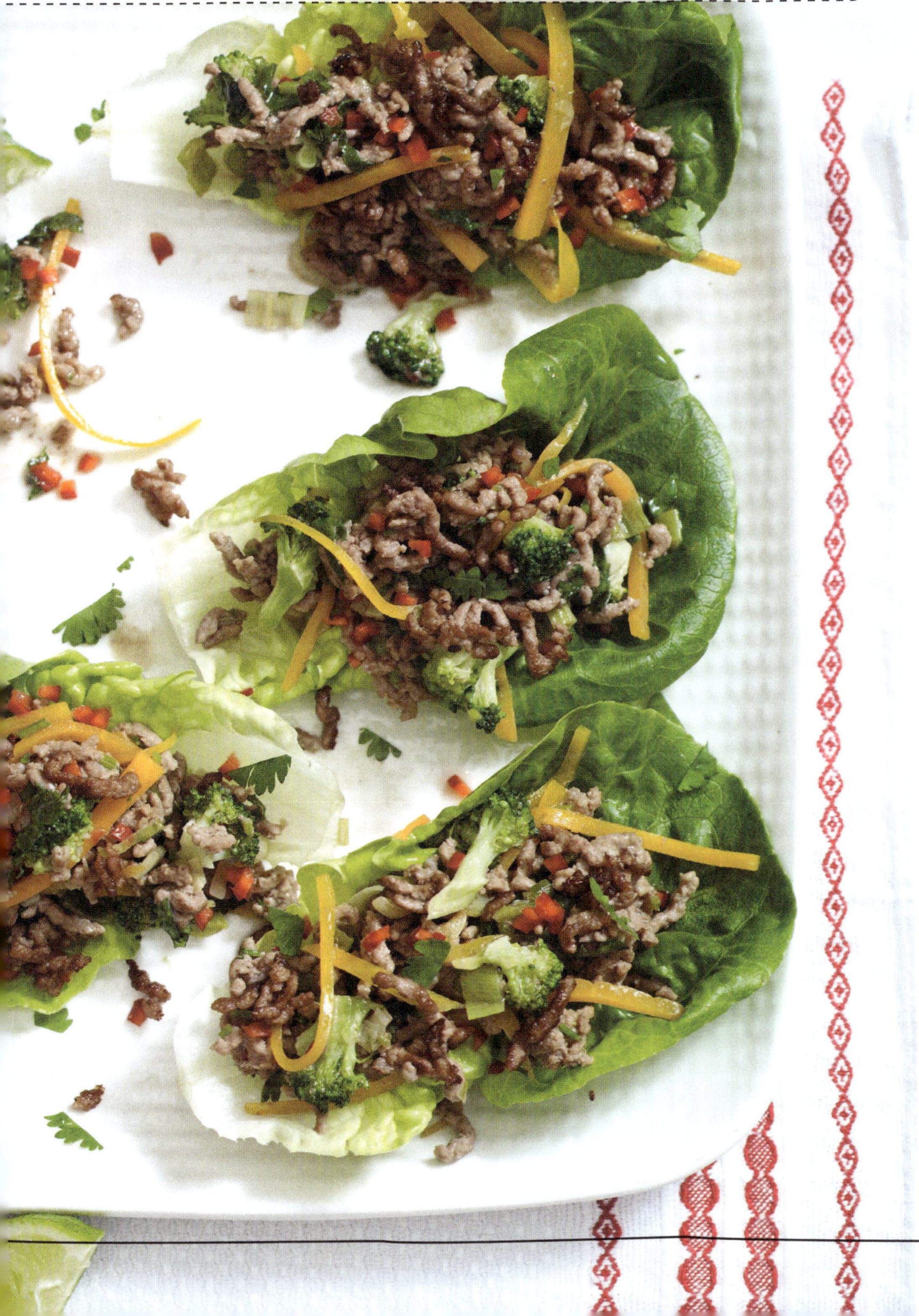

ZUTATEN

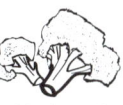

100 g Brokkoliröschen, sehr klein geschnitten

2 EL Sonnenblumenöl

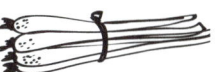

1 Bund Frühlingszwiebeln, fein gehackt

2 Knoblauchzehen, zerdrückt

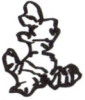

1 Stück frischer Ingwer (2,5 cm), fein gehackt

1 große Karotte, in Streifen geschnitten

1 EL fein gehackte Korianderstängel, plus 1 Handvoll Korianderblätter, grob gehackt

1 rote Chilischote, entkernt und fein gehackt

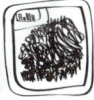

400 g Rinderhackfleisch

1 EL Thai-Fischsauce

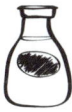

2 EL Sojasauce

1 EL Limettensaft

1 TL feinster Zucker

junge Eisbergsalatblätter zum Servieren

ZUTATEN

300 g mitteldicke oder dicke getrocknete Reisnudeln

3 EL Sonnenblumenöl

2 Eier (Größe L), leicht verquirlt

1 TL Garnelenpaste (nach Belieben)

2 scharfe rote Chilischoten, entkernt und fein gehackt

3 Hähnchenbrustfilets, in 5 mm dicke Scheiben geschnitten

1 Bund Frühlingszwiebeln, fein gehackt

1 Spritzer Thai-Fischsauce

Saft von 1 Limette

1 EL Rohrohrzucker (z. B. Demerarazucker)

Salz und frisch gemahlener schwarzer Pfeffer

150 g ungesalzene Erdnüsse, im trockenen Wok oder Pfanne geröstet

1 Handvoll Korianderblätter, fein gehackt

Limettenspalten zum Servieren

 DER PLAN!

 ① NUDELN EINWEICHEN

 ② EIER GAREN

 ③ HÄHNCHEN BRATEN

 ④ WÜRZE HINZUGEBEN

5
→ DURCHHEBEN

PAD THAI

Dieses Nudelgericht ist typisches Streetfood aus Thailand, das schnell gekocht und einfach auf den Tisch zu bringen ist – ideal für Köche unter Zeitdruck! Experimentieren Sie ruhig mit unterschiedlichen Reisnudelarten.

FÜR 4 PERSONEN • FERTIG IN: 20 MIN.

❶ NUDELN EINWEICHEN

Die Nudeln in einer großen Schüssel mit kochendem Wasser bedecken und 8 Minuten einweichen. Abgießen und beiseitestellen.

❷ EIER GAREN

Währenddessen 1 EL Öl bei starker Hitze in einem großen Wok erhitzen und den Wok schwenken. Die Eier hineingeben und etwa 1 Minute schwenken, bis sie gerade zu stocken beginnen – sie dürfen nicht ganz fest werden. Herausnehmen, klein hacken und beiseitestellen.

❸ HÄHNCHENFLEISCH BRATEN

Die restlichen 2 EL Öl in den Wok geben und Garnelenpaste (nach Belieben) und Chilischoten einrühren. Das Fleisch hineingeben und bei starker Hitze 5 Minuten pfannenrühren, bis es nicht mehr rosa ist.

❹ WÜRZE HINZUGEBEN

Frühlingszwiebeln, Fischsauce, Limettensaft und Zucker einrühren und gut verrühren. Einige Minuten kochen, bis der Zucker aufgelöst ist, dann kräftig salzen und pfeffern. Eier wieder in den Wok geben.

❺ DURCHHEBEN

Die Nudeln in den Wok geben und mit der Sauce durchheben. Die Hälfte der Erdnüsse und des Korianders hineingeben und erneut durchheben. In eine große vorgewärmte Servierschüssel umfüllen und mit den restlichen Erdnüssen und dem Koriander bestreuen. Zum Servieren mit Limettenspalten garnieren.

> Für eine vegetarische Variante ersetzen Sie Hähnchenfleisch, Garnelenpaste und Fischsauce durch in Sojasauce marinierten gebratenen Tofu, zerdrückten Knoblauch, Limettensaft und Chilischote.

OFEN-RISOTTO

Dieser Risotto braucht deutlich weniger Zeit als die traditionelle Variante: Statt 20 Minuten unablässig zu rühren, braten Sie alles einfach kurz an und schieben es dann in den Ofen!

FÜR 4 PERSONEN • FERTIG IN: 20–30 MIN.
SIE BRAUCHEN: GROSSE OFENFESTE KASSEROLLE

ZUTATEN

- 25 g Butter
- 1 EL Olivenöl
- 1 Zwiebel, fein gehackt
- 2 Knoblauchzehen, fein gehackt
- 300 g gemischte Pilze wie braune Champignons, Shiitake- und Austernpilze, grob gehackt
- 400 g Risottoreis
- 800 ml Gemüse- oder Hühner- brühe (frische oder gekörnte Brühe)
- 150 ml trockener Weißwein
- Salz und frisch gemahlener schwarzer Pfeffer
- 300 g gekochtes Hähnchen- fleisch, in mundgerechte Stücke geschnitten
- 40 g geriebener Parmesan, plus mehr zum Servieren
- 4 EL gehackte Petersilienblätter

❶ ZWIEBEL & KNOBLAUCH BRATEN

Den Backofen auf 200 °C vorhei- zen. Butter und Öl bei niedriger Temperatur in einer großen ofen- festen Kasserolle erhitzen. Sobald die Butter zerlassen ist, Zwiebel und Knoblauch hineingeben und 3–4 Minuten sanft dünsten.

❷ PILZE, REIS & BRÜHE HINZUGEBEN

Pilze und Reis hinzugeben und gut verrühren, um alles mit der Öl-But- ter-Mischung zu überziehen. Brühe und Wein hinzugießen, aufkochen, salzen und pfeffern und gründlich durchrühren.

❸ ABDECKEN & BACKEN

Abdecken und 15 Minuten in den Backofen schieben, bis der Reis gar ist. Dabei mehrfach durchrühren.

❹ HÄHNCHEN & KÄSE HINZUGEBEN

Aus dem Ofen nehmen und Fleisch, Parmesan sowie Petersilie einrühren. Für 2–3 Minuten erneut in den Ofen schieben (unabge- deckt), bis das Fleisch heiß ist. Mit Pfeffer und Parmesan zum Bestreuen servieren.

> Für einen Spinat- Räucherlachs-Risotto lassen Sie die Pilze und das Hähnchenfleisch weg und geben 5 Minuten vor Ende der Garzeit 300 g zerkleinerte heiß geräucherte Lachsfilets und 100 g Blattspinat hinzu.

DER PLAN! ❶ ZWIEBEL & KNOBLAUCH BRATEN → ❷ PILZE, REIS & BRÜHE HINZUGEBEN → ❸ ABDECKEN & BACKEN → ❹ HÄHNCHEN HINZUGEBEN

ARANCINI

Diese italienischen gefüllten Reisbällchen sind eine prima Gelegenheit, übrig gebliebenen Reis und Risotto aufzubrauchen. Reichen Sie dazu einen knackigen grünen Salat und eine pikante frische Tomatensauce.

ERGIBT 12 ARANCINI • FERTIG IN: 20 MIN., PLUS RUHEZEIT

ZUTATEN

- 400 g gekochter kalter Reis (z.B. Risotto)
- 50 g Mozzarella, in 12 je 1 cm große Würfel geschnitten
- 4 EL Mehl
- 1 Ei (Größe L), verquirlt
- 50 g Semmelbrösel oder japanisches Panko-Paniermehl
- 1 l Sonnenblumenöl zum Frittieren

❶ REISBÄLLCHEN FORMEN

Die Hände befeuchten und bei der Arbeit feucht halten. Eine walnussgroße Portion Risotto in die Handfläche legen und zu einer flachen Scheibe formen. Einen Mozzarellawürfel in die Mitte legen und den Reis darum herum zu einer Kugel formen. Der Mozzarella muss vollständig und fest in den Reis eingehüllt sein. Auf diese Weise 12 Reisbällchen formen.

❷ PANIEREN

Mehl, Ei und Semmelbrösel auf drei eigene Suppenteller verteilen. Die Reisbällchen zuerst im Mehl, dann im Ei und abschließend in den Semmelbröseln wälzen. Auf einen Teller legen, mit Frischhaltefolie abdecken und mindestens 30 Minuten kalt stellen (damit die Panade auch wirklich hält).

❸ ÖL ERHITZEN

Das Öl 10 cm hoch in einen großen Topf füllen und erhitzen. Es ist heiß genug, wenn Sie den Stiel eines Holzkochlöffels in das heiße Fett halten und sich daran kleine Blasen bilden.

❹ ARANCINI FRITTIEREN

Die Reisbällchen in mehreren Portionen 2 Minuten rundum goldbraun frittieren. Mit einem Schaumlöffel aus dem Öl heben und auf Küchenpapier abtropfen lassen. Bis zum Servieren im Ofen warm stellen.

TIPP — Sie können Arancini aus allen möglichen Risottos und Reissorten machen. Der Reis sollte aber eine relativ glatte Textur haben, da dann die Panade besser anhaftet. Wenn Sie übrig gebliebenes Ofen-Risotto (siehe gegenüber) verwenden, achten Sie darauf, die Pilze klein zu hacken.

DER PLAN!

 ❶ REISBÄLLCHEN FORMEN →  ❷ PANIEREN → ❸ ÖL ERHITZEN →  ❹ ARANCINI FRITTIEREN

GEMÜSE MIT FÜLLUNG

Mit **geräuchertem Paprikapulver** (Pimentón picante) bestreuen.

Mit **frischem Basilikum** garnieren.

Jalapeños, halbiert, mit Frischkäse gefüllt, unter dem Grill überbacken

Champignons mit Pesto, Mozzarella & Tomate gefüllt und überbacken

Für das Dressing 2 **Sardellen**, ½ kleine **Knoblauchzehe**, ¼ Becher **Mayonnaise**, ¼ Becher **saure Sahne**, je 1 Handvoll gehackte **Petersilie** und **Estragon**, 1 EL gehackten **Schnittlauch**, 1 TL **Zitronensaft**, **Salz** und **Pfeffer** im Mixer verrühren.

Zum Servieren mit **Frühlingszwiebeln** garnieren.

Halbe gebackene Kartoffel, mit Käse & Speck gefüllt und überbacken

Rote Paprikaschote mit Hähnchen, Salat, Feta, roter Zwiebel, Oliven & Grüne-Göttin-Dressing

Für die Füllung die Kartoffel auslöffeln und mit 2 EL **Mayonnaise**, 2 zerkrümelten Streifen **knusprigem durchwachsenem Speck** und 4 EL geriebenem **Cheddar** vermengen.

Dieses gefüllte und überbackene Gemüse ist genauso lecker, wie es aussieht. Es ist auch am Abend noch leicht zuzubereiten und macht sich bei Dinnerpartys ebenso gut. Sie können statt dieser Füllungen auch gestampfte Süßkartoffeln oder Mais, gewürzte Semmelbrösel, Reis oder Quinoa nehmen.

Halbierte, leicht ausgehöhlte Avocado mit aufgeschlagenem Ei, Cayennepfeffer & Meersalz

Mit **Olivenöl** beträufeln und unter dem Grill überbacken.

Tomate mit Couscous, frischem Basilikum und Oregano gefüllt und mit Parmesan überbacken

Bei 220 °C backen, bis das Ei gestockt ist.

Halbe Aubergine mit grob gehackter Chorizo, Zwiebel und roten & grünen Paprikaschoten gefüllt

Mit **Ricotta** belegen und bei 180 °C goldgelb überbacken.

EINTÖPFE

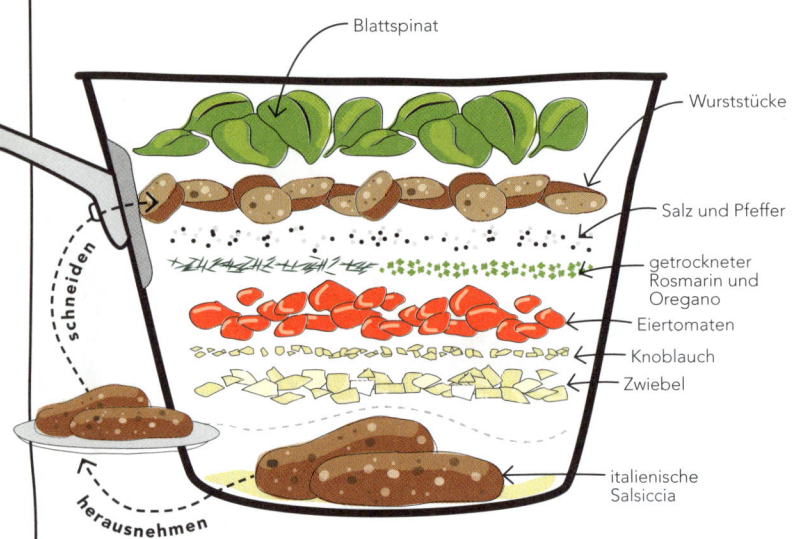

- Blattspinat
- Wurststücke
- Salz und Pfeffer
- getrockneter Rosmarin und Oregano
- Eiertomaten
- Knoblauch
- Zwiebel
- italienische Salsiccia

schneiden

herausnehmen

MEDITERRANER MIX

1. 1 EL **Olivenöl** bei mittlerer Hitze erhitzen.

2. 200 g italienische **Salsiccia** oder eine andere pikante Wurst hineingeben und 3 Minuten von jeder Seite braten, bis sie gar und gebräunt ist. Aus dem Topf heben, beiseitestellen.

3. 1 gehackte Zwiebel, 2 fein gehackte **Knoblauchzehen** und 400 g gehackte frische **Tomaten** sowie 1 EL getrockneten **Oregano**, 1 EL getrockneten **Rosmarin**, **Salz** und **Pfeffer** hineingeben und 5 Minuten braten.

4. Die klein geschnittene Wurst und 2 große Handvoll **Blattspinat** hineingeben. Den Spinat unter Rühren zusammenfallen lassen. Mit ofenfrischem **Brot** servieren.

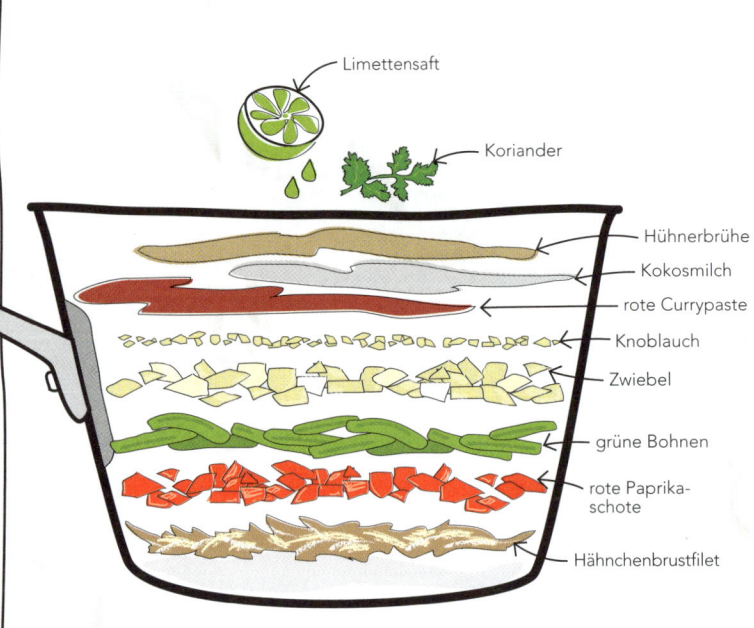

- Limettensaft
- Koriander
- Hühnerbrühe
- Kokosmilch
- rote Currypaste
- Knoblauch
- Zwiebel
- grüne Bohnen
- rote Paprika-schote
- Hähnchenbrustfilet

ROTES CURRY

1. 1 EL **Kokosöl** bei mittlerer Temperatur erhitzen.

2. 1 in Streifen geschnittenes **Hähnchenbrustfilet** hineingeben und braten, bis das Fleisch gar ist.

3. 400 g gehackte **rote Paprikaschote**, 300 g klein geschnittene **grüne Bohnen**, 1 gehackte **Zwiebel** und 2 in dünne Scheiben geschnittene **Knoblauchzehen** hinzugeben und durchrühren.

4. 2 EL **rote Currypaste**, 300 ml **Kokosmilch** und 50 ml **Hühnerbrühe** einrühren. Unter regelmäßigem Rühren 10–12 Minuten köcheln lassen.

5. 1 Spritzer frischen **Limettensaft** hinzugeben, mit **Koriander** garnieren und mit **Basmatireis** servieren.

Gibt es etwas Einfacheres oder Schnelleres, als eine ganze Mahlzeit in einem einzigen Topf zu kochen? Mit diesen Rezepten haben Sie ein vollständiges Abendessen in 20 Minuten auf dem Tisch und müssen hinterher nur einen Topf abwaschen! Sie brauchen lediglich einen großen Topf oder eine hohe Pfanne und einige wenige Zutaten.

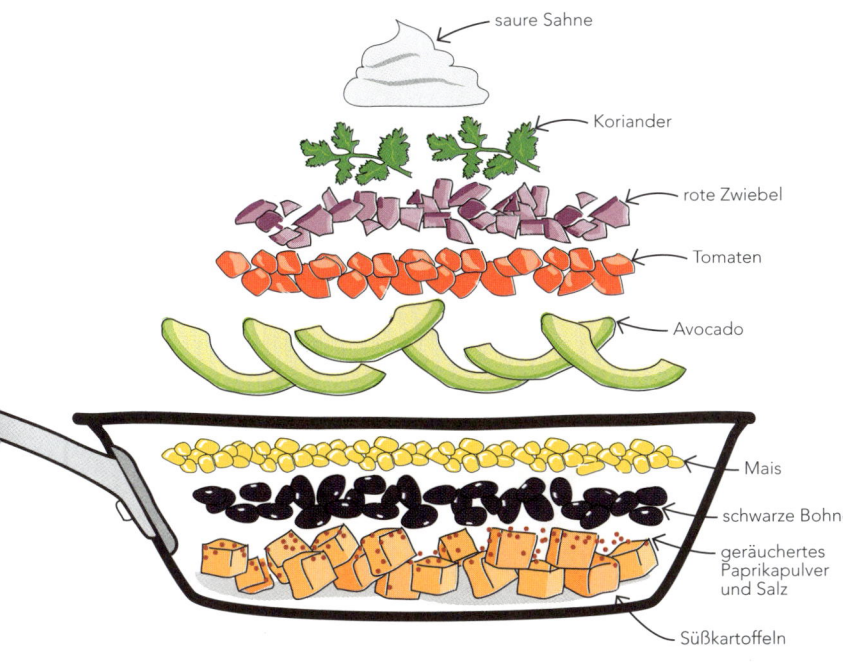

saure Sahne
Koriander
rote Zwiebel
Tomaten
Avocado
Mais
schwarze Bohnen
geräuchertes Paprikapulver und Salz
Süßkartoffeln

VEGETARISCH-MEXIKANISCHER MIX

1 1 EL **Kokosöl** bei mittlerer Hitze erhitzen.

2 500 g gewürfelte **Süßkartoffel**, 1 TL scharfes geräuchertes **Paprikapulver** (Pimentón picante) und 1 Prise **Salz** hinzugeben. 10 Minuten unter gelegentlichem Rühren braten.

3 100 g **schwarze Bohnen** aus der Dose und 100 g **Mais** (beides abgetropft) hinzugeben. Weitere 5 Minuten kochen.

4 Vom Herd nehmen und mit 1 aufgeschnittenen **Avocado**, 200 g gewürfelten **Tomaten**, 1 gewürfelten **roten Zwiebel** und 100 g **Koriander** bedecken.

5 Mit **saurer Sahne** garnieren.

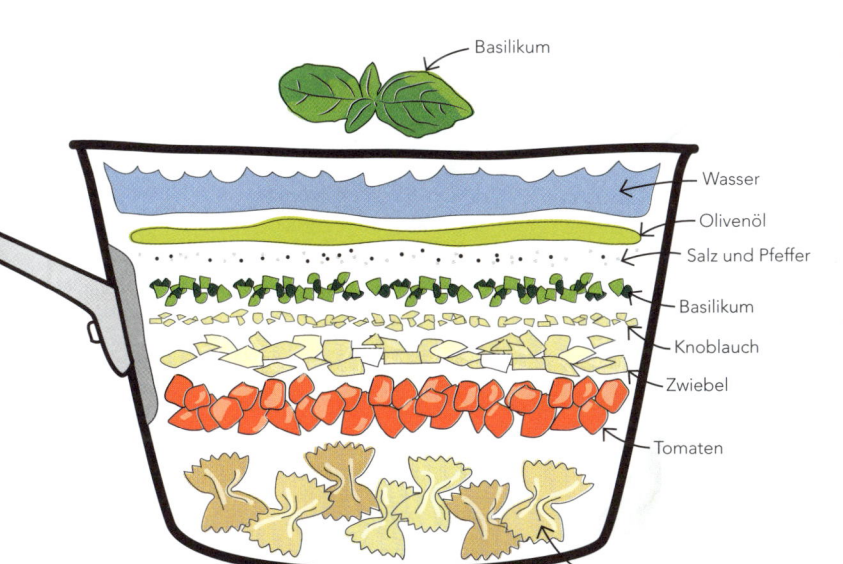

Basilikum
Wasser
Olivenöl
Salz und Pfeffer
Basilikum
Knoblauch
Zwiebel
Tomaten
Pasta

PASTA-TOPF

1 400 g **Pasta** (z. B. Farfalle), 200 g gehackte frische **Tomaten**, 1 gehackte **Zwiebel**, 4 fein gehackte **Knoblauchzehen**, 1 große Handvoll klein gezupftes **Basilikum**, Salz, Pfeffer, 4 EL **Olivenöl** und 1 l **Wasser** in den Topf geben.

2 Bei starker Hitze aufkochen, dann 10 Minuten köcheln lassen.

3 Mit frischem **Basilikum** garnieren und servieren.

PESTO, PRONTO!

Diese vielseitige italienische Sauce passt zu gekochter Pasta, Crostini, als Dip in Crème fraîche oder auch auf Tartes oder Pizzaböden. Vermengen Sie die Zutaten in der Küchenmaschine oder im Mörser und schmecken Sie sie nach Belieben ab. Jedes Rezept ergibt 1 Glas (300 g), das sich bis zu 1 Woche im Kühlschrank hält.

BASILIKUM

Das ultimative grüne Pesto voll frischem Kräutergeschmack.

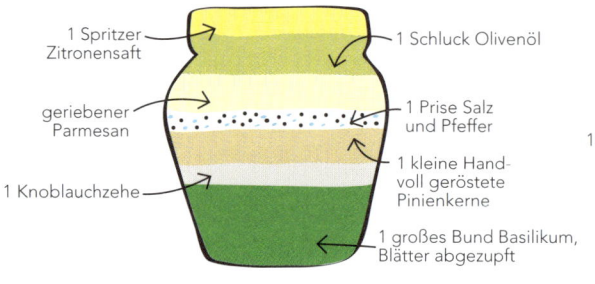

1 Spritzer Zitronensaft

1 Schluck Olivenöl

geriebener Parmesan

1 Prise Salz und Pfeffer

1 Knoblauchzehe

1 kleine Handvoll geröstete Pinienkerne

1 großes Bund Basilikum, Blätter abgezupft

SONNENGETROCKNETE TOMATE

Das perfekte rote Pesto für Pizzen und Sandwiches mit viel Aroma.

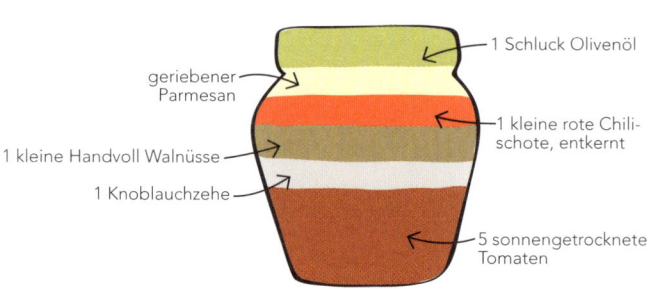

geriebener Parmesan

1 Schluck Olivenöl

1 kleine rote Chilischote, entkernt

1 kleine Handvoll Walnüsse

1 Knoblauchzehe

5 sonnengetrocknete Tomaten

RUCOLA

Diese beliebte Pesto-Variante passt gut zu Fisch und Hühnchen.

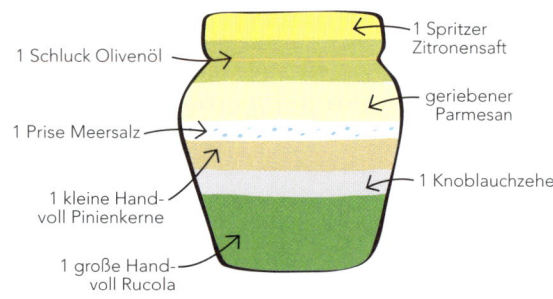

1 Schluck Olivenöl

1 Spritzer Zitronensaft

geriebener Parmesan

1 Prise Meersalz

1 Knoblauchzehe

1 kleine Handvoll Pinienkerne

1 große Handvoll Rucola

AUBERGINE

Die gegrillte Aubergine lässt in diesem leckeren Pesto die Sonne aufgehen.

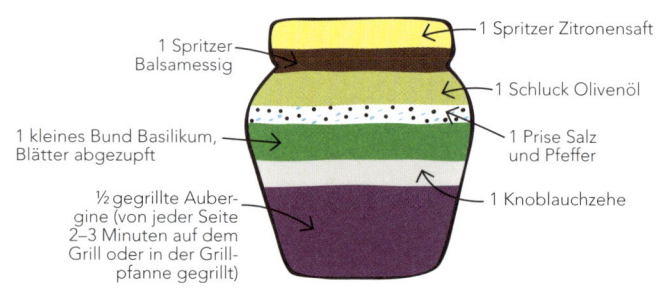

1 Spritzer Balsamessig

1 Spritzer Zitronensaft

1 Schluck Olivenöl

1 kleines Bund Basilikum, Blätter abgezupft

1 Prise Salz und Pfeffer

½ gegrillte Aubergine (von jeder Seite 2–3 Minuten auf dem Grill oder in der Grillpfanne gegrillt)

1 Knoblauchzehe

GERÖSTETE ROTE PAPRIKA

Ein süßes und kraftvolles Pesto für Käse und Kräcker.

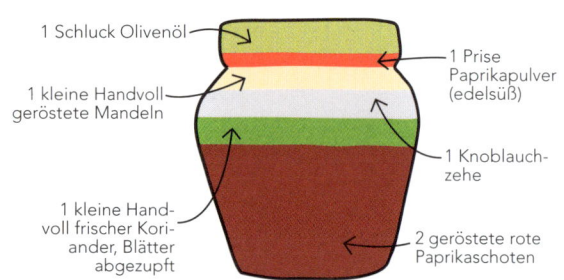

1 Schluck Olivenöl

1 Prise Paprikapulver (edelsüß)

1 kleine Handvoll geröstete Mandeln

1 Knoblauchzehe

1 kleine Handvoll frischer Koriander, Blätter abgezupft

2 geröstete rote Paprikaschoten

MINZE

Das frisch schmeckende Pesto passt gut zu cremigem salzigem Feta.

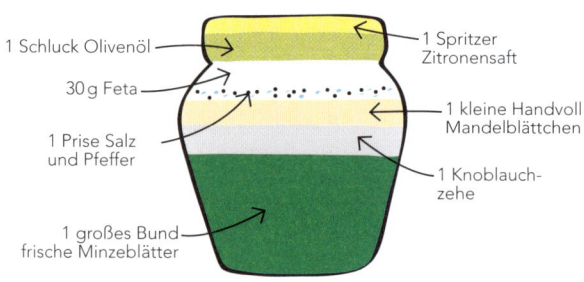

1 Schluck Olivenöl

1 Spritzer Zitronensaft

30 g Feta

1 kleine Handvoll Mandelblättchen

1 Prise Salz und Pfeffer

1 Knoblauchzehe

1 großes Bund frische Minzeblätter

BROKKOLI-KÄSE-SAUCE

Mit dieser leckeren Sauce und einer Pasta nach Wahl haben Sie ganz schnell ein Abendessen gezaubert. Kochen Sie für 4 Personen 400 g Pasta nach Packungsanweisung.

FÜR 4 PERSONEN • FERTIG IN: 20 MIN.
SIE BRAUCHEN: KÜCHENMASCHINE

ZUTATEN

- 250 g Brokkoli, in mundgerechte Röschen geschnitten
- 200 g Crème fraîche (Halbfettstufe)
- 200 g Dolcelatte oder Gorgonzola ohne Rinde, zerkrümelt
- fein abgeriebene Schale von 1 Bio-Zitrone, plus 1 EL Zitronensaft
- ¼ TL geriebene Muskatnuss
- frisch gemahlener schwarzer Pfeffer
- 3 EL gehackte Walnüsse zum Servieren

❶ BROKKOLI PÜRIEREN

Den Brokkoli 5 Minuten im Dämpfeinsatz dämpfen, bis er gerade gar ist. Gut abtropfen und in der Küchenmaschine glatt pürieren.

❷ SAUCE ZUBEREITEN

Während der Brokkoli dämpft, die Sauce kochen. Crème fraîche und Käse unter ständigem Rühren bei schwacher Hitze in einem Topf schmelzen, bis beides gut vermischt ist. Dann Zitronenschale, Zitronensaft und Muskatnuss einrühren. Kräftig mit Pfeffer abschmecken und gut durchrühren.

❸ MISCHEN & SERVIEREN

Das Brokkolipüree zur Käsesauce geben und beides gut miteinander verrühren. Zum Servieren die Pasta mit der Sauce übergießen und mit den Walnüssen bestreuen.

> Milder
> **wird die Sauce,** wenn Sie den Blauschimmelkäse durch Frischkäse und eine Handvoll geriebenen Parmesan ersetzen.

DER PLAN!

 ❶ BROKKOLI PÜRIEREN →  ❷ SAUCE ZUBEREITEN → ❸ MISCHEN & SERVIEREN

»COURGETTI« MIT GARNELEN & KNOBLAUCH

Die »Zudeln« (Zucchini-Nudeln) in diesem schnellen und verführerischen Gericht sind eine gesunde, gluten- und kohlenhydratfreie Alternative zu Pasta.

FÜR 4 PERSONEN • FERTIG IN: 20 MIN.
SIE BRAUCHEN: JULIENNESCHNEIDER

ZUTATEN

- 6 Zucchini
- Salz und frisch gemahlener schwarzer Pfeffer
- 12 rohe Garnelen, aus der Schale gelöst und entdarmt
- 1 EL Olivenöl, plus etwas mehr zum Beträufeln
- 1 Knoblauchzehe, zerdrückt
- 1 Spritzer Zitronensaft

❶ COURGETTI SCHNEIDEN

Längs eine dünne Scheibe von jeder Zucchini abschneiden (damit sie nicht wegrollt) und die Zucchini auf ein Schneidebrett legen. Mit einem Julienneschneider dünne Streifen schneiden. Jeweils kurz vor den Kernen aufhören und die Zucchini ein Stück weiter drehen.

❷ GARNELEN ANBRATEN

Das Öl in einer großen Pfanne erhitzen. Knoblauch und Garnelen hineingeben und braten, bis sie rosa und gar sind. Vom Herd nehmen.

❸ COURGETTI BLANCHIEREN

Währenddessen die Courgetti blanchieren: Genügend Wasser in einen großen Topf geben, um die Courgetti knapp zu bedecken. Eine Prise Salz hinzugeben und zum Kochen bringen. Die Courgetti hineingeben, 1 Minute kochen, dann herausheben und in einer Schüssel mit Eiswasser abschrecken. Gut abtropfen.

❹ MISCHEN & SERVIEREN

Die Courgetti in eine Servierschüssel geben. Mit 1 EL Olivenöl beträufeln, salzen und pfeffern und einen Spritzer Zitronensaft darübergeben. Durchheben, die Garnelen darauf anrichten und servieren.

Für eine **vegetarische** Variante die Garnelen weglassen, etwas Pesto (siehe S. 136) durchheben und mit halbierten Kirschtomaten garnieren.

DER PLAN!

❶ COURGETTI SCHNEIDEN → ❷ GARNELEN ANBRATEN → ❸ COURGETTI BLANCHIEREN → ❹ MISCHEN & SERVIEREN

PASTA MIT ERBSEN & PANCETTA

Dieses schnelle Pasta-Gericht braucht nur 15 Minuten! Hier kommen ein paar Grundzutaten zum Einsatz und ergeben ein sehr leckeres Abendessen. Wenn Sie Nudeln in Muschelform wie Conchigliette nehmen, können die Erbsen und die Pancetta-Stücke es sich schön darin gemütlich machen.

FÜR 4 PERSONEN• FERTIG IN: 15 MIN.

1 PASTA & ERBSEN KOCHEN

Die Pasta nach Packungsanweisung in sprudelndem Salzwasser kochen. Eine Minute vor Ende der Kochzeit die Erbsen mit ins Wasser geben. Abgießen (dabei eine Kelle Koch-wasser auffangen) und mit dem aufgefangenen Wasser zurück in den Topf geben.

2 PANCETTA BRATEN

In der Zwischenzeit das Öl in einer großen Pfanne erhitzen. Den Pancetta bei mittlerer Hitze 3–5 Minuten knusp-rig braten. Butter und Knoblauch hinzugeben und 1 weitere Minute braten, dann vom Herd nehmen.

3 MISCHEN & ABSCHMECKEN

Die Knoblauch-Pancetta mit Pasta und Erbsen durchheben und den Parmesan untermischen. Kräftig mit Salz und Pfeffer abschmecken und mit zusätzlichem Parmesan servieren.

TIPP — Sie müssen den Knoblauch nicht schälen, sondern können die Zehen mit der Schale in die Presse geben.

Sie können den Pancetta auch durch Bacon ersetzen. Neh-men Sie dazu am besten durchwach-senen und geräucherten Speck, der dem Pancetta geschmacklich am nächsten kommt.

DER PLAN!

1. PASTA KOCHEN → 2. PANCETTA BRATEN → 3. MISCHEN & ABSCHMECKEN

ZUTATEN

300 g Pasta, z. B. Conchigliette

150 g tiefgekühlte Erbsen

2 EL Öl

200 g Pancetta (ital. Speck), klein geschnitten

2 EL Butter

2 Knoblauchzehen, zerdrückt

50 g fein geriebener Parmesan, plus mehr zum Servieren

Salz und frisch gemahlener schwarzer Pfeffer

HÄHNCHEN-FAJITAS

Diese Wraps im mexikanischen Stil sind schnell zubereitet und machen Spaß. Traditionell füllt man sie mit Hähnchen- oder Rindfleisch, aber auf S. 144–145 finden Sie noch viele weitere Ideen.

FÜR 4 PERSONEN • FERTIG IN: 20 MIN.

FÜR DIE FAJITAS
- 2 große Hähnchenbrustfilets ohne Haut und Knochen, aufgeschnitten
- 1 rote Zwiebel, in dünne Ringe geschnitten
- 1 rote Paprikaschote, entkernt und in 1 cm breite Streifen geschnitten
- 2 EL Sonnenblumenöl
- 8 Tortillafladen

FÜR DIE MARINADE
- 2 EL Olivenöl
- Saft von 1 Limette
- 2 TL gemahlener Kreuzkümmel
- 1 TL geräuchertes Paprikapulver (Pimentón picante)
- 1 TL getrockneter Oregano
- 1 TL Cayennepfeffer oder Chilipulver
- Salz und frisch gemahlener schwarzer Pfeffer

FÜR DIE SALSA
- 4 große reife Tomaten
- 1 grüne Chilischote
- ½ rote Zwiebel
- 1 Handvoll Koriander
- Saft von 1 Limette
- 1 Schuss Olivenöl

HÄHNCHEN MARINIEREN

1 SCHNEIDEN

Hähnchenbrustfilets

2 SCHNEIDEN

rote Zwiebel

rote Paprikaschote

Olivenöl

Limette Kreuzkümmel Paprikapulver Oregano Cayennepfeffer oder Chilipulver Salz Pfeffer

3 MISCHEN & MARINIEREN

Hähnchenbrustfiletstreifen, Zwiebel und Paprikaschoten mit der Marinade vermengen.

Die Fajita-Zutaten in gleich große Stücke schneiden, damit sie gleichmäßig garen.

WÄHREND DAS FLEISCH MARINIERT, DIE SALSA ZUBEREITEN.

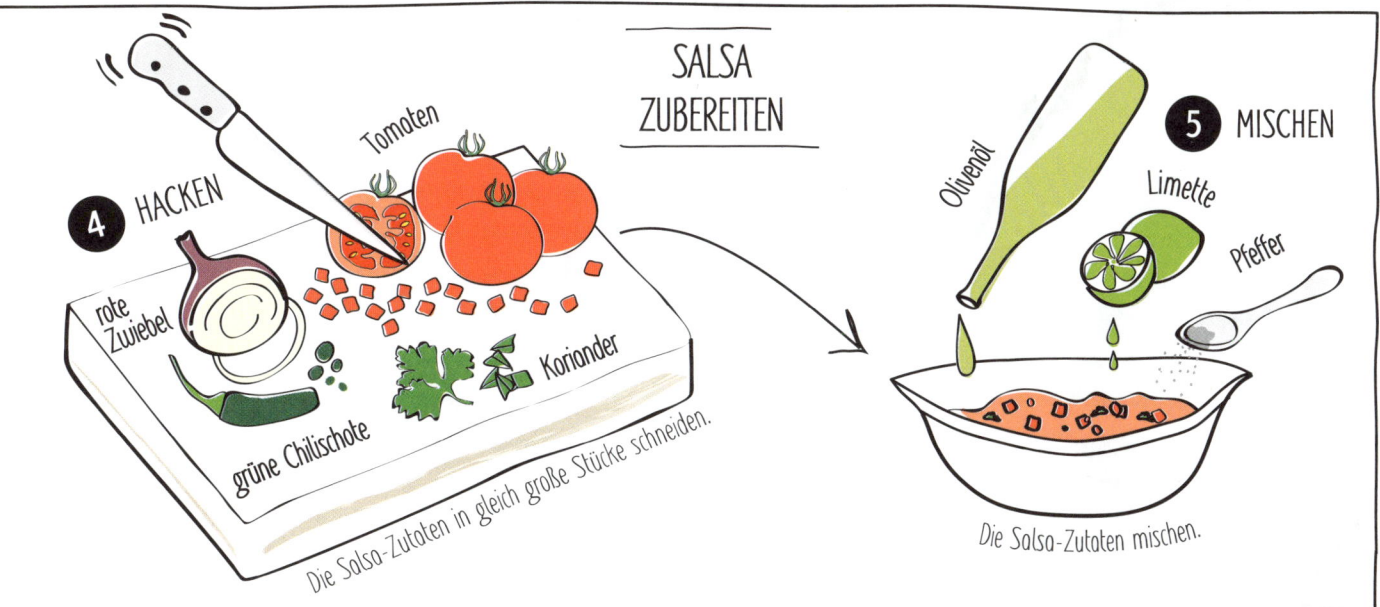

SALSA ZUBEREITEN

4 HACKEN

rote Zwiebel

Tomaten

grüne Chilischote

Koriander

Die Salsa-Zutaten in gleich große Stücke schneiden.

5 MISCHEN

Olivenöl

Limette

Pfeffer

Die Salsa-Zutaten mischen.

FÜLLUNG BRATEN & TORTILLA AUFWÄRMEN

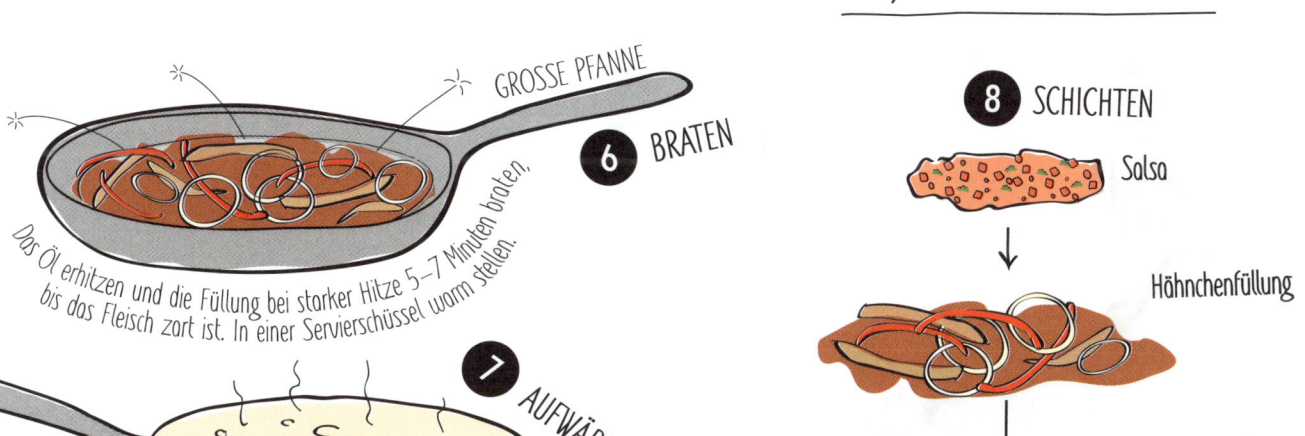

GROSSE PFANNE

6 BRATEN

Das Öl erhitzen und die Füllung bei starker Hitze 5–7 Minuten braten, bis das Fleisch zart ist. In einer Servierschüssel warm stellen.

7 AUFWÄRMEN

Tortilla

Die Pfanne mit Küchenpapier auswischen und die Tortillas bei mittlerer Hitze einzeln nacheinander aufwärmen.

FAJITA ZUSAMMENSTELLEN

8 SCHICHTEN

Salsa

Hähnchenfüllung

Tortilla

FAJITAS RICHTIG FALTEN

1. Die Füllung auf die Tortilla geben, aber das untere Viertel frei lassen.

2. Das untere Viertel nach oben schlagen.

3. Eine Seite überschlagen ...

4. ... dann die andere Seite überschlagen.

FAJITA-FÜLLUNGEN

Thunfisch-Mayo mit Mais & Salatblättern

Die **Sardinen** bei schwacher Hitze erwärmen.

Sardinen in Tomatensauce mit gemischten Salatblättern

Räucherlachs, Frischkäse & gegrillte Zucchini

Mit **Balsamessig** beträufeln.

Geriebener Cheddar, Kirschtomaten, Gurke & Mayo

Die mexikanischen Fajitas sind ungemein vielseitig, weil man die traditionelle Füllung mit Hähnchenfleisch (siehe S. 142–143) mühelos durch leckere Alternativen mit Fleisch, Fisch und Gemüse ersetzen kann – gerne auch mit Übriggebliebenem vom Vortag. Hier einige Anregungen.

Frischkäse, geröstete Süßkartoffel, Babyspinat & Chiliflocken

Chili con Carne vom Wochenende mit Rucola, saurer Sahne & Paprika

Gekochte Garnelen & Thousand-Island-Dressing mit Salat

Mit **nativem** Olivenöl **extra** beträufeln.

Hummus & geröstete Karotten mit Sonnenblumenkernen & Rucola

SCHNELLE SALSAS

Verwandeln Sie Ihre Mahlzeit mit einer dieser sensationellen Salsas in eine mexikanische Fiesta auf dem Teller! Die Salsas passen auch fantastisch zu Tortilla-Chips und Nachos in fröhlicher Runde. Schneiden Sie die Zutaten einfach in gleich große Stücke, die Sie mischen und nach Belieben abschmecken. Brauchen Sie die Salsas so bald wie möglich auf.

PICO DE GALLO

Diese schnelle, einfache Salsa passt gut zu gegrilltem Steak oder Garnelen.

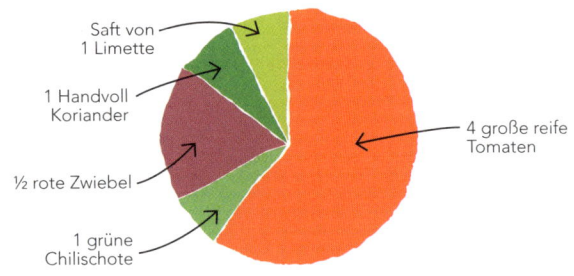

Saft von 1 Limette
1 Handvoll Koriander
½ rote Zwiebel
1 grüne Chilischote
4 große reife Tomaten

GUACAMOLE

Die traditionelle Begleiterin für Tacos und Fajitas.

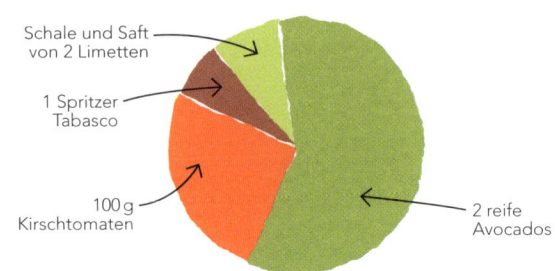

Schale und Saft von 2 Limetten
1 Spritzer Tabasco
100 g Kirschtomaten
2 reife Avocados

MANGO-SALSA

Eine süße Salsa, die prima zu Hähnchen oder Lachs passt.

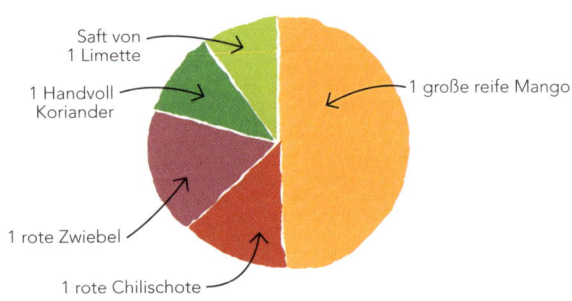

Saft von 1 Limette
1 Handvoll Koriander
1 rote Zwiebel
1 rote Chilischote
1 große reife Mango

MAIS-SALSA

Eine leckere pikante Salsa für alles Gegrillte.

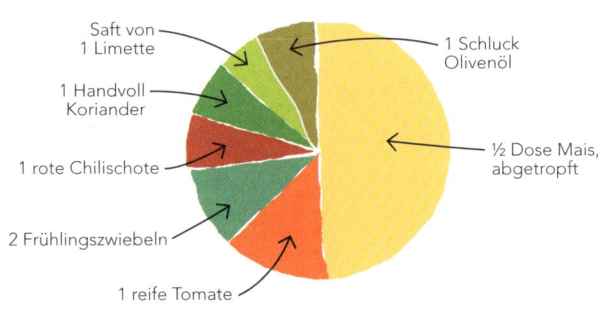

Saft von 1 Limette
1 Handvoll Koriander
1 rote Chilischote
2 Frühlingszwiebeln
1 reife Tomate
1 Schluck Olivenöl
½ Dose Mais, abgetropft

PFIRSICH-SALSA

Die frisch-fruchtige Salsa schmeckt toll zu Hähnchen und Fisch.

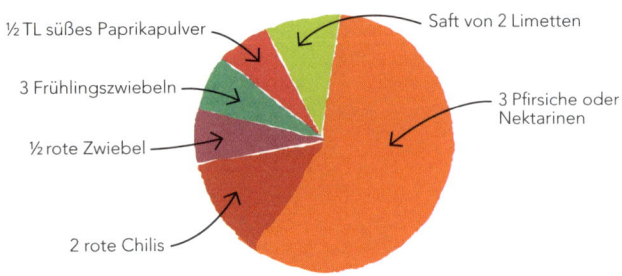

½ TL süßes Paprikapulver
3 Frühlingszwiebeln
½ rote Zwiebel
2 rote Chilis
Saft von 2 Limetten
3 Pfirsiche oder Nektarinen

SALSA CRIOLLA

Eine erfrischende Salsa, die oft zu Meeresfrüchten gereicht wird.

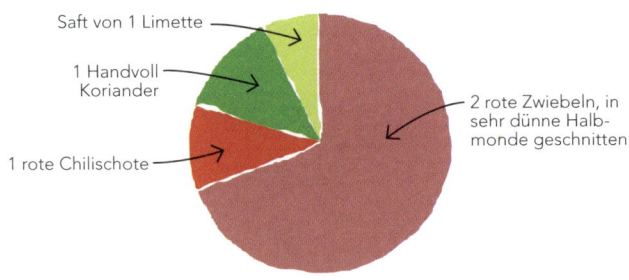

Saft von 1 Limette
1 Handvoll Koriander
1 rote Chilischote
2 rote Zwiebeln, in sehr dünne Halbmonde geschnitten

TOMATEN-CURRY MIT AUGENBOHNEN & SPINAT

Ein leckeres und sättigendes Curry, das ein viel besseres Abendessen ergibt als ein Fertiggericht. Der Joghurt verleiht der Sauce ihre Cremigkeit, darf aber nicht zu lange kochen, da er sich sonst trennt.

FÜR 4 PERSONEN • FERTIG IN: 20 MIN.

- -

❶ ZWIEBEL ANDÜNSTEN

Das Öl in einer großen Pfanne erhitzen und die Senfsamen hineingeben. Sobald sie zu platzen beginnen, Knoblauch, Curryblätter und Zwiebel hinzugeben. Bei mittlerer Hitze 5 Minuten braten, bis die Zwiebel glasig ist.

❷ TOMATEN & SPINAT GAREN

Chilischoten, Cayennepfeffer, Koriander und Kurkuma hinzugeben. Gut verrühren und die Tomaten hinzugeben. Durchrühren, dann den Spinat hinzugeben. Bei schwacher Hitze 5 Minuten köcheln lassen.

❸ BOHNEN HINZUGEBEN & SERVIEREN

Zuletzt die Bohnen hineingeben und nach Belieben salzen. 1 weitere Minute kochen, bis alles heiß ist. Vom Herd nehmen und langsam den Joghurt einrühren. Mit Naan-Brot oder Reis servieren.

TIPP — Wenn Joghurt zu heiß wird, trennt er sich in feste und flüssige Schichten (Bruch und Molke). Durch das langsame Einrühren in das abkühlende Gericht bewahrt er seine Cremigkeit.

DER PLAN!

1 ZWIEBEL ANDÜNSTEN → **2** TOMATEN & SPINAT GAREN → **3** BOHNEN HINZUGEBEN

ZUTATEN

3 EL Sonnenblumenöl

½ TL Senfsamen

2 Knoblauchzehen, fein gehackt

10 Curryblätter (Asialaden)

1 große Zwiebel, gehackt

2 grüne Chilischoten, längs aufgeschnitten und entkernt

½ TL Cayennepfeffer

1 TL gemahlener Koriander

½ TL Kurkuma

3 Tomaten, gehackt

100 g Spinat, gehackt

1 Dose Augenbohnen (etwa 400 g), abgespült und abgetropft

Salz

300 g Naturjoghurt

Naan-Brot oder Reis zum Servieren

GRÜNES CURRY MIT PALMHERZEN & KREBSSCHWÄNZEN

Palmherzen, die essbare Mitte junger Palmsprossen, haben einen angenehmen Biss, der einen schönen Kontrast zur cremigen, pikanten Sauce liefert. Zusätzliche Farbe erhalten Sie, wenn Sie in Schritt 2 ein paar Kirschtomaten hinzugeben.

FÜR 4 PERSONEN • FERTIG IN: 20 MIN.

ZUTATEN

- 5 EL Kokoscreme
- 4 EL thailändische grüne Currypaste
- 1 Dose Palmherzen (etwa 400 g), abgetropft und in mundgerechte Stücke geschnitten
- 4–5 Baby-Maiskölbchen, längs halbiert
- helle Sojasauce nach Geschmack
- 400 ml Kokosmilch
- 150 g gekochte Krebsschwänze
- einige Thai-Auberginen (nach Belieben)
- 3 Kaffirlimettenblätter, klein gezupft
- 3 grüne Chilischoten, entkernt und schräg in dünne Streifen geschnitten
- 1 Handvoll Thai- (oder gewöhnliches) Basilikum, klein gezupft
- Duftreis zum Servieren

❶ CURRYPASTE, PALMHERZEN & MAIS ERHITZEN

Die Kokoscreme in einem Topf erhitzen, die Currypaste hinzugeben und unter regelmäßigem Rühren bei starker Hitze 3 Minuten kochen. Palmherzen und Mais hinzugeben und weitere 3 Minuten kochen, bis die Paste stockt. Mit Sojasauce abschmecken.

❷ DIE RESTLICHEN ZUTATEN KOCHEN & SERVIEREN

Die Kokosmilch sanft einrühren. Aufkochen und die übrigen Zutaten mit Ausnahme des Basilikums hinzugeben. Die Würze überprüfen und bei Bedarf anpassen. 2 Minuten köcheln lassen, dann das Basilikum einrühren. Über Duftreis in Schalen geben und servieren.

> **Wenn Sie keine** Palmherzen bekommen können, nehmen Sie grüne Paprikaschote, Spargel oder neue Kartoffeln.

DER PLAN! ❶ CURRYPASTE, PALM-HERZEN & MAIS ERHITZEN ⟶ ❷ KOCHEN & SERVIEREN

BŒUF STROGANOFF

Dieser russische Klassiker mit seiner cremigen Sauce ist eine schnelle Alternative zum Eintopf. Dazu passen sehr gut Pasta, Reis oder auch Kartoffelpüree.

FÜR 4 PERSONEN • FERTIG IN: 20 MIN.

ZUTATEN

- 4 EL Olivenöl
- 400 g Steak (z. B. Rumpsteak), sehr dünn geschnitten
- 1 Zwiebel, fein gehackt
- 150 g Champignons, in Scheiben geschnitten
- 1 EL Butter
- 2 EL Mehl
- 300 ml Rinderbrühe
- 4 gehäufte EL Crème fraîche oder saure Sahne
- 1 gehäufter EL Paprikapulver (edelsüß)
- Salz und frisch gemahlener schwarzer Pfeffer
- ½ EL Zitronensaft
- 1 EL gehackter Dill (nach Belieben)
- Bandnudeln, in Butter geschwenkt, zum Servieren

❶ STEAK ANBRATEN

2 EL Öl in einer großen hohen Pfanne erhitzen. Das Steak in mehreren Portionen bei starker Hitze anbraten, bis es gerade Farbe annimmt. Beiseitestellen.

❷ ZWIEBEL & CHAMPIGNONS BRATEN

Die restlichen 2 EL Öl in der Pfanne erhitzen, Zwiebel und Champignons bei mittlerer Hitze 5 Minuten anbraten, bis die Pilze goldbraun sind. Dabei die Zwiebel nicht verbrennen.

❸ BRÜHE HINZUGEBEN & SAUCE ANDICKEN

Die Butter hinzugeben und das Mehl unter Rühren einstreuen. Nach und nach die Brühe einrühren und einige Minuten kochen, bis die Sauce andickt. Crème fraîche und Paprikapulver einrühren und mit Salz und Pfeffer abschmecken.

❹ STEAK HINZUGEBEN & SERVIEREN

Das Fleisch hinzugeben und erwärmen. Zitrone und Dill (nach Belieben) hinzugeben. Auf in Butter geschwenkten Bandnudeln servieren.

DER PLAN!

❶ STEAK ANBRATEN → ❷ ZWIEBEL & CHAMPIGNONS BRATEN → ❸ SAUCE ANDICKEN → ❹ STEAK HINZUGEBEN & SERVIEREN

MARGHERITA IN MINUTEN

Diese selbst gemachte Pizza Margherita ist schneller fertig, als der Lieferservice braucht, und schmeckt um Welten besser! Variieren Sie den Belag ganz nach Wunsch.

ERGIBT 4 PIZZEN • FERTIG IN: 20 MIN., PLUS GEHZEIT

- 500 g Hartweizenmehl oder Mehl Type 00, plus Mehl zum Bestäuben
- 1 Pck. Trockenhefe (etwa 7 g)
- 1 Prise Salz
- 4 EL Olivenöl, plus Öl zum Einfetten

FÜR DEN BELAG
- 2–3 EL Tomatenmark oder passierte Tomaten
- 150 g Mozzarella, in dünne Scheiben geschnitten
- 1 Handvoll Basilikum- blätter, klein gezupft

TEIG ANRÜHREN

1 SIEBEN

SIEB

Mehl

Salz

Trockenhefe

Das Mehl in eine große Schüssel sieben, Hefe und Salz hinzugeben.

2 MIXEN

warmes Wasser

Olivenöl

Eine Mulde in die Mitte drücken.

Langsam 350 ml warmes Wasser zugießen. Nach und nach mit dem Olivenöl zu einem geschmeidigen Teig vermengen.

TEIG KNETEN

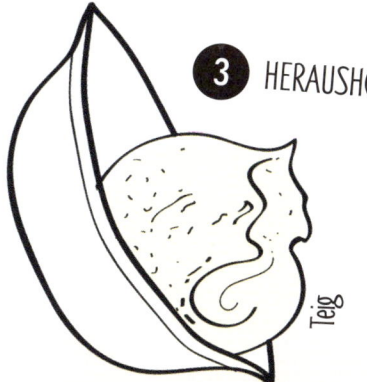

3 HERAUSHOLEN

Teig

Mit Mehl bestäubte Arbeitsfläche

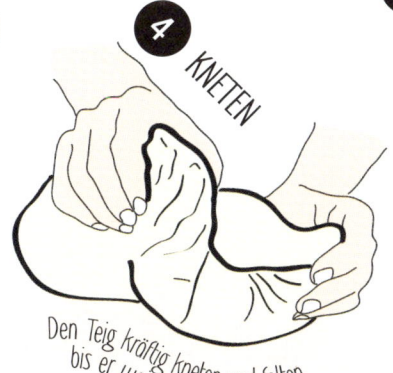

4 KNETEN

Den Teig kräftig kneten und falten, bis er weich und elastisch ist.

5 RUHEN LASSEN

HANDTUCH

In eine geölte Schüssel legen und abdecken.

Den Teig 30–40 Minuten an einem warmen Ort gehen lassen.

AUSROLLEN

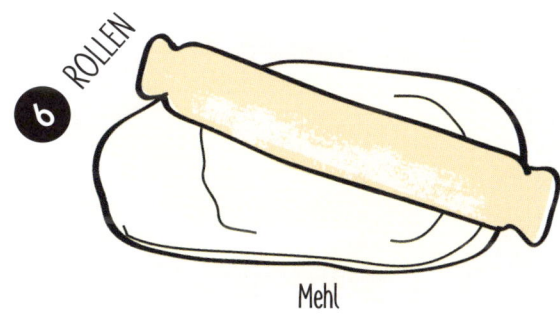

6 ROLLEN

Mehl

Den Backofen auf 240 °C vorheizen. Ein Viertel des Teigs zu einem dünnen, etwa 20 cm großen Kreis ausrollen und auf ein Backblech legen.

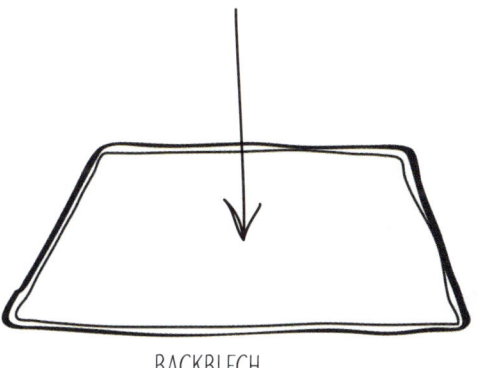

BACKBLECH

Wenn die **Zeit drängt,** geht es auch, ohne den Teig gehen zu lassen, solange man ihn vor dem Backen nur sehr dünn ausrollt.

BELEGEN & BACKEN

Mozzarella

schwarzer Pfeffer

BELEGEN & BACKEN

Das Tomatenmark mit einem Löffel auf dem Boden verteilen.

7 BELEGEN & BACKEN

Mit Tomatenmark oder passierten Tomaten und Mozzarella belegen und 10 Minuten backen. Mit Basilikumblättern garniert servieren.

BELAGBERATER

START

❶ BODEN

TRADITIONELL – Rezept siehe
S. 152–153

FLADENBROT – z. B. Tortilla,
Naan, Pita oder ein anderes
fertiges Fladenbrot

❷ SAUCE

TOMATE – 4 EL Tomatenmark, 1 zer-
drückte Knoblauchzehe und 1 Schluck
natives Olivenöl extra mischen.

CHILI-TOMATE – zusätzlich zum Rezept oben
1 TL getrocknete Chiliflocken

BARBECUE-SAUCE – Rezept siehe S. 68.

BIANCO – 2 EL Butter in einem Topf zerlassen
und 3 EL Mehl einrühren. Bei mittlerer Hitze
unter ständigem Rühren 3–4 Minuten anschwitzen. 250 ml Milch einrühren. 5 Minuten
köcheln lassen, bis die Sauce andickt, dann
1 große Handvoll geriebenen Parmesan
einrühren.

PESTO – Rezepte siehe
S. 136–137

❸ KÄSE

MOZZARELLA – 1 Kugel oder
125 g Mini-Mozzarella, klein gezupft

CHEDDAR – 300 g, gerieben

FETA – 200 g, zerkrümelt

ZIEGENKÄSE – 200 g, in Scheiben geschnitten

BLAUSCHIMMELKÄSE – 150 g, zerkrümelt

❺ GEMÜSE

MARINIERTE ARTISCHOCKENHERZEN –
50 g, abgetropft

OLIVEN – 50 g, in Scheiben geschnitten

EINGELEGTE JALAPEÑO – 50 g, in Ringe geschnitten

GERÖSTETER KNOBLAUCH – 5 Zehen

KARAMELLISIERTE ZWIEBELN – 200 g

ROTE ZWIEBELN oder **SCHALOTTEN** – 100 g, in dünne
Streifen geschnitten

CHAMPIGNONS – 100 g, in Scheiben geschnitten

PAPRIKASCHOTEN oder **GERÖSTETE PAPRIKA** –
100 g, in Streifen geschnitten

ZUCCHINI – 100 g, in dünne Scheiben geschnitten

AUBERGINE – 75 g, gegrillte Scheiben

SPARGEL – 75 g, in dünne Scheiben
gehobelt

MAIS – ½ kleine Dose,
abgetropft

UND/ODER

❹ FRUCHTIGES

KIRSCHTOMATEN – 100 g, halbiert

**SONNENGETROCKNETE TOMA-
TEN** – 50 g, halbiert oder geviertelt

ÄPFEL oder **BIRNEN** – 150 g, in dünne
Scheiben geschnitten

PFIRSICHE – 100 g, in Scheiben
geschnitten

FRISCHE FEIGEN – 200 g, in Scheiben
geschnitten

ANANASSTÜCKE – 100 g

TRAUBEN – 100 g, halbiert

Sobald Sie die Pizza-Margherita (siehe S. 152–153) beherrschen, können Sie Ihr Pizzakönnen mit unserem Belagberater zur vollen Blüte bringen! Folgen Sie dazu einfach den Schritten unten und mischen Sie Ihre Lieblingszutaten. Sie sollten die Pizza dabei aber nicht überladen, weil der Boden sonst zu lange braucht, um durchzubacken.

UND/ODER

6 EIWEISS

PARMASCHINKEN – 150 g
GEKOCHTER SCHINKEN – 150 g
SALSICCIA – 250 g
CHORIZO – 150 g
PANCETTA (ITAL. SPECK) – 100 g
HÄHNCHENBRUSTFILET – 150 g, gegrillt und klein geschnitten
GARNELEN/KRABBEN – 200 g
THUNFISCH – ½ Dose, zerkleinert
SARDELLEN – 6–8, abgetropft
EIER – 4 St., 6–8 Minuten vor Ende der Garzeit auf die Pizza geben
PEPERONI – 200 g
WALNÜSSE – 1 Handvoll, zerkleinert
PINIENKERNE – 1 Handvoll

DIPS & SAUCEN

SAURE SAHNE • KNOBLAUCH-MAYO • RAUCHIGE AIOLI • KÄSESAUCE • BALSAMICO-GLASUR • TAPENADE • SÜSSE CHILISAUCE

(siehe auch S. 166–167 und S. 200–201)

7 GEWÜRZE

GETROCKNETE KRÄUTER, z. B. Oregano, Basilikum, Rosmarin, Thymian – 2 EL
KNOBLAUCHSALZ – 1 TL
PAPRIKAPULVER – 1 TL
GERÄUCHERTES PAPRIKAPULVER (Pimentón) – ½ TL
GETROCKNETE CHILIFLOCKEN – ½ TL
SCHWARZER PFEFFER – frisch gemahlen

ZIEL

9 GARNITUREN

PARMESAN – 50 g, vor dem Servieren über die fertige Pizza gerieben oder gehobelt
FRISCHES BASILIKUM – 1 Handvoll, klein gezupft
RICOTTA – 100 g, auf der Pizza verteilt
AVOCADO – 1 St., in Scheiben geschnitten

8 ÖLE

OLIVENÖL, ZERLASSENE BUTTER oder **PALMFETT** – 1 EL, vor dem Backen auf die Kruste gepinselt und über den Boden geträufelt
TRÜFFEL-, CHILI- oder **KNOBLAUCHÖL** – 1 TL, vor dem Servieren über die fertige Pizza geträufelt

ZUTATEN

1 TL geräuchertes Paprikapulver (Pimentón picante)

1 TL Cayennepfeffer

1 TL Knoblauchgranulat

½ TL getrockneter Thymian

1 TL Rohrohrzucker
(z. B. Demerarazucker)

½ TL Salz

4 Lachsfilets ohne Haut
(à etwa 150 g)

2 EL Olivenöl

DER PLAN!

1 GEWÜRZE MAHLEN → 2 LACHS VORBEREITEN → 3 LACHS GRILLEN

CAJUN-LACHS

Diese einfache Würze im Südstaatenstil veredelt jeden Fisch, allen voran den Lachs. Sie können den Fisch mit dünnen Avocado- und Zitronenscheiben und einem Salat mit Kirschtomaten zu einem leichten und leckeren Abendessen ergänzen.

FÜR 4 PERSONEN • FERTIG IN: 15 MIN.

1 GEWÜRZE MAHLEN

Gewürze, Thymian, Zucker und Salz in einem Mörser oder einer Gewürzmühle zu einem feinen Pulver zermahlen.

2 LACHS VORBEREITEN

Die Filets von beiden Seiten mit der Würzmischung einreiben, mit Frischhaltefolie abdecken und bis zum Grillen im Kühlschrank kalt stellen.

3 LACHS GRILLEN

Den Backofengrill vorheizen und ein Backblech mit Alufolie auslegen. Die Filets von beiden Seiten mit etwas Öl bepinseln, ohne die Würzmischung abzulösen, und je nach Dicke 3–4 Minuten von jeder Seite grillen.

TIPP — Sie können den Lachs in der Würze marinieren und roh einfrieren. Tauen Sie ihn vollständig auf, bevor Sie die Filets grillen. Sie können die Menge der Gewürzmischung auch verdoppeln und den Rest für andere Gerichte in einem Schraubglas aufbewahren.

Diese Würzmischung eignet sich auch großartig für Hähnchenfleisch und Kartoffel- oder Süßkartoffel-Wedges.

PERFEKTE STEAKS

Ein gutes Steak braucht nur sehr wenig geschmackliche Unterstützung. Mit etwas Salz und Pfeffer in Butter gebraten ist es meist schon für sich ein Genuss.

FÜR 2 PERSONEN • FERTIG IN: 6–14 MIN., PLUS RUHEZEIT

- 2 Lenden- oder Rib-Eye-Steaks, etwa 3 cm dick
- 1–2 EL weiche Butter
- Salz und frisch gemahlener schwarzer Pfeffer

> **Ein blutiges** Steak braucht insgesamt 6–8 Minuten,
> **medium** braucht 10–12 Minuten, und
> **durchgebraten** braucht 12–14 Minuten.
> Die Garzeit hängt dabei auch von der Dicke des Steaks ab.

STEAK BRATEN

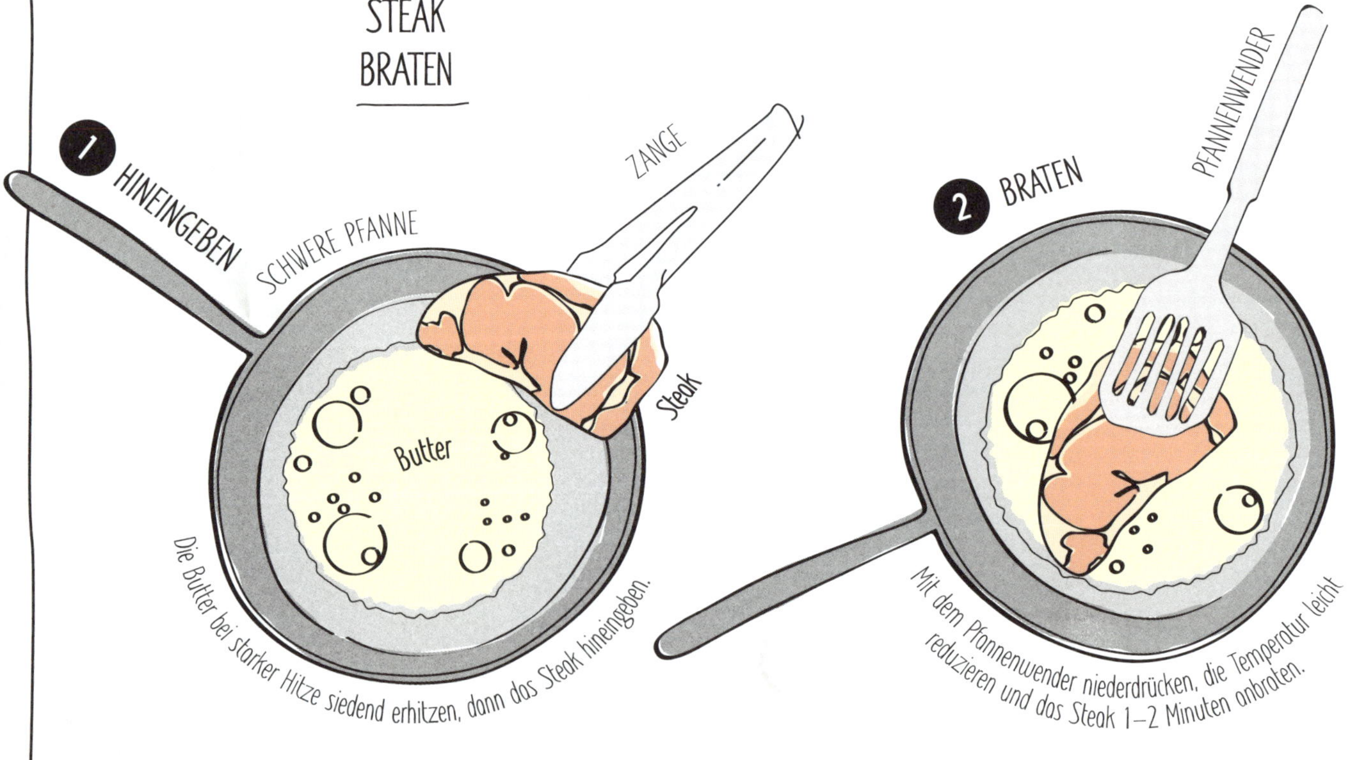

1 HINEINGEBEN

SCHWERE PFANNE

ZANGE

Steak

Butter

Die Butter bei starker Hitze siedend erhitzen, dann das Steak hineingeben.

2 BRATEN

PFANNENWENDER

Mit dem Pfannenwender niederdrücken, die Temperatur leicht reduzieren und das Steak 1–2 Minuten anbraten.

3 PRÜFEN

Das Steak anheben, um zu sehen, ob die Unterseite gut gebräunt ist.

4 WENDEN

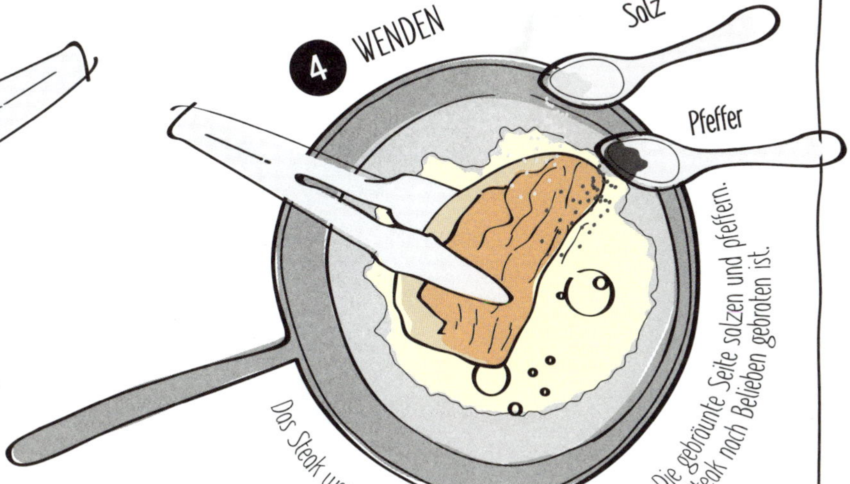

Salz

Pfeffer

Das Steak wenden und von der anderen Seite bräunen. Die gebräunte Seite salzen und pfeffern. Weiterbraten und alle 1–2 Minuten wenden, bis das Steak nach Belieben gebraten ist.

PRÜFEN & RUHEN

5 PRÜFEN

Vorsichtig mit dem Zeigefinger den Garpunkt überprüfen (siehe rechts).

6 RUHEN

Das Steak aus der Pfanne heben und vor dem Servieren 3–5 Minuten ruhen lassen.

WARMER TELLER

DEN GARPUNKT PRÜFEN

1. Blutig Die Hand mit entspannt ausgestreckten Fingern halten. Auf den Muskel zwischen Daumen und Zeigefinger drücken. So sollte sich ein blutiges Steak anfühlen.

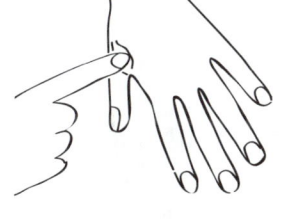

2. Medium Die Finger möglichst weit strecken und spreizen. Wie zuvor zwischen Daumen und Zeigefinger drücken. So sollte sich ein medium gebratenes Steak anfühlen.

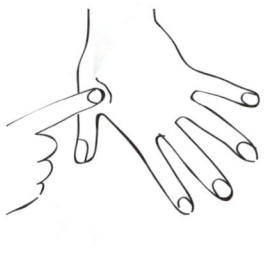

3. Durch Eine feste Faust machen und zwischen Daumen und Zeigefinger drücken. So fest sollte sich ein gut durchgebratenes Steak anfühlen.

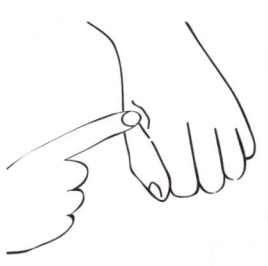

ZUTATEN

4 Steaks (à 100–150 g), vorzugsweise Filetsteak, etwa
2,5 cm dick, zimmerwarm

1 EL Olivenöl

Salz und frisch gemahlener
schwarzer Pfeffer

1 TL Cayennepfeffer

1 EL Dijonsenf

1 EL Rohrohrzucker
(z. B. Demerarazucker)

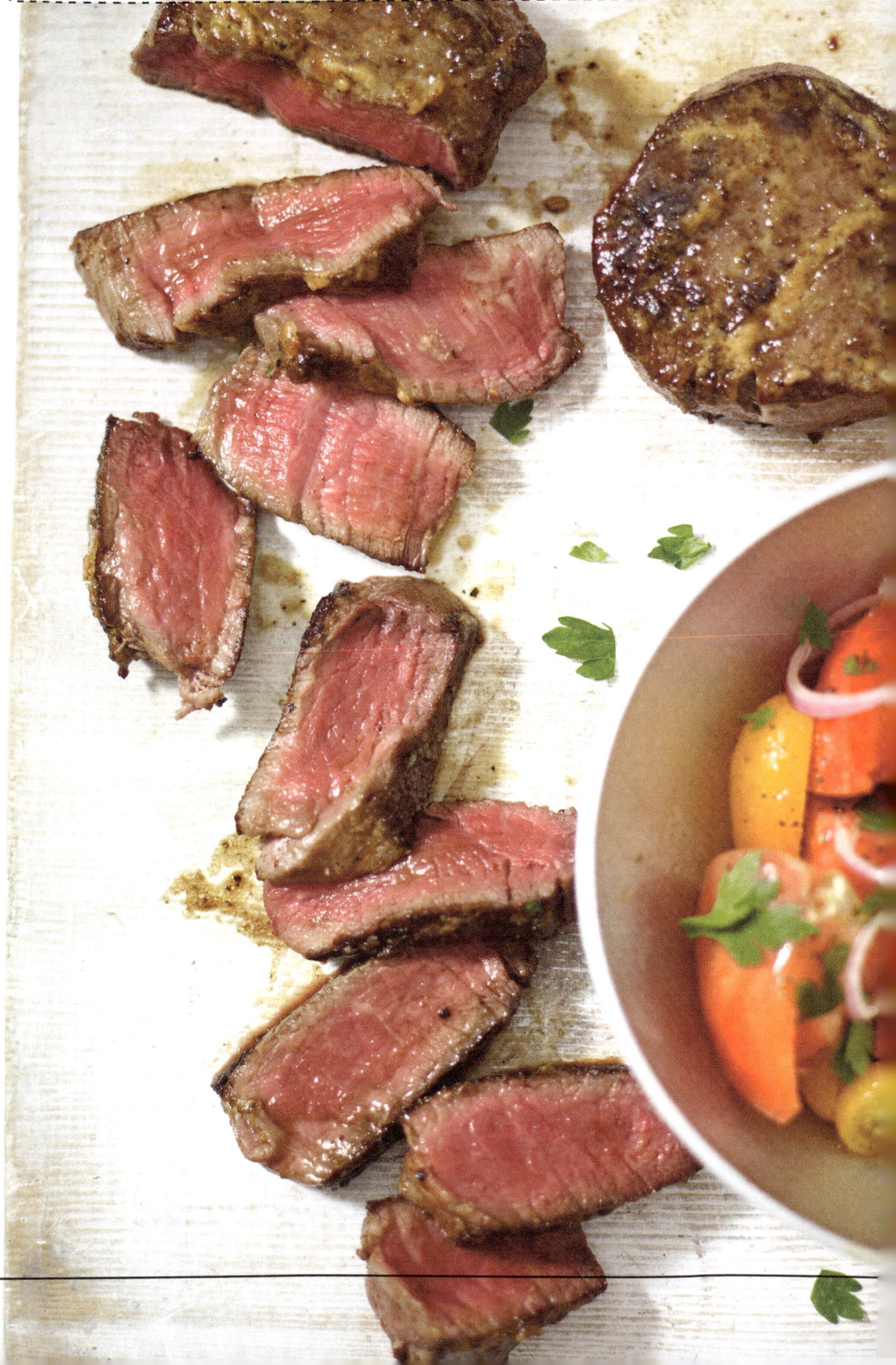

STEAK MIT SENF-ZUCKER-GLASUR

Ein schlichtes, würziges Steak ist ein superschnelles Abendessen für den Alltag. Während die Steaks braten, können Sie schnell einen Tomatensalat »zusammenwerfen« oder mit etwas mehr Zeit auch ein paar Süßkartoffel-Wedges backen.

FÜR 4 PERSONEN • FERTIG IN: 15 MIN.

❶ STEAKS WÜRZEN & BRATEN

Die Steaks mit Öl bepinseln und gut mit Salz, Pfeffer und Cayennepfeffer einreiben. Bei starker Hitze nach Belieben braten oder grillen. Blutige Steaks brauchen 2–3 Minuten von jeder Seite, medium 3–4 Minuten und durchgebraten 4–5 Minuten von jeder Seite. Das Fleisch 3–5 Minuten auf einem vorgewärmten Teller ruhen lassen.

❷ GLASIEREN

In der Zwischenzeit den Backofengrill vorheizen. Die Steaks von einer Seite dünn mit Senf bestreichen, dann gleichmäßig mit Zucker bestreuen.

❸ GRILLEN

Die Steaks auf oberster Schiene 1–2 Minuten grillen, bis der Zucker geschmolzen und karamellisiert ist. Sie sollten nicht länger grillen, es geht hierbei nur um die Glasur.

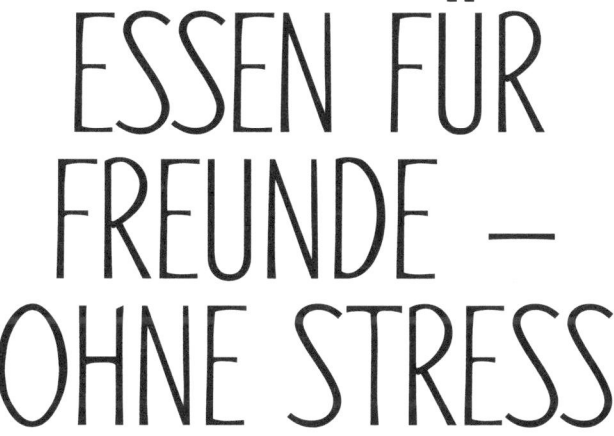

ESSEN FÜR FREUNDE – OHNE STRESS

OLIVEN IN ZITRUS-MARINADE

Reichen Sie diese zitrusfrischen Oliven mit Dips und Fladenbrot. Bereiten Sie sie am besten einige Tage im Voraus zu, damit sich die Aromen von Oliven, Früchten, Gewürzen und Kräutern miteinander verbinden können.

FÜR 6–8 PERSONEN • FERTIG IN: 12 MIN., PLUS MARINIERZEIT

ZUTATEN

- 1 TL Fenchelsamen
- ½ TL Kreuzkümmelsamen
- 250 g entkernte schwarze oder grüne Oliven (oder schwarz und grün gemischt)
- abgeriebene Schale von ½ Bio-Orange
- abgeriebene Schale von ½ Bio-Zitrone
- 2 Knoblauchzehen, fein gehackt
- 2 TL Chiliflocken, zerstoßen
- 1 TL getrockneter Oregano
- 1 EL Zitronensaft
- 1 EL Rotweinessig
- 2 EL Olivenöl
- 1 EL fein gehackte glatte Petersilie

❶ SAMEN RÖSTEN

Fenchel- und Kreuzkümmelsamen bei schwacher Hitze in einer Pfanne ohne Fett 2 Minuten rösten, bis sie duften.

❷ OLIVEN MARINIEREN

Oliven, geröstete Samen, Zitrusschale, Knoblauch, Chiliflocken, Oregano, Zitronensaft, Essig und Öl in eine Schüssel geben und gut vermengen. In einen luftdicht schließenden Behälter füllen und mindestens 8 Stunden bei Zimmertemperatur marinieren.

❸ SCHÜTTELN & GARNIEREN

Den Behälter gelegentlich schütteln, um die Zutaten gut zu mischen, während sie marinieren. Bis zu 3 Stunden vor dem Servieren die Petersilie einrühren und die Oliven zimmerwarm servieren.

TIPP — Warme Oliven haben einen intensiveren Geschmack. Wenn Sie Zeit haben, erwärmen Sie sie daher 5 Minuten sanft in der Pfanne und servieren Sie sie warm.

DER PLAN! ❶ SAMEN RÖSTEN → ❷ OLIVEN MARINIEREN → ❸ SCHÜTTELN & GARNIEREN

RÖSTBROT MIT FEIGEN & ZIEGENKÄSE

Bei diesem Gericht trifft die Frische der Feigen auf cremigen Ziegenkäse und aromatischen Honig – eine wunderbare Kombination für sommerliche Mezze.

FÜR 6 PERSONEN • FERTIG IN: 20 MIN.

ZUTATEN

- 1 Baguette
- 8 reife Feigen
- 250 g junger cremiger Ziegenkäse
- 6–8 EL klarer Rosmarin- oder Lavendelhonig

❶ BAGUETTE RÖSTEN

Den Backofengrill vorheizen. Das Baguette längs aufschneiden und die Hälften in kleinere Stücke zerteilen. In einer Lage auf ein Backblech legen und von beiden Seiten leicht unter dem Grill rösten.

❷ MIT FEIGEN & KÄSE BELEGEN

Die Feigen der Länge nach in Scheiben aufschneiden und die Baguettestücke damit belegen. Den Ziegenkäse darauf verteilen und leicht andrücken.

❸ BROTE ÜBERBACKEN

Die Brote 3–4 Minuten unter dem Grill goldgelb überbacken.

❹ BETRÄUFELN & SERVIEREN

Mit dem Honig beträufeln und sofort servieren.

> **Sie können** den Rosmarin- oder Lavendelhonig auch durch einfachen flüssigen Honig ersetzen und die Brotstücke mit Kräutern nach Belieben bestreuen.

DER PLAN!

 **❶ BAGUETTE RÖSTEN**  **❷ MIT FEIGEN & KÄSE BELEGEN**  **❸ BROTE ÜBERBACKEN**  **❹ BETRÄUFELN & SERVIEREN**

BLITZSCHNELLE DIPS

Koriander-Jalapeño-Hummus

Schwarze-Bohnen-Dip

Sie können die schwarzen Bohnen durch **Augenbohnen** ersetzen.

1 Dose **grüne Bohnen** (abgetropft) mit 1 EL **Tahin** (Sesammus), 1 **Jalapeño** (entkernt), **Zwiebel, Koriander, Olivenöl, Limettensaft, Knoblauch** und **Chiliflocken** im Mixer pürieren.

1 Dose **schwarze Bohnen** (abgespült und abgetropft) mit **roter Zwiebel, Limettensaft, Olivenöl, Knoblauch, scharfem geräuchertem Paprikapulver** (Pimentón picante) und **Koriander** mixen.

Sonnengetrocknete Tomaten

Süßkartoffel-Hummus

1 Glas **sonnengetrocknete Tomaten** (mit dem Öl) mit **Zwiebel, Knoblauch, Olivenöl, Balsamessig, Basilikum** und **getrocknetem Oregano** pürieren.

1 gekochte **Süßkartoffel** mit ½ Dose **Kichererbsen** (abgespült und abgetropft), 1 EL **Tahin** (Sesammus), **roter Zwiebel, Knoblauch, Olivenöl** und **Salz** mixen.

Dips sind perfekt, wenn man Gäste hat. Die hier genannten Mengen reichen als Vorspeise für 4 Personen, lassen sich aber problemlos anpassen. Nehmen Sie ½–1 Zwiebel und 1–2 Knoblauchzehen pro Dip sowie Salz und Pfeffer nach Belieben. Pürieren Sie die Dips auf S. 166 im Mixer zu einer Paste – die Dips auf dieser Seite können Sie klein hacken oder mit der Gabel vermengen.

Spinat-Artischocken-Dip

2 Handvoll frischen Blattspinat (gedünstet und abgetropft) mit 1 Glas Artischockenherzen (abgetropft), je 125 g Frischkäse und saurer Sahne, geriebenem Parmesan, Chiliflocken, Salz und Knoblauchgranulat verrühren.

Oliven, Sardellen und Kapern mit einem scharfen Messer klein hacken, dann zu den anderen Zutaten geben, oder alle Zutaten in der Küchenmaschine zu einer Paste pürieren.

Tapenade

1 Glas kernlose schwarze Oliven (abgetropft), einige Sardellen und Kapern mit Knoblauch, Basilikum, Olivenöl und Zitronensaft mixen.

Traditionelle Guacamole

3 Avocados mit Limettensaft, Salz, Cayennepfeffer und Chiliflocken pürieren. Knoblauch, gehackte Kirschtomaten und Koriander einrühren.

Zum Servieren mit Chilisauce beträufeln.

Räucherfisch-Dip

2 zerkleinerte geräucherte Fischfilets mit 125 g Frischkäse, 1 EL Mayonnaise und Zitronensaft vermischen. Gehackten Staudensellerie, Jalapeño (entkernt), Gewürzgurke, Zwiebel und Petersilie unterrühren.

ROHKOST & FLOTTE SNACKS

Kaiserschoten

Endivienblätter

Chantenay-Karotten

In hauchdünne Scheiben geschnitten

Grün getrimmt

Rote Bete

Spargelspitzen

Salatherzen

Cocktailtomaten

Radieschen

Fenchelknolle

Wurzeln abgeschnitten

Zuckerschoten

In Scheiben

Grün getrimmt

Nachdem Sie Ihre Dips (siehe S. 166–167) zubereitet haben, brauchen Sie nur noch einen Teller mit leckerem Gemüse. Reichen Sie dazu die schnellen Snacks auf dieser Seite, die um Klassen besser schmecken als alles Gekaufte und Ihre Gäste garantiert glücklich machen.

Crostini

Den Backofen auf 180 °C vorheizen. Ein Baguette in Scheiben schneiden, mit Olivenöl bepinseln und mit Salz und Pfeffer würzen. 10–15 Minuten goldbraun backen.

Den Backofen auf 200 °C vorheizen. Einen Pizzateig anrühren (siehe S. 152–153, Schritte 1–4) und auf einer bemehlten Arbeitsfläche sehr dünn ausrollen. Mit Olivenöl bepinseln, mit getrockneten Kräutern bestreuen und in Stücke schneiden. Auf ein Backblech legen und 10 Minuten im Ofen leicht bräunen.

Kräuter-Fladen-brot-Chips

Wurzelgemüse-Tempura
lässt sich auch wunderbar dippen (siehe S. 178–179).

Den Backofen auf 180 °C vorheizen. Gehäufte Esslöffel Parmesan auf ein mit Backpapier ausgelegtes Blech setzen. 8–10 Minuten goldbraun und leicht knusprig backen. Zum Abkühlen auf ein Kuchengitter setzen.

Reichen Sie auch in Parmaschinken eingewickelte Brotstangen zu Ihren Dips, siehe S. 188–189.

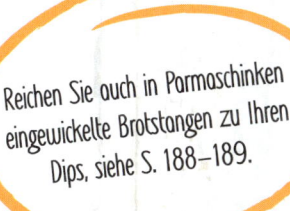

Parmesan-Nester

Tortilla-Chips

Den Backofen auf 200 °C vorheizen. Maistortillas von beiden Seiten mit Pflanzenöl bepinseln und in Dreiecke schneiden. In einer Lage auf ein Backblech legen und 7–8 Minuten goldgelb und knusprig backen. Mit Salz bestreut servieren.

Den Backofen auf 190 °C vorheizen. Süßkartoffeln, Pastinaken, Rote Bete oder Kartoffeln nach Belieben so dünn wie möglich schneiden (am besten mit einem Gemüsehobel). Das Gemüse in Olivenöl wenden und 15–20 Minuten knusprig backen. Mit Salz bestreut servieren.

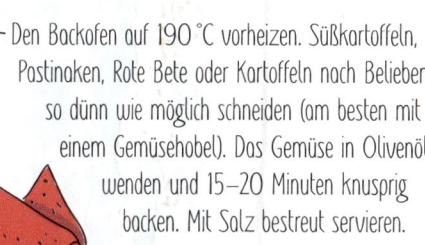

Gemüse-Chips

GEBRATENER HALLOUMI

Halloumi ist ein fester, leicht elastischer weißer Käse, der traditionell aus Schafs- oder Ziegenmilch gemacht wird. Sein salziger Geschmack passt gut zu Harissa-Paste und Hummus oder auch zu einem grünen Salat mit roten Zwiebeln.

FÜR 4–6 PERSONEN • FERTIG IN: 8–10 MIN.

ZUTATEN

- 250 g Halloumi
- Mehl zum Bestäuben
- 125 ml Olivenöl, plus Olivenöl zum Beträufeln
- 2 Handvoll Thymian- oder Oreganoblätter
- Saft von 2 Zitronen
- 1 Zitrone, in Spalten geschnitten, zum Servieren

❶ HALLOUMI VORBEREITEN

Den Käse abspülen, um überschüssiges Salz zu entfernen, und mit Küchenpapier trocken tupfen. In 1 cm dicke Scheiben schneiden und dünn mehlieren.

❷ HALLOUMI BRATEN

Das Öl bei starker Hitze in einer beschichteten Pfanne erhitzen und den Käse 2–3 Minuten von jeder Seite goldbraun braten.

❸ WÜRZEN, GARNIEREN & SERVIEREN

Aus der Pfanne heben, mit Thymian bestreuen und etwas Zitronensaft darübergeben. Mit etwas Olivenöl beträufeln und sofort mit Zitronenspalten servieren.

> Halloumi ist ausgesprochen vielseitig. Er passt zu Salsa criolla (siehe S. 146), zu einem Bohnen-Burger (siehe S. 100) oder auch anstelle des Ziegenkäses zu einem Bulgur-Salat mit bunten Paprikaschoten (siehe S. 99).

DER PLAN! ❶ HALLOUMI VORBEREITEN → ❷ HALLOUMI BRATEN → ❸ WÜRZEN, GARNIEREN & SERVIEREN

MAROKKANISCHE GARNELEN

10 MIN.

Dieses ursprünglich aus Marokko stammende Gericht schmeckt genauso gut, wie es riecht. Servieren Sie es mit Cocktail- oder Holzspießen und reichen Sie dazu Crème fraîche zum Dippen.

FÜR 4–6 PERSONEN • FERTIG IN: 10 MIN.

ZUTATEN

- 500 g rohe große Garnelen (Tiefkühlware aufgetaut)
- 4 EL Olivenöl
- ½ TL Harissa-Paste oder scharfes Paprikapulver
- 1 TL Ingwerpulver
- 1 TL gemahlener Kreuzkümmel
- ½ TL gemahlener Koriander
- 3 Knoblauchzehen, zerdrückt
- 1 EL gehackte glatte Petersilie
- 1 EL gehackter frischer Koriander

1 GARNELEN VORBEREITEN

Die Garnelen auf einer doppelten Lage Küchenpapier abtropfen.

2 KNOBLAUCH & GEWÜRZE BRATEN

Das Öl in einer großen Pfanne erhitzen, Gewürze und Knoblauch hineingeben und 1 Minute rühren, um die Aromen aufzuschließen.

3 GARNELEN BRATEN

Die Garnelen hinzugeben und bei mittlerer bis starker Hitze 1–2 Minuten braten, bis sie sich leicht rosa färben, dann wenden. Unter regelmäßigem Rühren braten, bis sie rundum rosa sind.

4 GARNIEREN & SERVIEREN

Frische Petersilie und Koriander einrühren und heiß servieren.

TIPP — Bei rohen, ungeschälten Garnelen den Kopf abziehen, dann sorgfältig von der Unterseite her die Schale abpellen. Beides wegwerfen oder für einen Fond verwenden. Nun den Darmfaden entfernen: Die Garnele flach auslegen, mit einem kleinen scharfen Messer entlang des Rückens einschneiden und den Darm herausziehen. Alle Garnelen so auslösen und nach dem Rezept zubereiten. Waschen Sie sich vorher und hinterher gut die Hände und reinigen Sie die Arbeitsfläche sowie Ihre Utensilien gründlich.

DER PLAN!

1 GARNELEN VORBEREITEN → **2** KNOBLAUCH & GEWÜRZE BRATEN → **3** GARNELEN BRATEN → **4** GARNIEREN & SERVIEREN

GEWÜRZGURKEN

Hier kommt eine selbst gemachte knackigere und aromatischere Alternative zu gekauften Gewürzgurken. Sie schmecken als Beilage oder auch zu einer Aufschnitt- oder Käseplatte.

ERGIBT 2 GLÄSER • FERTIG IN: 10 MIN., PLUS ZEIT FÜRS STERILISIEREN & KÜHLEN
SIE BRAUCHEN: 2 EINMACHGLÄSER À 200 ML

- 50 g feinster Zucker
- 2 TL Salz
- 200 ml Weißweinessig oder Reisweinessig
- frisch gemahlener schwarzer Pfeffer

- 4–5 kleine oder 1 große Salatgurke, in dünne Scheiben geschnitten
- 1 EL fein gehackter Dill
- ½ TL Dillsamen, leicht zerstoßen

Die Gläser müssen sterilisiert werden, damit sich kein Schimmel auf dem Eingemachten bildet. Lassen Sie sie vor dem Befüllen abkühlen.

EINMACHGLÄSER STERILISIEREN

1 GLÄSER ERHITZEN

BACKBLECH

EINMACHGLÄSER

Die Gläser auswaschen, umgedreht auf ein Backblech stellen und mindestens 15 Minuten im auf 140 °C vorgeheizten Backofen erhitzen.

kochendes Wasser

METALLSCHÜSSEL

2 DECKEL AUSKOCHEN

Die Deckel mit kochendem Wasser bedecken und 5 Minuten stehen lassen, dann abtropfen.

ESSIG ANMISCHEN

Salz

Zucker

schwarzer Pfeffer

SCHNEEBESEN

Essig

3 MISCHEN

Zucker und Salz unter Rühren in etwas Essig auflösen. Den restlichen Essig hinzugeben und kräftig mit Pfeffer abschmecken.

GLÄSER BEFÜLLEN

4 SCHICHTEN

Dillsamen

gehackter Dill

Gurkenscheiben

Gurkenscheiben, gehackten Dill und einige Dillsamen abwechselnd in die abgekühlten Gläser schichten.

Essigmischung

Die Gläser mit Essigmischung auffüllen, sodass die Gurken vollständig bedeckt sind.

5 GIESSEN

Die Gewürzgurken halten sich bis zu 1 Monat im Kühlschrank, solange sie in den Gläsern immer mit Essig bedeckt bleiben.

6 VERSCHLIESSEN

Die Deckel fest schließen.

7 SCHÜTTELN & KALT STELLEN

Die Gläser schütteln, um die Flüssigkeit gleichmäßig zu verteilen, und über Nacht kalt stellen, damit die Gurke schön knackig bleibt.

DIE PERFEKTE KÄSEPLATTE

Hier geht es darum, die Geschmacksknospen mit einer großen Bandbreite an Geschmacksnoten zu reizen und für jeden etwas zu bieten. Rechnen Sie pro Person mit rund 50–80 g Käse und servieren Sie den Käse immer zimmerwarm.

1 MILD
Edamer ist ein halbfester, süßer und buttriger Käse.
Auch schön: Gouda, Taleggio, Jarlsberg oder Wensleydale.

2 KRÄFTIG
Stilton ist ein geschmeidiger und kräftiger Blauschimmelkäse.
Auch schön: Roquefort, Gorgonzola oder Bleu d'Auvergne.

3 WEICH
Camembert Camembert ist ein Weichkäse mit cremiger Textur.
Auch schön: Brie, Brillat-Savarin oder Delice de Bourgogne.

4 HART
Manchego schmeckt nach nussiger, aromatischer Schafsmilch.
Auch schön: Emmentaler, Appenzeller oder Pecorino.

DIE BEILAGEN

Die richtige Beilage unterstützt den Geschmack des Käses und neutralisiert zwischen den Bissen den Gaumen.

5 CHUTNEYS & KONFITÜREN
Feigenkonfitüre, Honig, Zwiebel-Chutney, Pflaumen-Chutney.

6 NÜSSE
Geräucherte Mandeln, Cashews oder eingelegte Walnüsse.

7 FRISCHES OBST
Äpfel, Birnen, Trauben, Feigen oder rote Johannisbeeren.

8 PICKLES
Cornichons, Gewürzgurken, Perlzwiebeln oder Senfgemüse.

9 AUFSTRICHE/RELISHES
Oliven-Tapenade (siehe S. 167) oder Quittenpaste.

10 BROT
Sauerteigbrot, Baguette, Kräcker oder Haferplätzchen.

Achten Sie beim Zusammenstellen Ihrer Käseplatte auf eine ausgewogene Mischung des Käses und der Beilagen. Ihre Gäste sollen eine bunte Auswahl haben und sich ihre Lieblingskombinationen zusammenstellen können. Wenn die Käseplatte Teil eines Menüs sein soll, bringen Sie sie nach dem Hauptgang auf den Tisch, aber vor dem Dessert.

6 geräucherte Mandeln

5 Honig

10 Sauerteigbrot

2 Stilton

8 Cornichons

9 Oliven-Tapenade

4 Manchego

3 Camembert

CEVICHE

Ceviche ist ein sehr elegant wirkendes Gericht, das Sie als Vorspeise oder leichten Snack servieren können. Durch das kurze Einlegen wird der natürliche Geschmack des rohen Fischs unterstrichen, und er »gart« im Zitronensaft. Verwenden Sie nur wirklich frischen Fisch!

FÜR 4 PERSONEN • FERTIG IN: 20 MIN., PLUS KÜHLZEIT

----

1 FISCH WÜRFELN

Den Fisch mit einem scharfen Messer in kleine, gleich große Würfel schneiden.

2 MARINADE VORBEREITEN

Die Zwiebel gleichmäßig in einer flachen nicht metallischen Schale verteilen. Mit Zitronen- oder Limettensaft sowie Olivenöl übergießen und mit Paprikapulver und Chilischote bestreuen.

3 FISCH MARINIEREN

Den Fisch auf die Zwiebeln legen, sanft in der Marinade durchheben. Abdecken und 15–20 Minuten im Kühlschrank marinieren. Salzen und pfeffern, mit Petersilie bestreut mit ofenfrischem Brot servieren.

TIPP — Der Fisch lässt sich viel einfacher schneiden, wenn man ihn zuvor einige Minuten ins Gefrierfach legt. Sie können das Ceviche bis zu 2 Stunden im Voraus zubereiten und abgedeckt kalt stellen. Servieren Sie es zimmerwarm.

Verwenden Sie hier nur wirklich frischen Fisch. Am besten schmeckt Ceviche mit Lachs (hier zu sehen), Heilbutt, Steinbutt, Seeteufel und Wolfsbarsch.

① FISCH
WÜRFELN → ② MARINADE
VORBEREITEN → ③ FISCH
MARINIEREN

ZUTATEN

500 g fangfrische halbfeste
oder festfleischige Fischfilets ohne Haut und
Gräten, gekühlt

1 rote Zwiebel, gewürfelt

Saft von 2–3 Zitronen
oder Limetten

1 EL Olivenöl

½ TL scharfes geräuchertes
Paprikapulver
(Pimentón picante)

1 Chilischote, fein gehackt

Salz und frisch gemahlener
schwarzer Pfeffer

2 EL fein gehackte glatte
Petersilie

WURZELGEMÜSE-TEMPURA

Mit diesem schnellen Tempura-Rezept verwandeln sich Wurzel-
gemüse und Lauch in japanische Köstlichkeiten. Reichen Sie dazu
eine süße Chilisauce.

FÜR 4–6 PERSONEN • FERTIG IN: 20–25 MIN.

- 1 Pastinake, gestiftelt
- ½ kleine weiße Rübe, gewürfelt
- ½ kleiner Sellerieknolle, in Stücke geschnitten
- 1 große Karotte, gestiftelt
- 1 Lauchstange, in Stücke geschnitten
- 2 EL Speisestärke
- Sonnenblumenöl zum Frittieren

FÜR DEN TEIG

- 85 g Mehl mit ¾ TL Back-pulver vermischt
- 85 g Speisestärke
- 200 ml Mineralwasser
- 2 TL Sonnenblumenöl
- ½ TL Salz
- ¾ TL Kreuzkümmelsamen

GEMÜSE VORBEREITEN

Pastinake   Karotte   Sellerie   Rübe   Lauch

1 BLANCHIEREN

GROSSER TOPF

kochendes Wasser

Das Gemüse 2 Minuten blanchieren (kurz kochen) ...

2 ABGIESSEN

SIEB

... dann abgießen.

4 MEHLIEREN

Speisestärke

3 TROCKNEN

KÜCHENPAPIER

Mit Stärke bestreuen und darin wenden.

IN DER ZWISCHENZEIT DAS ÖL BEI STARKER HITZE IN EINEM GROSSEN WOK ERHITZEN.

IN PORTIONEN FRITTIEREN

TEIG ANRÜHREN

5 RÜHREN

Speisestärke

Kreuzkümmel

Sonnenblumenöl

Mineralwasser

Salz

Mehl & Backpulver

Die Teigzutaten gründlich miteinander vermengen.

6 DIPPEN

Das Gemüse nacheinander in den Teig tauchen, überschüssigen Teig abschütteln.

GROSSER WOK

7 FRITTIEREN

siedend heißes Öl

Das Gemüse unter gelegentlichem Wenden 2–3 Minuten goldbraun frittieren.

SCHAUM-LÖFFEL

8 ABTROPFEN & SERVIEREN

KÜCHENPAPIER

Die Tempura aus dem Öl heben und abtropfen lassen. Mit einer Dipsauce servieren.

DIE BRUSCHETTA-BAR

Die **Champignons** bei starker Hitze in etwas **Butter** und **Balsamessig** 2 Minuten anbraten, bis sie gebräunt sind.

Balsamico-Champignons mit Frischkäse

Frischkäse, Gurke & Kirschtomate mit Schnittlauch

Eine ganze Reihe von Pesto-Rezepten finden Sie auf S. 136.

Pesto mit Parmesanhobeln

Ricotta, Himbeeren & Honig mit frischer Minze

Beeindrucken Sie Ihre Gäste mit einer bunten Auswahl an Bruschetta-Variationen. Servieren Sie die italienische Vorspeise als Buffet zur Selbstbedienung. Beträufeln Sie dünne Baguettescheiben als Unterlage mit Olivenöl und grillen oder rösten Sie sie von beiden Seiten knusprig.

Frisch gemahlener **schwarzer Pfeffer**

Tomate, Mozzarella & frisches Basilikum

Gehackte Oliven & eingelegte rote Paprikaschoten mit cremigem Ziegenkäse

Mango- & Avocadowürfel mit frischem Koriander

Die halbierten **Erdbeeren** in **Balsamessig** wenden.

Erdbeeren in Balsamico mit Burrata (oder Büffel-Mozzarella)

ZUTATEN

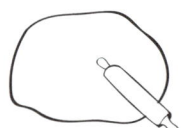

400 g Blätterteig

2 EL rotes Pesto

3 mittelgroße Tomaten, in
Scheiben geschnitten

2–3 EL Harissa-Paste
(nach Belieben)

1 EL Olivenöl

100 g Feta

einige frische Thymian-
zweige, Blätter abgezupft

DER PLAN! ① **TEIG
VORBEREITEN** → ② **BELEGEN** → ③ **BACKEN**

FETA-TARTE MIT TOMATEN & ROTEM PESTO

Dieses lecker anzusehende Gericht ist auch dann noch schnell zubereitet, wenn die Gäste bereits bei Drinks und Snacks zusammensitzen, und schmeckt auch Vegetariern. Garnieren Sie die Tarte mit Rucola oder reichen Sie einen grünen Salat dazu.

FÜR 6 PERSONEN • FERTIG IN: 20 MIN.

❶ TEIG VORBEREITEN

Den Backofen auf 200 °C vorheizen. Den Teig auf einer bemehlten Arbeitsfläche zu einem großen Rechteck oder Quadrat ausrollen. Auf ein Backblech legen und mit einem scharfen Messer rundum einen 5 cm breiten Rand an-, aber nicht durchschneiden. Dann den Rand von außen rundum mit dem Messerrücken einritzen. Dadurch geht er leichter auf.

❷ BELEGEN

Den Teig innerhalb des Rands mit dem Pesto bestreichen. Die Tomaten mit der Schnittseite nach oben darauf verteilen. Harissa (nach Belieben) mit dem Olivenöl verrühren und über die Tarte träufeln. Mit zerkrümeltem Feta und den Thymianblättern bestreuen.

❸ BACKEN

Die Tarte etwa 15 Minuten backen, bis der Teig aufgegangen und goldgelb ist. Heiß servieren.

Sie können die unterschiedlichsten Beläge für diese Tarte zusammenstellen. Wie wäre es beispielsweise mit Sardellen, Oliven oder eingelegten Artischockenherzen? Sie können den Thymian durch Basilikum und die Harissa-Paste durch Chili- oder Knoblauchöl ersetzen. Wenn Sie Ihr Pesto selber machen (siehe S. 136–137), ist das die Gelegenheit, ein wenig damit anzugeben!

GUO-TIE-TEIGTASCHEN

Diese chinesischen Teigtaschen werden von außen knusprig gebraten und dann gedämpft, um die Füllung zu garen. Reichen Sie dazu Sojasauce oder süße Chilisauce.

ERGIBT 36 TEIGTASCHEN • FERTIG IN: 20–30 MIN.

- 36 Wan-Tan-Blätter
- 1 TL Sesamöl
- Mehl zum Bestäuben

FÜR DIE FÜLLUNG
- 400 g Schweinehackfleisch
- 100 g Weißkohl, klein geschnitten
- 100 g Zwiebel, fein gehackt
- 50 g frischer Ingwer, fein gehackt
- 100 g Frühlingszwiebeln, gehackt
- 3 Knoblauchzehen, zerdrückt
- 2 TL Sesamöl
- 1 EL Hoisin-Sauce
- 2 EL Reiswein

Für eine vegetarische Füllung
ersetzen Sie das Hackfleisch durch 400 g fein gehackte Shiitake-Pilze, lassen Zwiebel und Ingwer weg, halbieren die Menge der Frühlingszwiebeln und des Sesamöls und fügen 1 TL Salz und 50 g fein gehackten Koriander hinzu.

FÜLLUNG ZUBEREITEN

1 MISCHEN

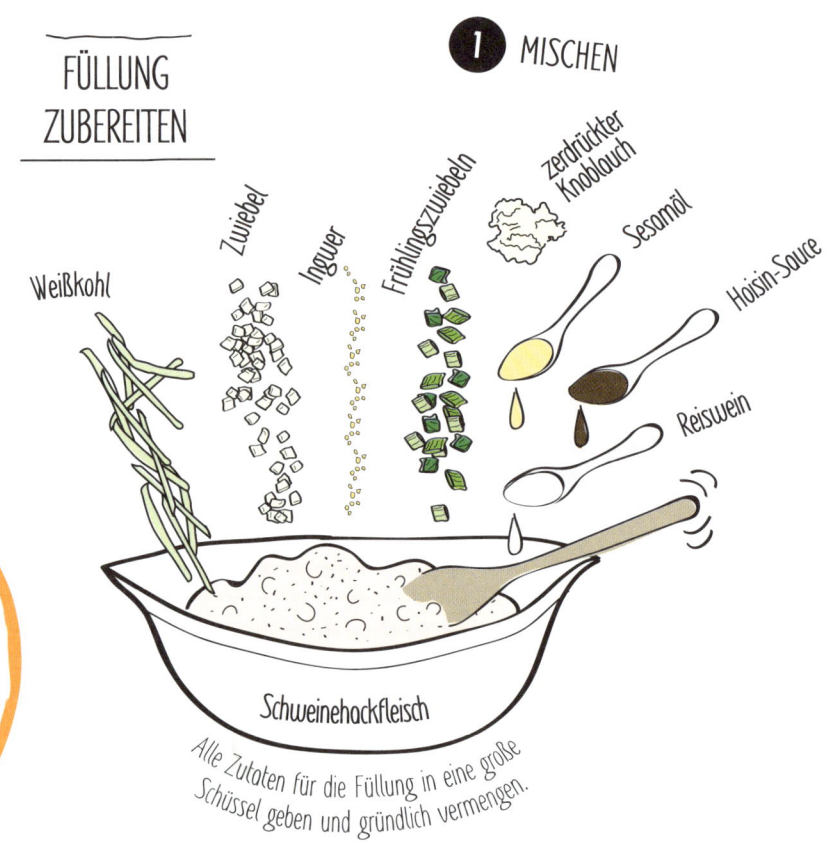

Weißkohl • Zwiebel • Ingwer • Frühlingszwiebeln • zerdrückter Knoblauch • Sesamöl • Hoisin-Sauce • Reiswein • Schweinehackfleisch

Alle Zutaten für die Füllung in eine große Schüssel geben und gründlich vermengen.

TEIGTASCHEN FÜLLEN

dünne Mehlschicht

2 FÜLLEN

Wan-Tan-Blätter

Die Wan-Tan-Blätter auf eine leicht bemehlte Fläche legen. 1 EL Füllung in die Mitte jedes Blatts geben.

3 FALTEN & SCHLIESSEN

Wasser

Die Blattränder mit dem Finger mit Wasser befeuchten.

Das Blatt über Eck über die Füllung schlagen, sodass ein Dreieck entsteht.

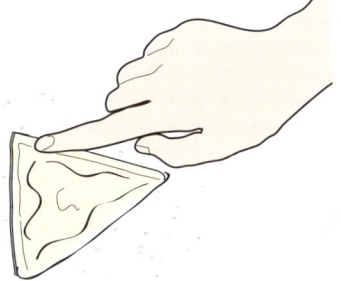

Die Ränder mit den Fingern zusammendrücken.

BRATEN, DÄMPFEN & SERVIEREN

4 BRATEN

GROSSE BESCHICHTETE PFANNE

Das Öl bei mittlerer Hitze erhitzen.

Die Teigtaschen in mehreren Portionen 1–2 Minuten von jeder Seite braten, bis sie gebräunt sind.

5 DÄMPFEN

Wasser

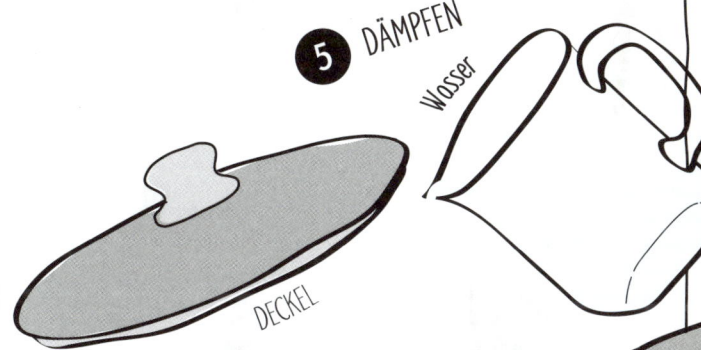

DECKEL

50 ml Wasser in die Pfanne geben, abdecken und 3–5 Minuten dämpfen. Aus der Pfanne heben und sofort servieren.

Um Zeit zu sparen, die Taschen in Portionen zubereiten und jeweils die nächste Portion füllen, während die vorherige dämpft.

RUSSISCHE EIER

Diese leicht zuzubereitenden Eier mit dem gewürzten Eigelb sind ein beliebter Klassiker. Auf der nächsten Party oder beim Picknick sind sie schneller weg, als Sie gucken können!

FÜR 4 PERSONEN • FERTIG IN: 18 MIN.

ZUTATEN

- 6 Eier
- 1 TL Senf
- 1 TL scharfes Paprikapulver, plus Paprikapulver zum Bestäuben
- 3 EL Mayonnaise
- Salz und frisch gemahlener schwarzer Pfeffer
- 3 Kirschtomaten, geviertelt
- 1 EL gehackter Schnittlauch

❶ EIER KOCHEN

Die Eier in einem großen Topf mit reichlich Wasser bedecken. Zum Kochen bringen, dann die Temperatur reduzieren und 8 Minuten köcheln lassen. Die Eier herausheben und zum Abkühlen in kaltes Wasser legen. Schälen und längs halbieren.

❷ EIGELB WÜRZEN

Die Eigelbe auslösen und in eine Schüssel geben. Senf, Paprikapulver und Mayonnaise hinzugeben und mit der Gabel gründlich miteinander vermischen. Mit Salz und Pfeffer abschmecken.

❸ EIER FÜLLEN & SERVIEREN

Das gewürzte Eigelb auf die Eierhälften verteilen und jedes Ei mit einer geviertelten Kirschtomate garnieren. Mit Schnittlauch bestreuen, mit Paprikapulver bestäuben und kalt servieren.

> **Statt der Kirschtomaten**
> können Sie zum Garnieren auch gehackte Oliven, Räucherlachs, Baconstücke oder sonnengetrocknete Tomaten verwenden.

DER PLAN!

 ❶ EIER KOCHEN → ❷ EIGELB WÜRZEN → ❸ EIER FÜLLEN & SERVIEREN

MINI-QUICHES

Diese kleinen Quiches sind schnell und einfach zuzubereiten und ein schönes Fingerfood für Partys, Buffets und Picknicks. Sie brauchen eine Küchenmaschine zum Teigkneten und ein Muffinblech mit 12 Mulden zum Backen. Die Mengen sind für 12 Mini-Quiches berechnet.

UND SO GEHT'S

- 120 g Butter, gekühlt und gewürfelt, plus Butter zum Einfetten
- 225 g Mehl
- 1 TL Zucker
- 1 TL Salz
- 6 Eier (Größe L), verquirlt
- 250 ml Milch

Den Backofen auf 180 °C vorheizen und das Muffinblech einfetten.

Für den Teig Butter, Mehl, Zucker und Salz in die Küchenmaschine geben und mit der Intervallschaltung fein krümelig verrühren. Nach und nach 4 EL kaltes Wasser hinzugeben, bis ein Teig entsteht. Den Teig in 12 Portionen aufteilen und dünn in die Mulden des Muffinblechs drücken.

Für die Füllung Eier und Milch in einer Schüssel miteinander verquirlen. Die Füllung (eine der Kombinationen rechts oder auch eine Eigenkreation) hinzugeben und gut vermengen. In die Teigschalen füllen und 20 Minuten auf mittlerer Schiene backen, bis der Teig goldgelb und das Ei gestockt ist. Die Quiches schmecken heiß am besten.

BACON & CHILISAUCE
- 200 g gebratener und zerkrümelter Bacon
- 200 g geriebener Cheddar
- 75 g gehackte Frühlingszwiebel
- 2 EL Chilisauce

SÜSSKARTOFFEL & ROSMARIN
- 50 g Ziegenkäse
- 100 g Burrata (oder Büffelmozzarella)
- 1 TL Chiliflocken
- 100 g geriebene Süßkartoffel
- 2 EL gehackter Rosmarin

SCHINKEN & ROTE PAPRIKASCHOTE
- 100 g gekochter Schinken
- 100 g gehackte rote Zwiebel
- 100 g gehackte rote Paprikaschote
- 100 g geriebener Cheddar

ROTE BETE & GRÜNKOHL
- 100 g geriebene Rote Bete
- 100 g geriebene Karotten
- 100 g geriebener Gruyère
- 50 g fein gehackter Grünkohl
- 100 g gehackte rote Zwiebel

BRATWURST & BASILIKUM
- 100 g karamellisierte Schalotte
- 50 g geriebener Gruyère
- 150 g gebratene Bratwurst in Scheiben
- 50 g gehacktes Basilikum

SPINAT & CHAMPIGNONS
- 200 g gehackter Spinat
- 100 g gehackte rote Zwiebel
- 100 g gehackte Tomate
- 100 g Champignons in Scheiben
- 50 g gehackte Frühlingszwiebel

DIE PERFEKTE AUFSCHNITTPLATTE

Eine Auswahl an Aufschnitt ist eine schöne Vorspeise für ein zwangloses Tapas-Essen zu guten Drinks. Wenn Sie dazu auch eine Käseplatte (siehe S. 174–175) servieren, haben Sie ein wunderbares Essen, an dem sich alle so bedienen können, wie sie möchten.

4 Pfirsichkonfitüre

3 Leberpaté

4 Dijonsenf

DER AUFSCHNITT

Die größte Auswahl bietet Schweinefleisch (es geht aber auch mit anderem Fleisch). Servieren Sie pro Person 3 Scheiben von je drei oder vier unterschiedlichen Fleischarten.

1 LUFTGETROCKNETES & GERÄUCHERTES
Bieten Sie 2–3 unterschiedliche Sorten an, wie:
Serranoschinken – ein fester spanischer Bergschinken mit süßem Geschmack.
Coppa (auch Capocollo oder Capicola) – ein marmorierter italienischer Schinken aus Schweineschulter oder -nacken.
Parmaschinken (Prosciutto di Parma) – ein berühmter süßer, salziger und saftiger italienischer Schinken.
Auch schön: Ibericoschinken, Bellota oder Schinkenspeck.

2 DAUERWURST
Bieten Sie 1–2 Dauerwürste an, wie:
Chorizo – eine saftige spanische Wurst mit scharfem oder edelsüßem geräuchertem Paprikapulver.
Auch schön: Salchichón, Saucisson sec oder Salami.

DIE BEILAGEN

Servieren Sie eine Auswahl an Beilagen und achten Sie auf unterschiedliche Geschmacksrichtungen und Konsistenzen, die mit dem Aufschnitt für interessante Kombinationen sorgen.

3 PATÉS & TERRINEN
Diese gebackenen Köstlichkeiten bieten eine ganz eigene Textur. Probieren Sie **Hähnchenleberpaté**, Schweinerillette oder Rieslingpaté.

4 SÜSSE UND HERZHAFTE AUFSTRICHE
Bieten Sie 1–2 süße Aufstriche, wie **Pfirsichkonfitüre** oder **Wabenhonig** und 1 herzhafte Variante, wie **Dijon**- oder süßen Senf.

5 OLIVEN & PICKLES
Ohne 2–3 sauer eingelegte Gemüsesorten wie **grüne Oliven**, **Perlzwiebeln**, **Gewürzgurken** oder Okraschoten geht es einfach nicht.

6 SALAT & KRÄUTER
Ein schlichter grüner Salat mit **Rucola**, Blattsalaten oder Dill bietet ein leichtes, frisches Gegengewicht zu den kräftigen Fleischnoten.

7 BROT
Servieren Sie eine Auswahl an Broten und Kräckern wie **Knäckebrot**, **Brotstangen** und Baguettescheiben.

2 Chorizo

4 Wabenhonig

5 Grüne Oliven

1 Serranoschinken

7 Brotstangen

5 Gewürzgurken

1 Parmaschinken

6 Rucola

1 Coppa

5 Perlzwiebeln

7 Knäckebrot

CREMIGE RÄUCHERLACHS-SPAGHETTI

Hier kommen ein paar wenige Zutaten zu einem einfachen, aber eleganten Mahl voller Geschmack zusammen. Dill und Lachs sind einfach die perfekte Kombination!

FÜR 4 PERSONEN • FERTIG IN: 15 MIN.

ZUTATEN

- 300 g Spaghetti
- Salz und frisch gemahlener schwarzer Pfeffer
- 200 g Crème fraîche (Halbfettstufe)
- 125 g Räucherlachs, in Streifen geschnitten
- 1 EL fein gehackte Kapern, abgespült, mehr nach Belieben
- fein abgeriebene Schale von ½ Bio-Zitrone
- 2 EL fein gehackter Dill
- fein geriebener Parmesan zum Servieren

❶ PASTA KOCHEN

Die Spaghetti in einem großen Topf mit sprudelndem Salzwasser nach Packungsanweisung kochen.

❷ CRÈME FRAÎCHE & LACHS MISCHEN

In der Zwischenzeit die Crème fraîche in einer Schüssel glatt rühren. Lachs, Kapern, Zitronenschale und Dill hinzugeben und mit Salz und Pfeffer abschmecken.

❸ DURCHHEBEN, ERHITZEN & SERVIEREN

Die Spaghetti abgießen (dabei eine Kelle Wasser auffangen) und mit dem aufgefangenen Wasser wieder in den Topf geben. Lachssauce und Pasta durchheben und unter Rühren gerade so lange erhitzen, dass die Pasta die Sauce aufnehmen kann und die Sauce heiß ist. Die Sauce bei Bedarf mit etwas mehr von dem aufgefangenen Wasser verdünnen. Mit Parmesan servieren.

 **DER PLAN!**  **PASTA KOCHEN** →  **CRÈME FRAÎCHE & LACHS MISCHEN** → **DURCHHEBEN & SERVIEREN**

JAKOBSMUSCHELN MIT PANCETTA

Verwöhnen Sie Ihre Freunde mit dem Geschmack der See! Jakobsmuscheln sind so schnell fertig, dass Sie gerade Zeit haben, eine Jus aus Pancetta und Balsamessig zu kochen. Reichen Sie dazu Pasta oder Brot.

FÜR 4 PERSONEN • FERTIG IN: 20 MIN.

ZUTATEN

- 12 frische Jakobsmuscheln, mit oder ohne Rogen (siehe Tipp)
- Salz und frisch gemahlener schwarzer Pfeffer
- 1–2 EL Olivenöl
- 125 g Pancetta (ital. Speck), gewürfelt
- 1 großzügiger Spritzer Crema di Balsamico
- 2 Handvoll Spinatblätter ohne Stiele
- Saft von 1 Zitrone

1 JAKOBSMUSCHELN BRATEN

Die Jakobsmuscheln mit Küchenpapier trocken tupfen und salzen und pfeffern. Das Öl bei mittlerer bis starker Hitze in einer beschichteten Pfanne erhitzen. Die Jakobsmuscheln am Pfannenrand aufreihen. 1–2 Minuten von einer Seite anbraten, dann wenden, beginnend mit der ersten, die in die Pfanne gelangt ist. Sobald der Kreis vollendet ist, die Jakobsmuscheln aus der Pfanne nehmen (wieder mit der ersten beginnend) und warm stellen.

2 PANCETTA BRATEN & SAUCE KOCHEN

Den Pancetta in die gleiche Pfanne geben und 2–3 Minuten knusprig braten. Crema di Balsamico in die Pfanne geben und die Temperatur erhöhen, die Sauce 2–3 Minuten kochen lassen, um den Bodensatz zu lösen. Die Jakobsmuscheln mit der Sauce übergießen.

3 SPINAT ERWÄRMEN

Den Spinat in die Pfanne geben. 2–3 Minuten unter Rühren erwärmen, bis er zusammenfällt. Mit Zitronensaft beträufeln und sofort mit den Jakobsmuscheln und der Pancetta-Sauce servieren.

TIPP — Kaufen Sie bereits ausgelöste Jakobsmuscheln, um Zeit zu sparen. Man bekommt sie problemlos an den meisten Fischtheken. Unter Umständen müssen Sie noch den Rogen entfernen — das ist der essbare rote, weiche Teil der Muschel, den manche Menschen nicht mögen. Wenn Sie Ihre Muscheln lieber ohne Rogen mögen, schneiden Sie ihn vor dem Braten mit einem scharfen Messer ab.

DER PLAN!   **1** JAKOBSMUSCHELN BRATEN → **2** PANCETTA BRATEN & SAUCE KOCHEN → **3** SPINAT ERWÄRMEN

MARINIERTE MUSCHELN

Dieser französische Klassiker ist ein leckeres Essen für Freunde – Sie können die Muscheln mit den Fingern essen und die leeren Schalen als Besteck verwenden.

FÜR 4 PERSONEN • FERTIG IN: 20 MIN.

- 3,5 kg frische Miesmuscheln, geputzt
- 60 g Butter
- 2 Zwiebeln, fein gehackt
- 2 Knoblauchzehen
- 600 ml trockener Weißwein
- 4 Lorbeerblätter
- 2 Thymianzweige
- Salz und frisch gemahlener schwarzer Pfeffer
- 2–4 EL gehackte Petersilie
- ofenfrisches Brot zum Servieren

MUSCHELN VORBEREITEN

WASSERHAHN

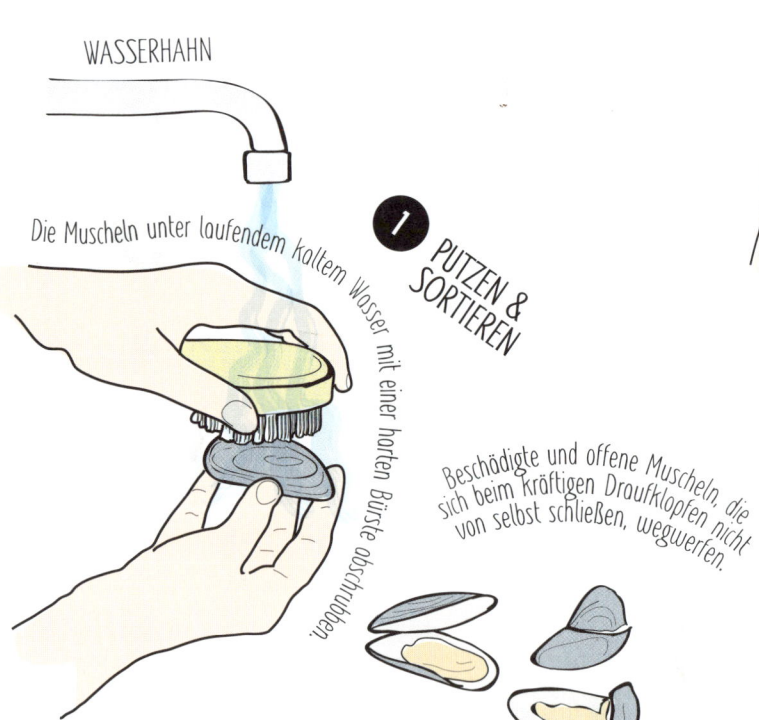

Die Muscheln unter laufendem kaltem Wasser mit einer harten Bürste abschrubben.

1 PUTZEN & SORTIEREN

Beschädigte und offene Muscheln, die sich beim kräftigen Draufklopfen nicht von selbst schließen, wegwerfen.

SCHARFES MESSER

2 BÄRTE ABZUPFEN & WASCHEN

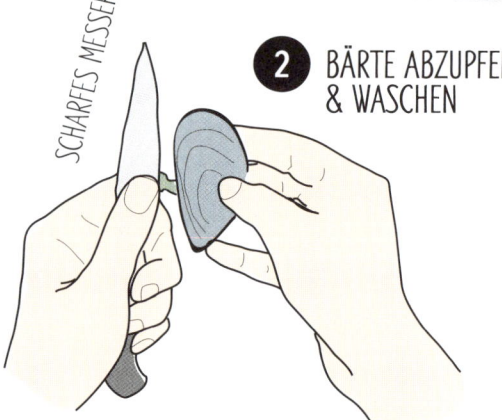

Die »Bärte« mit einem kräftigen Ruck abziehen und wegwerfen. Die Muscheln erneut abspülen.

Die »Bärte« sind dünne Fäden, mit denen sich die Muscheln an Flächen verankern. Sie sind ungenießbar und müssen entfernt werden.

MUSCHELN KOCHEN

3 ANDÜNSTEN

Butter & Zwiebeln

GROSSER TOPF

Die Butter bei mittlerer Hitze zerlassen und die Zwiebel glasig andünsten.

4 KOCHEN

Salz

Pfeffer

Lorbeerblätter

Knoblauch

Muscheln

Thymian

Wein

Muscheln, Knoblauch, Wein, Lorbeerblätter, Thymian, Salz und Pfeffer hinzugeben. Die Temperatur erhöhen und aufkochen.

5 ABDECKEN & SCHÜTTELN

Den Topf gelegentlich schütteln.

Abdecken und 5 Minuten kochen lassen.

Petersilie

6 GARNIEREN & SERVIEREN

Alle geschlossenen Muscheln wegwerfen und die Petersilie einrühren. Sofort mit dick geschnittenem, knusprigem Brot servieren.

THAI-FISCHKÜCHLEIN

Sie können diese pikanten Fischküchlein mit einer süßen Chilisauce zum Dippen als Vorspeise servieren oder als Hauptgang. Hierfür Nudeln mit Sesamöl, klein geschnittenen Frühlingszwiebeln und Sojasauce durchheben und dazu servieren.

FÜR 4 PERSONEN • FERTIG IN: 20 MIN.
SIE BRAUCHEN: KÜCHENMASCHINE

1 ZUTATEN PÜRIEREN

Alle Zutaten mit Ausnahme von Ei, Gewürzen und Öl in die Küchenmaschine geben und zu einer groben Paste pürieren, dabei die Paste ein oder zwei Mal von der Wand lösen. Ei und reichlich Salz und Pfeffer hinzugeben und erneut pürieren.

2 KÜCHLEIN FORMEN

Etwas Öl bei mittlerer bis hoher Temperatur in einer großen Pfanne erhitzen. 1 EL der Mischung hineingeben und leicht flach drücken. Das Küchlein sollte etwa 2 cm dick sein. Wiederholen, bis die Mischung aufgebraucht ist, dabei die Pfanne nicht überfüllen (im Zweifelsfall in mehreren Portionen braten und zusätzliches Öl hinzugeben).

3 KÜCHLEIN BRATEN

Die Fischküchlein 1–2 Minuten von jeder Seite goldgelb braten, dabei vorsichtig wenden. Auf einem mit Küchenpapier ausgelegten Teller abtropfen lassen. Mit süßer Chilisauce beträufeln und heiß mit frischen Limettenspalten und Rucola servieren.

TIPP — Sie können küchenfertige Garnelen (frisch oder tiefgekühlt) verwenden. Tiefkühl-Garnelen müssen aber vollständig aufgetaut sein.

Mini-Küchlein sind ein sehr schönes Hors d'œuvre. Sie können sie bis zu 1 Tag im Voraus zubereiten und luftdicht verpackt im Kühlschrank aufbewahren. Wärmen Sie sie vor dem Servieren im heißen Backofen auf.

DER PLAN!

① ZUTATEN PÜRIEREN → **②** KÜCHLEIN FORMEN → **③** KÜCHLEIN BRATEN

ZUTATEN

300 g gekochte, ausgelöste und entdarmte Garnelen

3 Knoblauchzehen, geschält

1 kleine Handvoll Korianderblätter

2 scharfe rote Chilischoten, entkernt

1 Spritzer thailändische Fischsauce

1 Spritzer dunkle Sojasauce

1 kleine Handvoll Basilikumblätter

Saft von 2 Limetten, plus Limettenspalten zum Servieren

1 Ei

Salz und frisch gemahlener schwarzer Pfeffer

3–4 EL Pflanzen- oder Sonnenblumenöl

süße Chilisauce zum Servieren

Rucola zum Servieren

ZUTATEN

8 EL Sojasauce

8 EL chinesischer Reiswein
oder trockener Sherry

6 EL dünn geschnittener
Ingwer

4 kleine Wolfsbarsche, aus-
genommen und abgespült

2 EL Sesamöl

1 TL Salz

4 Frühlingszwiebeln, geputzt
und dünn geschnitten

8 EL Sonnenblumenöl

4 Knoblauchzehen, gehackt

2 kleine rote Chilischoten,
entkernt und in dünne
Ringe geschnitten

abgeriebene Schale von
2 Bio-Limetten

1 kleine Handvoll gehackte
Korianderblätter zum
Servieren

DER PLAN!

1 SAUCE ZUBEREITEN → 2 FISCHE WÜRZEN → 3 ZUM DÄMPFEN VORBEREITEN → 4 FISCHE DÄMPFEN

CHINESISCHER RÄUCHERBARSCH

Mit diesem Gericht beeindrucken Sie Ihre Freunde, ohne sich viel Mühe zu machen. Reichen Sie dazu Basmatireis oder vietnamesische Glasnudeln – und Sie haben eine gesunde, schnelle Mahlzeit, die auch einem Restaurant zur Ehre gereichen würde.

FÜR 4 PERSONEN • FERTIG IN: 20 MIN.
SIE BRAUCHEN: ZWEISTÖCKIGER DÄMPFEINSATZ ODER GROSSES DÄMPFGITTER

❶ SAUCE ZUBEREITEN

Einen zweistöckigen Dämpfeinsatz vorbereiten oder ein Dämpfgitter auf einen Wok mit Wasser legen. Wasser zum Kochen bringen. Sojasauce, Reiswein und 4 EL Ingwer miteinander verrühren und beiseitestellen.

❷ FISCHE WÜRZEN

Den Fisch auf beiden Seiten mit einem scharfen Messer mehrfach mit 2,5 cm Abstand einschneiden, aber nicht bis zu den Gräten durchschneiden. Von außen und innen mit Sesamöl und Salz einreiben.

❸ ZUM DÄMPFEN VORBEREITEN

Ein Viertel der Frühlingszwiebeln in einer hitzebeständigen Servierschale verteilen, die Platz für zwei Fische bietet und in den Dämpfeinsatz passt. 2 Fische in die Schale legen und mit der Hälfte der Sauce übergießen. Die beiden übrigen Fische in der zweiten Schale übergießen. Bei Verwendung eines Dämpfgitters eine für alle vier Fische ausreichende Form nehmen.

❹ FISCHE DÄMPFEN

Die Schalen in den Dämpfeinsatz oder die große Schale auf das Dämpfgitter setzen, 10–12 Minuten dämpfen, bis die Fische gar sind und sich das Fleisch leicht von den Gräten löst. Aus dem Einsatz nehmen, abdecken und warm stellen.

❺ GARNIEREN & SERVIEREN

In der Zwischenzeit das Öl bei mittlerer bis starker Temperatur in einem kleinen Topf erhitzen, bis es leicht schimmert. Die Fische mit den übrigen Frühlingszwiebeln und Ingwer sowie mit Knoblauch, Chilischote und Limettenschale bestreuen. Mit dem heißen Öl beträufeln und mit gehacktem Koriander servieren.

TIPP – Lassen Sie die Fische vom Fischhändler ausnehmen, das spart Zeit!

AUFGESPIESST

Jakobsmuscheln, Pfirsich & rote Zwiebel/

Garnelen, rote Paprikaschote, Ananas & rote Zwiebel

Schweinefleisch, Ananas & rote Zwiebel

Lachsfilet, rote und grüne Paprikaschote & Zwiebel

MARINADE

Je 1 Teil
Olivenöl und
Zitronensaft.

4 Teile Sojasauce,
2 Teile Wasser und je
1 Teil brauner Zucker und rote
Chilischote.

3 Teile Honig
2 Teile Limettensaft
und 1 Teil Cayennepfeffer.

4 Teile Hoisin-Sauce,
je 1 Teil Honig, Limettensaft
und zerdrückter Knoblauch sowie fein
gehackter Ingwer und Chiliflocken nach
Geschmack.

Lassen Sie diese verführerischen Spieße 1 Stunde marinieren, wenn Sie Zeit haben, oder bepinseln Sie sie einfach großzügig mit der Marinade und legen Sie sie sofort auf den Grill. Holzspieße müssen mindestens 30 Minuten wässern, damit sie auf dem Grill nicht anbrennen.

Zitrus-Garnelen & Knoblauch

Hähnchen, rote und gelbe Paprikaschote, Champignons & Bacon

Rinderfilet, Kirschtomaten & kleine Frühkartoffeln

Halloumiwürfel, grüne und gelbe Zucchini & gelbe Paprikaschote

2 Teile **Olivenöl**, je 1 Teil **Zitronensaft** und zerdrückter **Knoblauch** sowie **Salz** und **Pfeffer** nach Geschmack.

5 Teile **brauner Zucker**, 2 Teile **Kreuzkümmel** und 1 Teil **Chiliflocken**.

Je 1 Teil **Olivenöl**, **Balsamessig** und fein gehackter **frischer Rosmarin**.

Je 3 Teile **Olivenöl** und fein gehackte **frische grüne Kräuter** und 2 Teile **Zitronensaft**.

SAUCEN-MEDLEY

100 g **Petersilie** mit je 50 g frischem **Koriander**
und **Oregano**, 5 **Knoblauchzehen**, je 4 EL **Olivenöl**,
Mayonnaise und **saurer Sahne**, dem Saft
von 1 **Limette**, 1 großen **Avocado** und
1 Prise **Chiliflocken** mixen.

Honigsenf

Cremiges Chimichurri

150 g **körnigen Senf**
mit 4 EL **Honig** und
2 EL **Zitronensaft** verrühren.

175 g **griechischen Joghurt** mit dem
Saft von 2 **Zitronen**, 2 EL **Currypulver**
und je 2 TL **Cayennepfeffer** sowie
Knoblauchgranulat verrühren.

300 g **Tomaten** mit 1 EL **milder**
grüner Chilischote, 100 g roter
Zwiebel, 2 **Knoblauchzehen**,
1 TL **Chiliflocken**, 2 EL
scharfer Chilisauce, dem
Saft von 1 **Limette**,
50 g frischem **Koriander**
und **Salz** und frisch
gemahlenem **schwarzem**
Pfeffer mixen.

Tomaten-Salsa

Curry-Joghurt

Gibt es eine bessere Möglichkeit, als Ihre Grillspieße (siehe S. 198–199) mit einer oder mehreren Dipsaucen zu veredeln? Pikant, süß, cremig oder kräftig – hier findet jeder etwas. Die Zutaten werden einfach schnell gemischt und gelegentlich auch im Mixer püriert. Die Mengen sind für 4 Personen berechnet.

250 g **griechischen Joghurt** mit dem Saft von 2 **Limetten** und je 4 EL gewürfelter **Gurke** und fein gehacktem **Koriander** verrühren.

Erdnuss & Limette

4 EL **Erdnussbutter** mit 2 EL **Sojasauce**, dem Saft von 2 **Limetten**, 2 **Knoblauchzehen** und 2 EL **Olivenöl** mixen.

Tsatsiki

4 EL **scharfe Chilisauce** mit 150 ml **Sojasauce** und 4 EL **Honig** verrühren.

Sojasauce & Wasabi

125 ml **Sojasauce** mit 2 EL **Wasabi-Paste** verrühren.

Süß & sauer

GEBRATENE ENTENBRUST MIT HIMBEERSAUCE

Beeindrucken Sie Ihre Gäste mit diesem eleganten Gericht, das nicht mal eine halbe Stunde braucht! Die fruchtige Himbeersauce und die knusprige Ente sind eine himmlische Kombination, die mit Spinat und Kartoffelpüree eine vollständige Mahlzeit ergibt.

FÜR 4 PERSONEN • FERTIG IN: 20 MIN.

❶ HAUT EINSCHNEIDEN

Die Haut der Entenbrüste mehrfach mit einem scharfen Messer einschneiden und das Fleisch großzügig mit Salz und Pfeffer einreiben.

❷ ENTE BRATEN

Das Fleisch mit der Hautseite nach unten bei mittlerer bis schwacher Hitze in eine Pfanne legen. Das Fett 10–12 Minuten auslassen. Wenden und weitere 3–5 Minuten von der anderen Seite braten. Zum Ruhen beiseitestellen. Warm stellen.

❸ SAUCE ZUBEREITEN

In der Zwischenzeit die Butter in einer zweiten Pfanne zerlassen. Zucker und Schalotten hineingeben und karamellisieren. Für ein glattes Mus die Himbeeren durch ein Sieb streichen. Himbeermus, Kardamom und Essig in die Pfanne geben und unter regelmäßigem Rühren 5–7 Minuten kochen.

❹ ANRICHTEN & SERVIEREN

Die Entenbrust zum Servieren in dünne Scheiben schneiden, auf einem Vorlegeteller anrichten. Mit der Himbeersauce übergießen und mit einigen ganzen Himbeeren garnieren.

TIPP — Schneiden Sie die Kardamomkapseln mit einer Messerspitze auf und kratzen Sie die Samen heraus. Werfen Sie die Hülsen weg und zerstoßen Sie die Samen im Mörser zu Pulver. Wenn Sie keinen Mörser haben, tun es auch ein Nudelholz und eine robuste Rührschüssel.

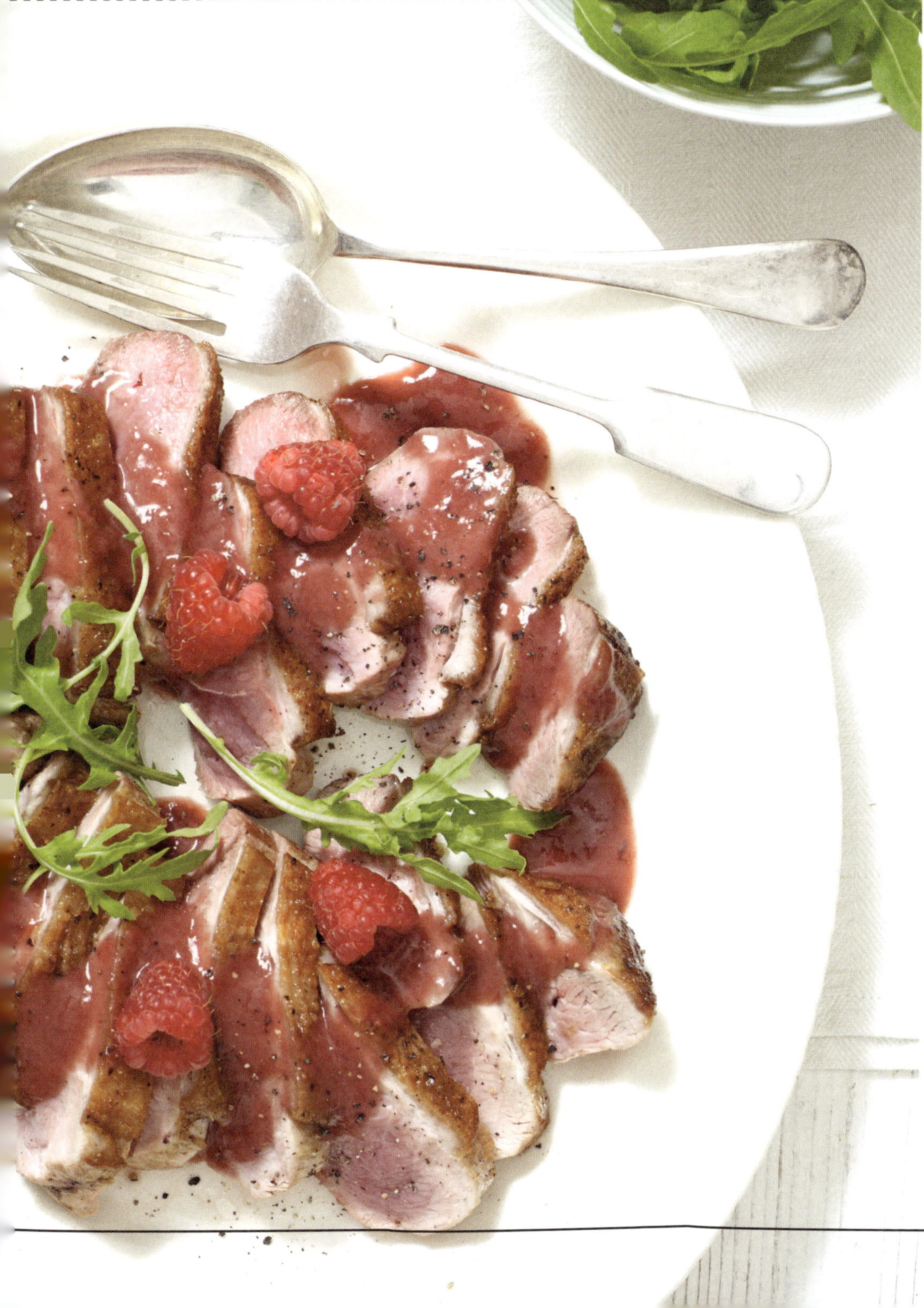

ZUTATEN

600 g Entenbrust mit Haut

Salz und frisch gemahlener schwarzer Pfeffer

FÜR DIE SAUCE

1 EL Butter

1 EL brauner Zucker

100 g Schalotten, fein gehackt

200 g frische Himbeeren, plus einige Himbeeren zum Servieren

Samen aus 4 Kardamomkapseln, zerstoßen

1 EL Rotweinessig

SCHWEINESTEAKS MIT GEBRATENEM APFEL

Mit diesem Gericht können Sie Ihre Gäste bewirten, kaum dass sie eingetroffen sind. Die süßen, karamellisierten Äpfel sind eine schöne und leckere Beilage zum salzigen Schweinefleisch, und der Rahmspinat liefert auf leckere Weise gesundes Eisen.

FÜR 4 PERSONEN • FERTIG IN: 20 MIN.

❶ STEAKS BRATEN

Das Fleisch kräftig mit Salz, Pfeffer und Chiliflocken einreiben. 1 EL Öl in einer großen Pfanne erhitzen und die Steaks je nach Dicke 3–5 Minuten von jeder Seite braten, bis sie gar sind. Mit Alufolie locker abgedeckt warm stellen und ruhen lassen.

❷ ÄPFEL VORBEREITEN

Das restliche Öl und die Butter in die Pfanne geben, aufschäumen lassen. Die Apfelstücke hineingeben, mit Zitronensaft übergießen, mit Zucker bestreuen und mit Salz und Pfeffer würzen.

❸ ÄPFEL KARAMELLISIEREN

Die Äpfel unter gelegentlichem Wenden bei mittlerer Hitze 5–7 Minuten braten, bis sie weich sind und zu karamellisieren beginnen. Mit zwei Pfannenwendern vorsichtig wenden, damit sie nicht auseinanderbrechen.

❹ SPINAT DÜNSTEN

In der Zwischenzeit den Spinat zubereiten. Butter und Öl in einer hohen Pfanne erhitzen. Den Knoblauch 1 Minute andünsten, dann den Spinat hineingeben. Im Fett wenden und 2–3 Minuten dünsten, bis er zart ist. Crème double hinzugeben, kräftig mit Salz und Pfeffer abschmecken, aufkochen und die Sauce etwas reduzieren lassen. Zu den mit je einer Apfelspalte garnierten Schweinesteaks servieren.

① STEAKS BRATEN → **② ÄPFEL VORBEREITEN** → **③ ÄPFEL KARAMELLISIEREN** → **④ SPINAT DÜNSTEN**

ZUTATEN

4 Schweinerückensteaks
(à 100 g) ohne Knochen

Salz und frisch gemahlener
schwarzer Pfeffer

1 TL Chiliflocken

2 EL Olivenöl

1 EL Butter

4 kleine Äpfel, geschält,
entkernt und geviertelt

1 EL Zitronensaft

½ TL Rohrohrzucker
(z. B. Demerarazucker)

FÜR DEN RAHMSPINAT

1 EL Butter

1 EL Olivenöl

1 kleine Knoblauchzehe,
zerdrückt

400 g Babyspinat

100 g Crème double

Salz und frisch gemahlener
schwarzer Pfeffer

LAMMKOTELETTS IN HARISSA-KRUSTE

Geben Sie Ihren Lammkoteletts mit dieser marokkanisch inspirierten Gewürzkruste frischen Pep und reichen Sie dazu Kichererbsenpüree mit Olivenöl und Balsamessig. In weniger als einer halben Stunde haben Sie ein leckeres Festmahl auf dem Tisch.

FÜR 4 PERSONEN• FERTIG IN: 20 MIN.

1 KOTELETTS GRILLEN

Den Backofengrill vorheizen. Die Koteletts auf ein mit Alufolie ausgelegtes Blech legen und auf mittlerer Schiene 8 Minuten von einer Seite grillen.

2 KRUSTE VORBEREITEN

Währenddessen Semmelbrösel, Zitronenschale, Harissa, Koriander und Olivenöl in eine Schüssel geben, salzen und pfeffern und gründlich verrühren.

3 KRUSTE AUFTRAGEN

Die Koteletts wenden, die Kruste auf der ungegrillten Seite verteilen und fest andrücken. Weitere 8 Minuten grillen.

4 KICHERERBSEN KOCHEN

In der Zwischenzeit das Püree zubereiten. Das Öl bei mittlerer Hitze in einem Topf erhitzen und die Zwiebel 5 Minuten anbraten. Den Knoblauch hinzugeben und 2 Minuten braten. Kichererbsen, Zitronensaft und natives Olivenöl extra einrühren und sanft erhitzen.

5 PÜRIEREN

Vom Herd nehmen und mit einem Kartoffelstampfer grob pürieren. Den Koriander einrühren und großzügig salzen und pfeffern. Die Koteletts mit dem Kichererbsenpüree und einem angemachten Tomatensalat servieren.

TIPP — Sie können die Kruste bis zu 3 Tage im Voraus zubereiten und abgedeckt in einem luftdicht schließenden Behälter im Kühlschrank aufbewahren.

1	2	3	4	5
KOTELETTS GRILLEN	KRUSTE VORBEREITEN	KRUSTE AUFTRAGEN	KICHERERBSEN KOCHEN	PÜRIEREN

ZUTATEN

8 Lammkoteletts (à 100 g)

50 g frische Semmelbrösel

fein abgeriebene Schale von 1 Bio-Zitrone

1 EL Harissa-Paste

2 EL fein gehackte Korianderblätter

2 TL Olivenöl

Salz und frisch gemahlener schwarzer Pfeffer

FÜR DAS KICHERERBSENPÜREE

1 EL Olivenöl

1 rote Zwiebel, fein gehackt

2 Knoblauchzehen, fein gehackt

2 Dosen Kichererbsen (à etwa 400 g), abgetropft und abgespült

1½ EL Zitronensaft

2 EL natives Olivenöl extra

2 EL fein gehackte Korianderblätter

Tomatensalat zum Servieren

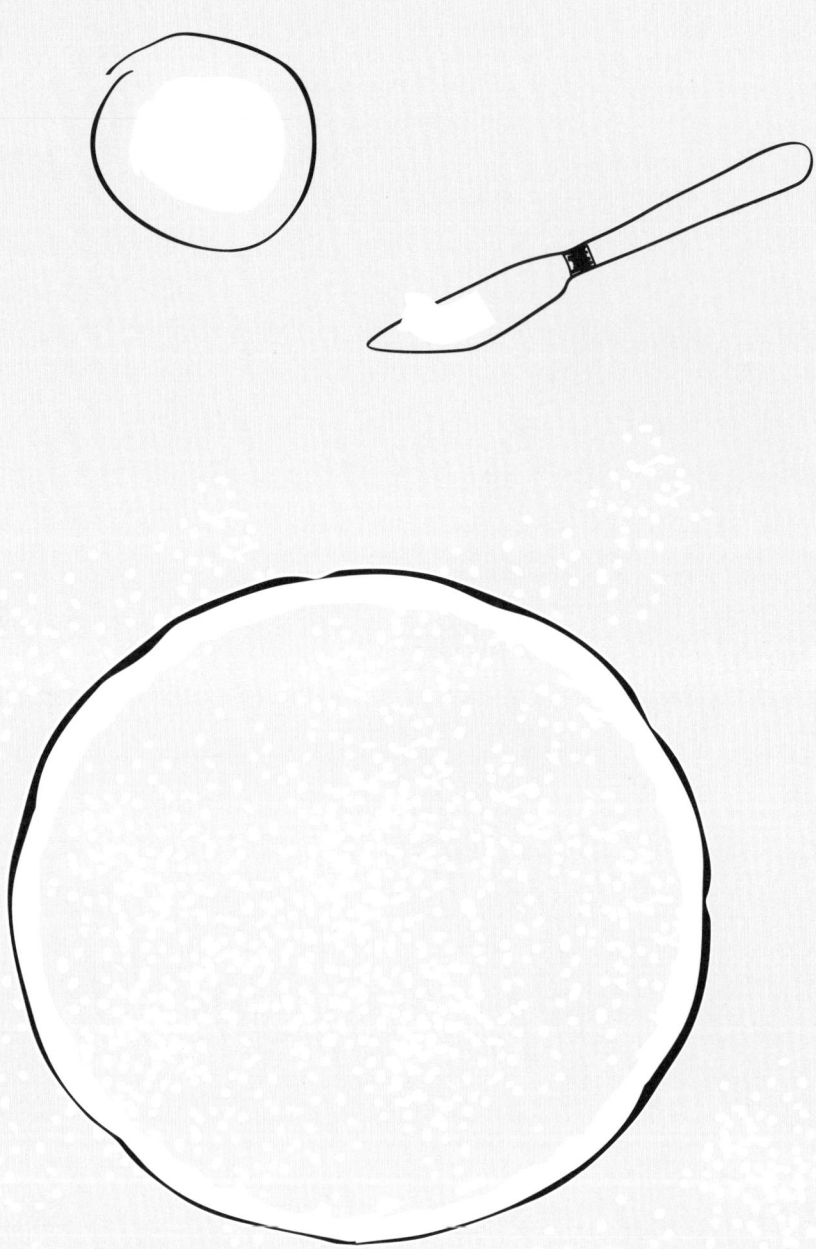

SÜSSES IN KÜRZE

FRISCHE ORANGEN MIT KARAMELL & PASSIONSFRUCHT

Mit dem selbst gemachten Karamell und der frischen Passionsfrucht wird aus Orangen etwas ganz Besonderes! Servieren Sie sie mit frischer Minze, gehackten Pistazien und Joghurt, und Sie erhalten ein farbenfrohes, erfrischendes Dessert.

FÜR 4 PERSONEN • FERTIG IN: 15 MIN.

❶ KARAMELL KOCHEN

Den Zucker mit 2 EL kaltem Wasser in einen Topf geben. Verrühren, dann ohne zu rühren sanft erhitzen, bis der Zucker sich auflöst. Kräftig kochen lassen, bis der Sirup sich satt goldbraun färbt. Vom Herd nehmen und weitere 2 EL kaltes Wasser hinzugeben. Bei sanfter Hitze rühren, bis der Karamell sich auflöst, dann abkühlen lassen.

❷ ORANGEN VORBEREITEN

Deckel und Boden der Orangen abtrennen und die Orangen auf ein Schneidebrett setzen. Sorgfältig die Schale und die weiße Haut abschneiden. Dabei der Form der Frucht folgen, um so viel Fruchtfleisch wie möglich zu erhalten. Die Orangen horizontal in dünne Scheiben schneiden, dabei alle Kerne entfernen. Die Scheiben auf einem Servierteller anrichten und mit ausgetretenem Saft übergießen.

❸ BETRÄUFELN & DEKORIEREN

Die Orangenschalen mit dem Karamell beträufeln und mit Zimt bestreuen. Passionsfrüchte halbieren, die Kerne auslösen und mit den Pistazien (nach Belieben) über die Orangen streuen. Mit Minzeblättern dekorieren und servieren.

DER PLAN!

1. KARAMELL KOCHEN →
2. ORANGEN VORBEREITEN →
3. BETRÄUFELN & DEKORIEREN

ZUTATEN

60 g Zucker

4 Orangen

1 gute Prise Zimt

Kerne von 2 Passionsfrüchten

1 kleine Handvoll gehackte Pistazien (nach Belieben)

1 Handvoll Minzeblätter zum Dekorieren

BUNTE BEEREN MIT WEISSER SCHOKOSAUCE

10 MIN.

Bei diesem erfrischenden und edlen Dessert findet eine warme, cremige Sauce mit süßen, gefrorenen Beeren zusammen – und schafft auch noch auf schöne Weise Platz im Gefrierfach!

FÜR 4 PERSONEN • FERTIG IN: 10 MIN.

ZUTATEN

- 125 g weiße Schokolade, plus etwas geraspelte Schokolade zum Servieren (nach Belieben)
- 150 g Sahne
- 500 g tiefgekühlte Beeren-mischung, z. B. Himbeeren, Erdbeeren, Brombeeren und rote Johannisbeeren

 **SCHOKOLADE SCHMELZEN**

Die Schokolade klein brechen und bei schwacher Hitze in einen Topf geben. Die Sahne hinzugeben und unter ständigem Rühren bis kurz vor dem Kochen erhitzen, bis die Schokolade geschmolzen und gut verrührt ist.

2 **ANRICHTEN & SERVIEREN**

Die Beeren auf 4 Dessertteller ver-teilen. Mit der Schokoladensauce übergießen und nach Wunsch mit geraspelter weißer Schokolade dekoriert servieren.

 **DER PLAN!** **1** SCHOKOLADE SCHMELZEN → **2** ANRICHTEN & SERVIEREN

LITSCHIS MIT INGWER & STERNANIS

Der subtile, duftige Anisgeschmack des Sternanis passt in diesem schnellen und erfrischenden Dessert großartig zu den frischen Litschis und dem Ingwer.

FÜR 4 PERSONEN • FERTIG IN: 10 MIN., PLUS MARINIERZEIT

ZUTATEN

- 2 EL Ingwersirup
- 1 Dose Litschis (etwa 400 ml), abgetropft und 2 TL Saft aufgefangen
- 1 Sternanis
- 2 Stücke Ingwer (à 1 cm), fein gewürfelt
- griechischer Joghurt zum Servieren

❶ SIRUP & SAFT MISCHEN

Ingwersirup und aufgefangenen Litschisaft in eine kleine Schüssel geben und gut verrühren.

❷ ANRICHTEN

Litschis und Sternanis in eine Glasschale geben. Mit dem Ingwer bestreuen und mit der Ingwer-Litschi-Mischung übergießen.

❸ KÜHLEN & SERVIEREN

Mindestens 30 Minuten im Kühlschrank kalt stellen, damit sich die Aromen entfalten können. Auf Dessertgläser verteilen und mit einer Joghurthaube dekoriert servieren.

 **DER PLAN!** ❶ **SIRUP & SAFT MISCHEN** →  ❷ **DESSERT ANRICHTEN** → ❸ **KÜHLEN & SERVIEREN**

WARMES OBSTKOMPOTT

Ein perfektes Dessert für Herbst und Winter, wenn die Saison von frischem Obst vorbei ist. Das Kompott ist süß und würzig und spendet an kalten Tagen wohltuende Wärme. Servieren Sie es mit Joghurt und nach Belieben mit Honig beträufelt.

FÜR 10 PERSONEN • FERTIG IN: 15–20 MIN.

1 FRÜCHTE KOCHEN

Die Butter bei mittlerer Hitze in einem Topf zerlassen. Früchte und Zimtstange hineingeben und unter häufigem Rühren sanft köcheln lassen, bis das Obst vollständig weich ist.

2 ZUCKER EINRÜHREN

Den Zucker einrühren und einige Minuten kochen, bis er sich aufgelöst hat.

3 MIT ZITRONENSAFT BETRÄUFELN & SERVIEREN

Den Topf vom Herd nehmen, das Kompott mit Zitronensaft beträufeln und warm mit einem Löffel Joghurt und mit Honig beträufelt servieren.

TIPP — Sie können das Kompott bis zu 3 Tage im Voraus zubereiten und abgedeckt kalt stellen.

Haben Sie immer einen Beutel tiefgekühlter Kirschen im Gefrierfach und verwenden Sie sie in diesem Rezept statt der Pflaumen und Aprikosen. Das spart Zeit. Übrig gebliebenes Kompott schmeckt großartig im Müsli (siehe S. 30–33).

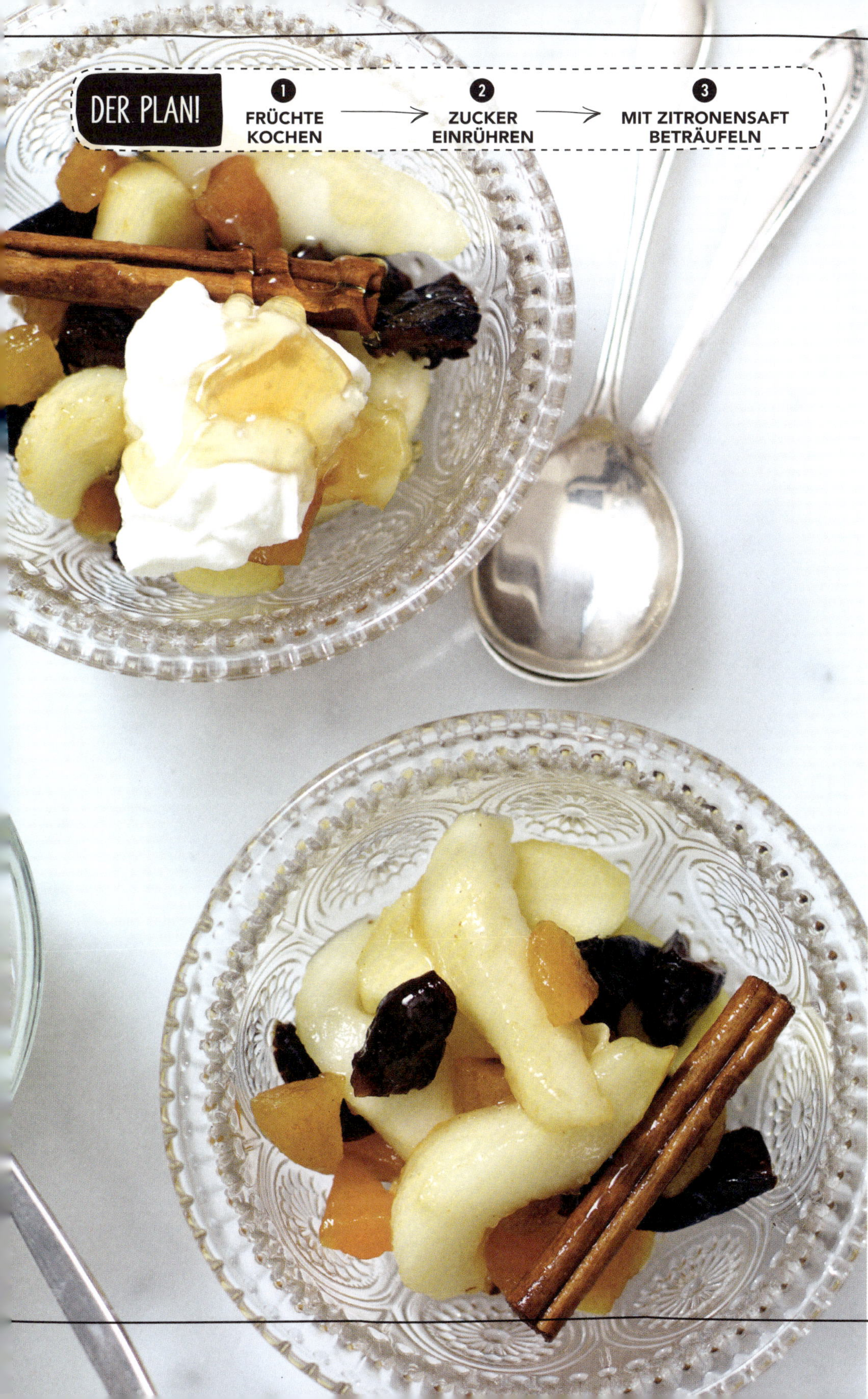

ZUTATEN

30 g Butter

6 getrocknete Pflaumen, in Stücke geschnitten

6 getrocknete Aprikosen, in Stücke geschnitten

2 große Äpfel, geschält, entkernt und in Stücke geschnitten

1 feste Birne, geschält, entkernt und in Stücke geschnitten

1 Zimtstange

2 TL Zucker

2 TL Zitronensaft

Joghurt und Honig zum Servieren

ORANGENSORBET

In Restaurants werden Sorbets gerne als Zwischengang zum Neutralisieren des Gaumens serviert. Sie sind zudem ein sehr schönes Sommerdessert.

FÜR 2 PERSONEN • FERTIG IN: 20 MIN., PLUS ABKÜHL- UND GEFRIERZEIT
SIE BRAUCHEN: HANDRÜHRGERÄT

- 125 g feinster Zucker
- 2 große Bio-Orangen
- 1 EL Orangenblütenwasser
- 1 Eiweiß

SIRUP KOCHEN

1 AUFLÖSEN

Zucker · Orangenschale · SPARSCHÄLER · HOLZLÖFFEL · TOPF

Den Zucker bei schwacher Hitze in 300 ml Wasser auflösen. Die Orangenschale hinzugeben und 10 Minuten köcheln lassen.

2 MISCHEN

HANDENTSAFTER · Orangenblütenwasser · Orangensaft

Vom Herd nehmen, leicht abkühlen lassen, dann den Saft der Orangen und das Orangenblütenwasser einrühren.

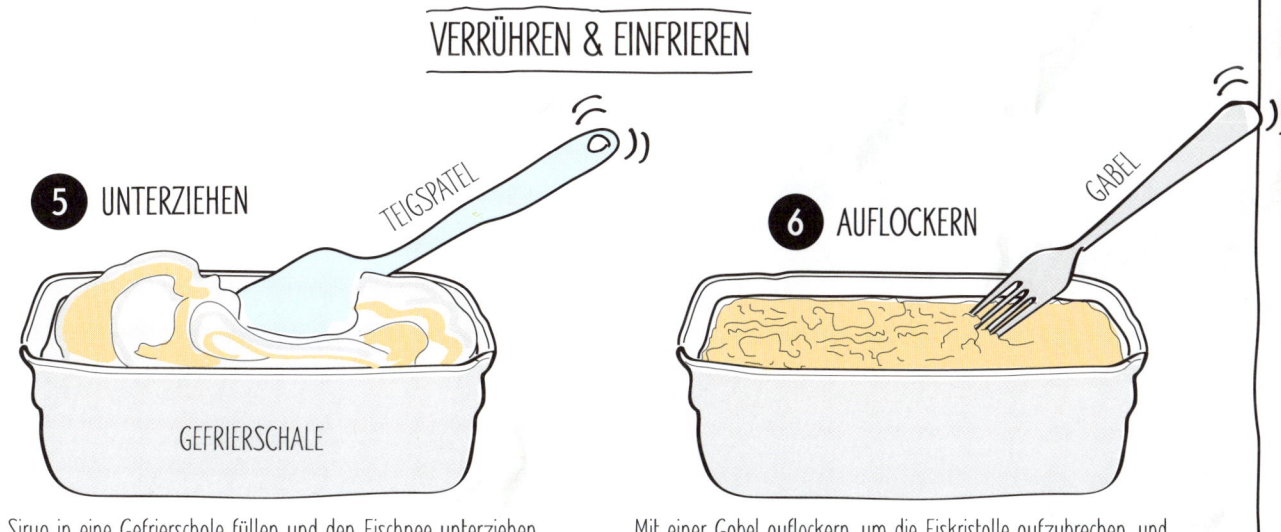

③ ABSEIHEN

SIEB

FLACHE SCHALE

Den Sirup durch ein Sieb abseihen, um die Schale
zu entfernen, und vollständig abkühlen lassen.

WÄHREND DER SIRUP
ABKÜHLT, DEN EISCHNEE
SCHLAGEN.

EISCHNEE SCHLAGEN

④ SCHLAGEN

HANDRÜHRGERÄT

Das Eiweiß in eine Schüssel geben und steif schlagen.

VERRÜHREN & EINFRIEREN

⑤ UNTERZIEHEN

TEIGSPATEL

GEFRIERSCHALE

Den Sirup in eine Gefrierschale füllen und den Eischnee unterziehen.
4 Stunden im Gefrierfach fest werden lassen.

⑥ AUFLOCKERN

GABEL

Mit einer Gabel auflockern, um die Eiskristalle aufzubrechen, und
erneut einfrieren. Vor dem Servieren 10–15 Minuten antauen lassen.

ZUTATEN

4 reife Bananen

1 Pck. Vanillezucker oder
½ TL Vanilleessenz

DER PLAN!

1 SCHÄLEN & EINFRIEREN → **2** MIXEN → **3** SERVIEREN ODER GEFRIEREN

SCHNELLES BANANENEIS

Dies ist die schnellste und einfachste Eiscreme von allen – und gesund ist sie auch noch! Dieses Dessert bietet eine wunderbare Möglichkeit, reife Bananen aufzubrauchen. Und Sie benötigen noch nicht mal eine Eismaschine.

FÜR 4 PERSONEN • FERTIG IN: 5 MIN., PLUS GEFRIERZEIT
SIE BRAUCHEN: KÜCHENMASCHINE

1 SCHÄLEN & EINFRIEREN

Die Bananen schälen, in 2 cm dicke Scheiben schneiden und in eine Gefrierschale legen. Dicht abdecken und im Gefrierfach einfrieren.

2 MIXEN

Die gefrorenen Bananen mit dem Vanillezucker in der Küchenmaschine zu einer geschmeidigen, sämigen Eiscreme schlagen. Dabei die Mischung mehrfach von den Wänden nach unten streichen.

3 SERVIEREN ODER GEFRIEREN

Die Bananeneiscreme entweder sofort servieren oder vor dem Servieren einige Minuten im Gefrierfach fest werden lassen.

TIPP – Wenn Ihre Bananen schneller reifen, als Sie sie essen können, frieren Sie geschälte Bananenscheiben auf einem Teller ein. Geben Sie die durchgefrorenen Scheiben in einen Gefrierbeutel und sammeln Sie weitere, bis sie genügend für dieses Dessert zusammenhaben.

Sie können ganz nach Belieben noch einige Löffel Nusscreme oder Erdnussbutter mit in die Küchenmaschine geben.

EIN EIS FÜR JEDEN TAG

Für das Kürbiskuchen-Gewürz
1 EL **Zimt** mit 2 TL **gemahlenem**
Ingwer und je ½ TL **Muskat**,
Kardamom und **gemahlenen**
Gewürznelken mischen.

SCHOKOLADEN-
BROWNIE & ERDBEEREN
Stücke von Schokoladen-Brownies,
Schokoladeneiscreme, halbierte
Erdbeeren und Schlagsahne.

SCHOKOLADE &
ERDNUSSBUTTER-
BREZEL
Gehackte Salzbrezeln, Vanille-
eiscreme, zerlassene Erdnussbutter
und Schokoladensauce.

BANANE & KARAMELL
Bananen-Muffin oder -brot,
Vanilleeiscreme, Bananenscheiben
und Karamellsauce.

PUMPKIN-PIE-BLONDIE
Stücke von Blondie-Brownies,
Vanilleeiscreme, zerkrümelte
Digestives oder andere Kekse
nach Belieben und
Kürbiskuchen-Gewürz.

Ein Eisbecher ist das perfekte schnelle Dessert — man kombiniert einfach ein paar Zutaten mit Eiscreme, träufelt eine Sauce oder einen Sirup darüber und serviert das Ganze im Glas, damit auch die Optik zum Zug kommt. Dies ist zudem eine schöne Möglichkeit, Brownies (siehe S. 242–245) ganz neuen Glanz zu verleihen.

Die **Ananasstücke** in **Rohrzucker** (z. B. Demerarazucker) wenden. 7–10 Minuten in der Grillpfanne karamellisieren.

Die **Kokosflocken** ohne Fett in einer Pfanne rösten, bis sie am Rand zu bräunen beginnen.

Sie können die Marshmallow-Creme durch **gegrillte Marshmallows** ersetzen.

KOKOS-ANANAS
Geröstete **Kokosflocken**, Kokoseiscreme, karamellisierte Ananasstücke, Schokoladensauce und Schlagsahne.

LEBKUCHEN & PEKANNUSS
Zerkrümelte **Lebkuchen**, Eiscreme mit Dulce-de-leche-Geschmack und **Karamellsauce**.

MARSHMALLOW & BANANA SPLIT
Vanilleeiscreme, Bananenscheiben, Marshmallow-Creme und Schokoladensauce.

INGWER & DUNKLE SCHOKOLADE
Dunkle Schokoladenstücke, Vanilleeiscreme, in Sirup eingelegter **Ingwer** (plus den Sirup) und grob gehackte **Walnüsse**.

SHAKES & FLOATS

LEBKUCHEN-SHAKE
2 Kugeln Vanilleeiscreme mit 500 ml Milch, 1 TL Zimt,
1 TL gemahlener Muskatnuss, 1 Pck. Vanillezucker
und 2 TL gemahlenem Ingwer mixen. Mit zerkrümeltem
Pfefferkuchen garnieren.

GRASHÜPFER-SHAKE
2 Kugeln Minzschokoladeneiscreme mit
1 TL Minzsirup, 250 ml Milch und
250 ml Schokoladenmilch mixen. Mit
Minztäfelchen und frischen Minzeblättern
dekorieren.

SHAKES

BANANEN-ERDNUSSBUTTER-SHAKE
2 Kugeln Schnelles Bananeneis
(siehe S. 218–219) mit 500 ml Milch und
100 g feiner Erdnussbutter mixen. Mit getrockneten
Bananenchips dekorieren.

ERDBEER-SHAKE
250 g gefrorenen Erdbeerjoghurt
mit 250 ml Milch und 100 g geputzten frischen
Erdbeeren mixen. Mit Erdbeerscheiben dekorieren.

Milchshakes und Floats sind leckere flüssige Desserts, die in nur wenigen Minuten zubereitet sind. Mixen Sie für die Shakes Ihre bevorzugte Milch mit den weiteren Zutaten im Mixer. Für die Floats geben Sie eine Limonade ins Glas, lassen sie einen Moment ausperlen und geben dann ein oder zwei Kugeln Eis oder Sorbet hinein. Die Mengen sind für 2 hohe Gläser berechnet.

BEEREN-GINGER-ALE-FLOAT
500 ml Ginger Ale auf 2 Gläser verteilen. In jedes Glas je eine Kugel Schwarze-Johannisbeeren-Sorbet und Himbeersorbet geben.

LIMO-FLOAT
150 ml Zitronenlimonade und 350 ml Limetten-Limonade auf 2 Gläser verteilen. In jedes Glas eine Kugel Zitronensorbet geben.

CHERRY-COLA-FLOAT
500 ml Cherry Cola auf 2 Gläser verteilen. In jedes Glas je eine Kugel Schokoladen- und Kirscheiscreme geben. Die Floats mit Schokoladensauce dekorieren.

NEAPOLITANISCHER FLOAT
500 ml Sodawasser auf 2 Gläser verteilen. In jedes Glas je eine kleine Kugel Erdbeer-, Schokoladen- und Vanilleeiscreme geben. Die Floats mit Erdbeersauce und Schokoladensauce dekorieren.

FLOATS

ZUTATEN

500 g Sahne

1 Pck. Vanillezucker oder
½ TL Vanilleessenz

2 EL feinster Zucker

150 g fertig gekaufte
Baisers

300 g Erdbeeren, in kleine
Stücke geschnitten

150 g Himbeeren

FÜR DAS OBST-COULIS
150 g Erdbeeren
150 g Himbeeren
50 g feinster Zucker

DER PLAN!

❶ SAHNE SCHLAGEN → ❷ BAISERS ZERKLEINERN → ❸ MISCHEN → ❹ COULIS ZUBEREITEN

10 MIN.

ETON MESS MIT WARMEM OBST-COULIS

Dieses traditionsreiche englische Dessert ist sehr schnell zubereitet. Servieren Sie es in Gläsern, damit die schönen roten und weißen Schichten zur Geltung kommen. Etwas leichter wird es mit griechischem Joghurt anstelle der Sahne.

FÜR 6 PERSONEN • FERTIG IN: 10 MIN.
SIE BRAUCHEN: STABMIXER

1 SAHNE SCHLAGEN

Die Sahne sehr steif schlagen, dann Vanillezucker und Zucker einrühren.

2 BAISERS ZERKLEINERN

Die Baisers in einen Gefrier-beutel geben und mit der Teigrolle in ungleichmäßige, kieselgroße Stücke zerschlagen. Die Mischung aus größeren und kleineren Stücken gibt die besten Textur.

3 MISCHEN

Sahnemischung, Baisers und Früchte zusammenrühren. In Gläser umfüllen, abdecken und bis zum Servieren kalt stellen.

4 COULIS ZUBEREITEN

Die Früchte für die Coulis mit dem Zucker und 3 EL Wasser in einen kleinen Topf geben. Mit dem Deckel verschließen, bei mittlerer Hitze aufkochen, dann aufdecken, durch-rühren und 5 Minuten köcheln lassen, bis das Obst weich ist.

5 PÜRIEREN & SERVIEREN

Die Früchte mit einem Stabmixer pürieren, dann durch ein Nylonsieb streichen, um die Kerne zu entfer-nen. Noch warm über das Eton Mess geben.

Für eine tropische Variante ersetzen Sie die Erdbeeren und die Himbeeren durch eine geschälte, in Scheiben geschnittene Mango und nehmen Sie statt der Coulis Fruchtfleisch und Kerne einer Passionsfrucht.

HIMBEER-QUARKKUCHEN

Dieser frische, leichte Quarkkuchen muss nicht gebacken werden und ist im Handumdrehen fertig. Sie können ihn 24 Stunden im Voraus zubereiten und kalt stellen.

FÜR 6 PERSONEN • FERTIG IN: 15 MIN., PLUS KÜHLZEIT
SIE BRAUCHEN: RUNDE SPRINGFORM (20 CM)

- 50 g Butter
- 100 g dunkle Schokolade, in Stücke gebrochen
- 150 g Digestives (oder andere Kekse nach Belieben)
- 400 g Mascarpone
- abgeriebene Schale und Saft von 2 Bio-Limetten, plus Zesten zum Dekorieren
- 2–3 EL Puderzucker, plus Puderzucker zum Bestäuben
- 250 g Himbeeren

BODEN ZUBEREITEN

1 SCHMELZEN

dunkle Schokolade

Butter

TOPF

Butter und Schokolade bei schwacher Hitze schmelzen.

2 ZERKLEINERN

GEFRIERBEUTEL

TEIGROLLE

Kekse

Die Kekse in einen Gefrierbeutel geben und mit der Teigrolle zerkleinern.

3 MISCHEN

DIE MISCHUNG IN EINE SPRINGFORM GEBEN.

HOLZLÖFFEL

Die zerkrümelten Kekse zu Schokolade und Butter geben und gut verrühren.

4 FORMEN

SPRINGFORM

Die Keksmischung gleichmäßig in der Form verteilen und am Boden und am Rand der Form festdrücken.

QUARKMISCHUNG ZUBEREITEN

5 RÜHREN

Puderzucker

Limettenschale und -saft

Mascarpone

Mascarpone, Limettenschale (etwas für die Dekoration zurück-behalten) und -saft in eine Schüssel geben und verrühren. Puderzucker hinzugeben und gut einrühren.

KUCHEN ZUSAMMENSTELLEN

6 VERTEILEN

Die Quarkmischung auf den Keksboden geben.

TEIGSPATEL

Die Mischung gleichmäßig verteilen und mit einem Teigspatel glatt streichen. 1 Stunde im Kühlschrank kalt stellen.

7 DEKORIEREN & SERVIEREN

Die Himbeeren auf dem Kuchen verteilen, mit Puderzucker bestäuben und mit Zitronenschale dekorieren. In Stücke schneiden und servieren.

ZUTATEN

200 g feinster Zucker

175 g heller Maissirup
(Asialaden oder
Reformhaus)

125 g geschälte Pistazien

30 g Butter, in kleinen
Stücken, plus Butter zum
Einfetten

1 TL Speisenatron

1 Pck. Vanillezucker oder
½ TL Vanilleessenz

DER PLAN!

1 ZUCKER
AUFLÖSEN → **2** PISTAZIEN
HINZUGEBEN → **3** RESTLICHE ZUTATEN
EINRÜHREN

PISTAZIEN-KROKANT

Krokant ist eine unkomplizierte Süßigkeit, die sich leicht aus Grundzutaten zubereiten lässt. Sie können diesen Krokant direkt aus der Pfanne auf den Tisch bringen oder einige Tage gut verpackt aufbewahren.

FÜR 6–8 PERSONEN • FERTIG IN: 20 MIN., PLUS ABKÜHLZEIT
SIE BRAUCHEN: ZUCKERTHERMOMETER (SIEHE AUCH DEN TIPP, UNTEN)

❶ ZUCKER AUFLÖSEN

Zucker, Maissirup und 60 ml Wasser bei mittlerer Hitze in einem Topf erhitzen. Unter regelmäßigem Rühren mit einem Holzlöffel kochen, bis das Zuckerthermometer 160 °C anzeigt und der Zucker spröde und goldbraun ist.

❷ PISTAZIEN HINZUGEBEN

In diesem Moment die Pistazien hinzugeben. Weiterrühren, bis die Temperatur erneut 160 °C erreicht.

❸ RESTLICHE ZUTATEN EINRÜHREN

Den Topf vom Herd nehmen und Butter, Natron und Vanillezucker einrühren. Weiterrühren, bis die Mischung aufschäumt und die Butter zerlassen ist.

❹ ABKÜHLEN & ZERKLEINERN

In eine eingefettete eckige Backform (23 × 35 cm) gießen und vollständig auskühlen lassen. In Stücke brechen und in einem luftdicht schließenden Behälter aufbewahren.

TIPP — Wenn Sie kein Zuckerthermometer haben, geben Sie einen kleinen Tropfen der Mischung in ein Glas mit kaltem Wasser — wenn sie hart wird und bricht, ist sie heiß genug.

Experimentieren
Sie mit verschiedenen Trockenfrüchten und Nüssen, wie z. B. Erdnüssen, die immer wieder gerne für Krokant verwendet werden.

PANNA COTTA

Dieses italienische Dessert ist schnell gemacht und schließt eine Mahlzeit schön ab, zumal wenn man ein Obstkompott (siehe S. 214) oder eine sommerliche Coulis (siehe Tipp unten) dazu reicht.

FÜR 4 PERSONEN • FERTIG IN: 15 MIN., PLUS GELIERZEIT
SIE BRAUCHEN: 4 AUFLAUFFÖRMCHEN (À 150 ML)

ZUTATEN

- 400 g Sahne
- 250 ml Vollmilch
- 100 g feinster Zucker
- 4 Gelatineblätter
- 1 EL Sonnenblumenöl
- Obstkompott, Frucht-Coulis oder Obstsalat zum Servieren
- zerstoßene Pistazien zum Servieren

❶ SAHNE & MILCH ERHITZEN

Sahne und Milch in einem Topf erhitzen, aber nicht kochen. In eine Schüssel umfüllen und den Zucker unter Rühren darin auflösen.

❷ GELATINE EINWEICHEN

In der Zwischenzeit die Gelatine 5 Minuten in einer Schale mit Wasser einweichen, ausdrücken, zur heißen Sahne geben und unter sanftem Rühren auflösen.

❸ FORMEN VORBEREITEN & FÜLLEN

Auflaufförmchen innen mit in Öl getauchtem Küchenpapier einfetten. Die Sahnemischung auf die Formen verteilen, abdecken und abkühlen lassen. Mindestens 2 Stunden im Kühlschrank kalt stellen, bis die Sahne fest ist.

❹ STÜRZEN & DEKORIEREN

Zum Servieren eine Schüssel mit heißem Wasser füllen und die Böden der Formen vorsichtig eintauchen. Die Panna cotta mit einem kleinen Messer vom Rand lösen und auf Teller stürzen. Mit Obstkompott, Frucht-Coulis oder Obstsalat anrichten und mit zerstoßenen Pistazien dekorieren.

TIPP — Während die Panna cotta geliert, können Sie eine Frucht-Coulis zubereiten: 3 EL Ahornsirup, 3 EL Orangensaft sowie 250 g halbierte Erdbeeren in einen Topf geben und 5 Minuten sanft köcheln. Vom Herd nehmen und in der Küchenmaschine oder dem Standmixer glatt pürieren, dann durch ein Sieb streichen.

 **DER PLAN!** ❶ SAHNE & MILCH ERHITZEN → ❷ GELATINE EINWEICHEN → ❸ FORMEN FÜLLEN → ❹ STÜRZEN & DEKORIEREN

CRÊPES MIT ÄPFELN & SCHOKOLADE

Gönnen Sie sich mit diesen hauchdünnen Crêpes ein unwiderstehliches Dessert. Verwenden Sie wirklich knackige Äpfel, die beim Karamellisieren besser ihre Form und ihren Biss behalten.

ERGIBT 4–6 CRÊPES • FERTIG IN: 20 MIN., PLUS RUHEZEIT (NACH BELIEBEN)

ZUTATEN

- 50 g Mehl
- Salz
- 1 Ei (Größe L), leicht verquirlt
- 150 ml Milch
- 150 g Sahne
- etwas Butter
- 2–3 EL Rohrzucker (z. B. Demerarazucker, je nach Süße der Äpfel)
- 4 Tafeläpfel mit rosafarbener Schale (z. B. Fuji), in Scheiben geschnitten
- Pflanzenöl
- 125 g dunkle Schokolade, geraspelt

1 TEIG ANRÜHREN

Das Mehl mit 1 Prise Salz in eine Schüssel sieben, eine Mulde in die Mitte drücken. Das Ei und etwas Milch hineingeben und mit einem Holzlöffel nach und nach mit dem Mehl verrühren. Schluck für Schluck die übrige Milch hinzugießen. Sobald alles eingerührt ist, die Mischung mit einem Schneebesen klümpchenfrei glatt rühren. Wenn es die Zeit erlaubt, 15 Minuten im Kühlschrank ruhen lassen.

2 SAHNE STEIF SCHLAGEN

In der Zwischenzeit die Sahne in eine Schüssel geben und leicht steif schlagen, dann beiseitestellen.

3 ÄPFEL KARAMELLISIEREN

Butter und Zucker bei schwacher Hitze in eine Pfanne geben und den Zucker unter Rühren auflösen. Die Apfelstücke hineingeben und gründlich im Karamell wenden. 5–10 Minuten köcheln, dann warm stellen.

4 CRÊPES BACKEN

Während die Äpfel karamellisieren, die Crêpes backen. Eine kleine Pfanne bei starker Hitze erhitzen. Dann eine kleine Menge Öl hineingeben und die Pfanne damit ausschwenken. Das Öl in ein Glas abgießen, 2 EL Teig in die Pfanne geben und unter Schwenken verteilen. Den Rand der Crêpe mit einem Palettmesser lösen und die Crêpe 1 Minute goldgelb backen. Wenden und etwa 1 weitere Minute backen. Auf einen vorgewärmten Teller gleiten lassen und aus dem Rest des Teigs weitere Crêpes backen.

5 FÜLLEN, FALTEN & SERVIEREN

Zum Servieren einige karamellisierte Apfelscheiben und einen Löffel Sahne auf jede Crêpe geben, überschlagen und mit reichlich geraspelter Schokolade bestreuen.

DER PLAN!
1 TEIG ANRÜHREN → 2 SAHNE SCHLAGEN → 3 ÄPFEL KARAMELLISIEREN → 4 CRÊPES BACKEN → 5 FÜLLEN & SERVIEREN

ZIMT-CHURROS

Diese mit Zimt und Zucker bestreuten spanischen Snacks sind schnell gemacht und auch genauso schnell wieder verputzt! Dippen Sie sie in die Chili-Schokosauce.

ERGIBT 20 CHURROS • FERTIG IN: 20 MIN., PLUS ABKÜHLZEIT
SIE BRAUCHEN: SPRITZBEUTEL MIT 2 CM GROSSER STERNTÜLLE

- 200 g Mehl
- 1 TL Backpulver
- 50 g feinster Zucker
- 25 g Butter
- 1 l Erdnuss- oder Sonnenblumenöl
- 1 TL Zimt

- 1 EL feinster Zucker
- 1 EL Butter
- 1 Prise Salz
- ¼ TL Cayennepfeffer (nach Belieben)

FÜR DIE CHILI-SCHOKOLADEN-SAUCE
- 50 g hochwertige dunkle Schokolade, in Stücke gebrochen
- 150 g Sahne

TEIG ANRÜHREN

2 ZERLASSEN

Die Butter in 200 ml kochendem Wasser zerlassen.

1 MISCHEN

Mehl und Backpulver in eine Schüssel sieben und die Hälfte des Zuckers hinzugeben.

3 RÜHREN

Die Mehlmischung mit der heißen Buttermischung zu einer dicken Paste verrühren.

CHURROS SPRITZEN & FRITTIEREN

WÄHREND DER TEIG ABKÜHLT, DAS FRITTIERÖL ERHITZEN.

Öl

4 ERHITZEN

Das Öl 10 cm hoch einfüllen.

Brotwürfel

Das Öl auf 190 °C erhitzen. Es ist heiß genug, wenn ein Brotwürfel innerhalb von 1 Minute bräunt.

5 SPRITZEN

SPRITZBEUTEL

In der Zwischenzeit den abgekühlten Teig in einen Spritzbeutel mit Sterntülle füllen.

6 FRITTIEREN & ABTROPFEN

SCHAUM-LÖFFEL

KÜCHENPAPIER

7 cm lange Teigstränge direkt ins heiße Fett spritzen. Die Churros in mehreren Portionen 1–2 Minuten von jeder Seite fritten, dann abtropfen lassen.

7 WÄLZEN

TELLER

Zucker und Zimt

Die heißen Churros im restlichen Zimt und Zucker wälzen.

Die Schüssel darf das Wasser beim Anrühren der Sauce nicht berühren. Sie wird sonst zu heiß. Wenn die Sauce ansetzt, wird sie unbrauchbar.

8 ZERLASSEN

Sahne

Schokolade

Zucker

Cayenne-pfeffer

Butter

SCHÜSSEL

TOPF

SAUCE ZUBEREITEN

Die Saucenzutaten mit Ausnahme von Salz und Cayennepfeffer in einer mittelgroßen, hitzebeständigen Schüssel über sanft sprudelndem Wasser erhitzen. 3–4 Minuten unablässig rühren, bis sich die Zutaten verbinden, dann Salz und Cayennepfeffer einrühren.

OBSTTASCHEN

UND SO GEHT'S

ERGIBT 12–14 TASCHEN

- 450 g Mehl, plus Mehl zum Bestäuben
- 230 g Butter, gekühlt und gewürfelt
- 50 g brauner Zucker
- 1 Prise Salz

Alle Zutaten mit 60 ml Wasser in die Küchenmaschine geben und zu einem geschmeidigen Teig rühren. In Frischhaltefolie wickeln und 1 Stunde kalt stellen.

Den Teig auf einer bemehlten Fläche ausrollen und mit einem Ausstecher oder einem Wasserglas 7,5–10 cm große Kreise ausstechen. 1 EL der Füllung auf eine Hälfte jedes Kreises geben und die andere Hälfte zu einem Halbmond darüberschlagen. Auf mit Backpapier ausgelegte Bleche legen und 15–17 Minuten bei 180 °C goldbraun backen.

200 g **Ananasstücke**, 200 g gewürfelte **Mango**, Saft von 2 **Limetten** und 1 EL **Rohrzucker** (z. B. Demerarazucker).

Ananas & Mango

2 **Pfirsiche**, entsteint und in mundgerechte Stücke geschnitten, und 1 EL **gemahlener Ingwer**.

Pfirsich & Ingwer

18–20 **Erdbeeren**, halbiert und in 3 EL **Honig** gewendet.

Erdbeeren & Honig

Diese hübschen kleinen Teigtaschen sind zu jeder Tageszeit ein Genuss und lassen sich prima mitnehmen. Versuchen Sie die leckeren Füllungen unten oder experimentieren Sie mit eigenen Kombinationen. Sie können den Teig auch einfrieren und für den Fall einer plötzlichen Inspiration bereithalten!

24–26 **Himbeeren** und 175 g **dunkle Schokoladenstückchen**.

Apfel & Cheddar

Himbeere & dunkle Schokolade

2 in dünne Scheiben geschnittene **Äpfel** und 12–14 Scheiben **Cheddar**.

Pro Tasche 4 in Scheiben geschnittene **Kiwis** und 1 TL **Vanillejoghurt**.

Birne, Vanille & Kardamom

2 in dünne Scheiben geschnittene **Birnen**, 1 EL **Honig**, 1 Pck. **Vanillezucker** und 1 TL **gemahlener Kardamom**

Kiwi & Vanillejoghurt

BANANEN-KARAMELL-PIE

Mit einem fertigen Tortenboden sparen Sie sich bei diesem beeindruckenden Dessert eine Menge Zeit. So sind Sie schon in 15 Minuten am Ziel!

FÜR 8 PERSONEN • FERTIG IN: 15 MIN.
SIE BRAUCHEN: ELEKTRISCHES HANDRÜHRGERÄT

ZUTATEN

- 1 Mürbeteigtortenboden (etwa 26 cm Durchmesser)
- 250 g Karamellcreme (z.B. Dulce de leche)
- 2–3 reife Bananen
- 300 g Schlagsahne
- 25 g dunkle Schokolade

❶ BODEN BELEGEN

Den Tortenboden auf eine Servierplatte legen, die Karamellcreme gleichmäßig darauf verstreichen. Die Bananen in Scheiben schneiden und auf der Sauce verteilen.

❷ SAHNE SCHLAGEN

Die Sahne in eine Schüssel geben und mit dem Handrührgerät steif schlagen. Über die Bananenscheiben verteilen.

❸ SCHOKOLADE HINZUGEBEN & SERVIEREN

Die Schokolade gleichmäßig über die Pie raspeln und servieren.

Sie **können** den Tortenboden auch mit anderen Zutaten, wie z. B. Schlagsahne und Vanillecreme mit Himbeeren oder halbierten Erdbeeren, belegen.

DER PLAN! ❶ BODEN BELEGEN → ❷ SAHNE SCHLAGEN → ❸ RASPELN & SERVIEREN

KALTER HUND

Diese Variante des Schoko-Keks-Kuchens wird nicht gebacken und eignet sich perfekt zum Mitnehmen. Sie können nach Herzenslust mit den Früchten und Nüssen experimentieren.

FÜR 6 PERSONEN • FERTIG IN: 10 MIN., PLUS KÜHLZEIT
SIE BRAUCHEN: QUADRATISCHE BACKFORM (ETWA 20 X 20 CM)

ZUTATEN

- 150 g Butter, plus Butter zum Einfetten
- 250 g dunkle Schokolade, in Stücke gebrochen
- 2 EL Zuckersirup
- 500 g Digestives (oder andere Kekse nach Belieben), zerkleinert
- 1 Handvoll Sultaninen
- 1 Handvoll ungeschälte Mandeln, grob gehackt

❶ SCHOKOLADE SCHMELZEN

Die Form leicht einfetten. Die Butter mit Schokolade und Sirup in einen großen Topf geben. Bei schwacher Hitze schmelzen und glatt rühren. Vom Herd nehmen.

❷ TROCKENE ZUTATEN HINZUGEBEN

Kekse, Rosinen und Mandeln in die Schokolade einrühren. Gut durchrühren, dann die Mischung mit dem Löffelrücken in die Form drücken.

❸ KÜHLEN, SCHNEIDEN & SERVIEREN

Den Kuchen zum Auskühlen in den Kühlschrank stellen. Sobald die Schokolade fest ist, in Scheiben schneiden und servieren.

TIPP — Geben Sie die Kekse in einen Gefrierbeutel und zerkleinern Sie sie mit einer Teigrolle. Sie sollten nicht zu fein zerkrümelt sein – der Kuchen soll noch reichlich Biss haben.

 **DER PLAN!**    ❶ **SCHOKOLADE SCHMELZEN** → ❷ **TROCKENE ZUTATEN HINZUGEBEN** → ❸ **KÜHLEN, SCHNEIDEN & SERVIEREN**

CHOCOLATE CHIP COOKIES

DER PLAN!

Diese einfach zu backenden Plätzchen sind weich und knusprig und unglaublich lecker. Sie können die Zutatenmengen problemlos verdoppeln und sich nachmittags ein paar Plätzchen mit einem Glas Milch gönnen.

ERGIBT 15 PLÄTZCHEN • FERTIG IN: 20 MIN., PLUS ABKÜHLZEIT

❶ BUTTER & ZUCKER AUFSCHLAGEN

Den Backofen auf 180 °C vorheizen. Die Butter in einer großen Schüssel mit dem Handrührgerät mit beiden Zuckersorten locker und luftig aufschlagen. Ei und Vanillezucker einrühren.

❷ MEHL & SCHOKOTROPFEN HINZUGEBEN

Mehl, Backpulver und Salz in die Schüssel sieben und gründlich mit der Buttermischung vermengen. Zum Schluss die Schokoladentropfen unterrühren.

❸ AUF BLECHE SETZEN

Den Teig mit einem Löffel auf mehrere mit Backpapier ausgelegte Backbleche portionieren. Dabei reichlich Abstand zueinander halten, sodass sich die Teigportionen nicht berühren, wenn sie im Ofen aufgehen.

❹ BACKEN & SERVIEREN

Die Cookies auf mittlerer Schiene 13–15 Minuten backen, bis sie leicht Farbe annehmen und gerade durchgebacken sind. 5 Minuten auf den Blechen abkühlen lassen, zum Auskühlen auf Kuchengitter setzen. Mit einem Glas Milch servieren.

Weitere Keksrezepte und Inspirationen finden Sie auf S. 240–241.

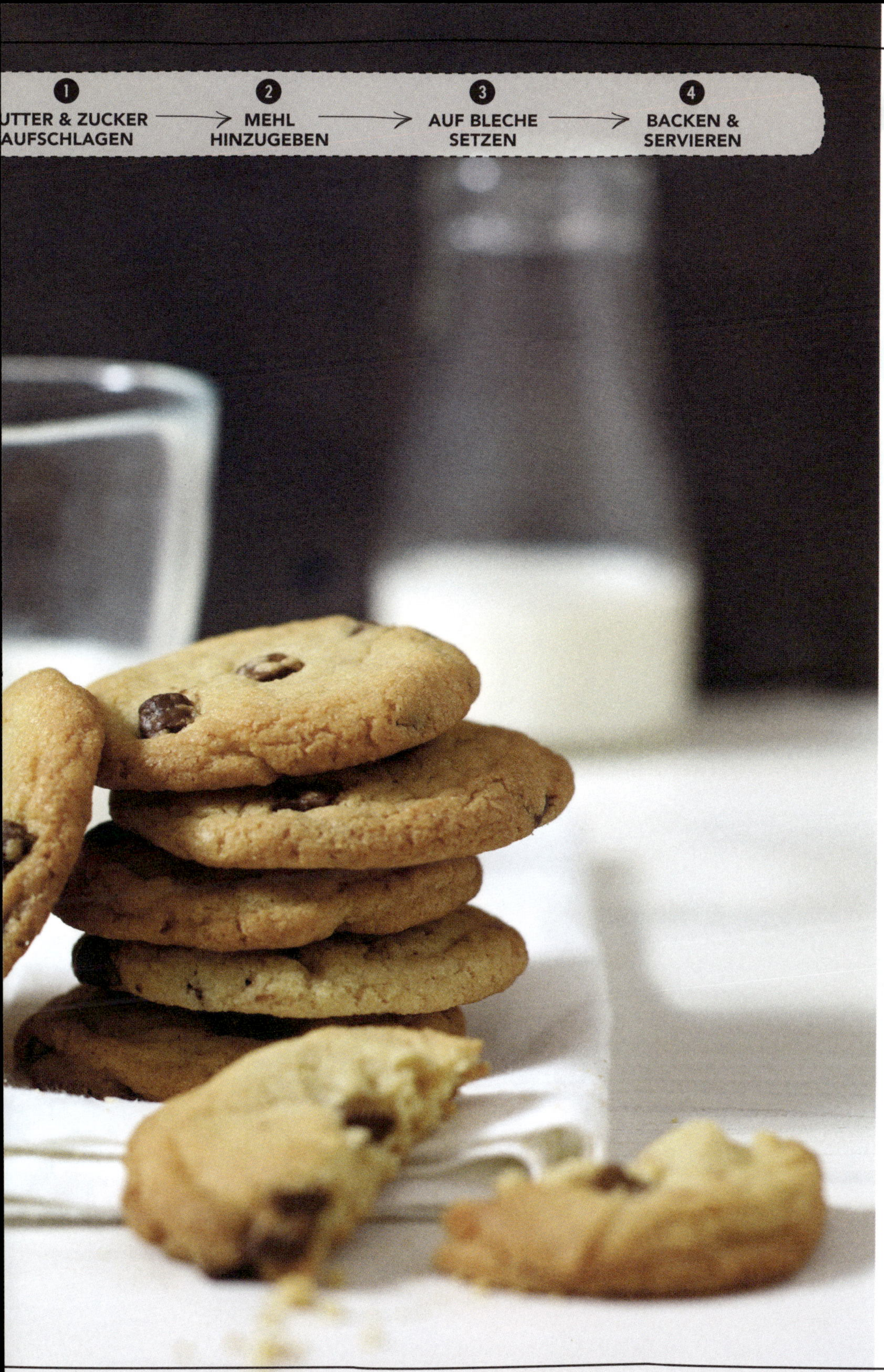

ZUTATEN

100 g weiche Butter

100 g feinster Zucker

100 g Rohrohrzucker
(z. B. Demerarazucker)

1 Ei (Größe L)

1 Pck. Vanillezucker oder
½ TL Vanilleessenz

175 g Mehl

½ TL Backpulver

½ TL Salz

100 g
Milchschokoladentropfen

KEKS-VARIANTEN

BUTTERKARAMELL-
MARSHMALLOW-COOKIES
Je 100 g Butterkaramellstückchen und Mini-
Marshmallows in den Grundteig einrühren und
backen.

MARMELADENKEKSE
Den Grundteig in 15 Portionen teilen, einzeln zu Kugeln
rollen, flach drücken und mit dem Daumen eine Vertiefung
in die Mitte drücken. Die Mulde mit 1 TL Himbeerkonfitüre
(oder einer Konfitüre nach Wahl) füllen und backen.

DUNKLE SCHOKO-KIRSCH-COOKIES
4 EL Kakaopulver, 1 EL Rohrzucker (z. B. Demerarazucker),
je 100 g Schokostückchen und getrocknete Kirschen und
1 TL Vanillezucker zum Grundteig geben und backen.

ERDNUSSBUTTER-KEKSE
4 EL Erdnussbutter, 1 Pck. Vanillezucker und 50 g gehackte
Erdnüsse zum Grundteig geben und backen.

Haben Sie kein schlechtes Gewissen, wenn Sie in die Keksdose greifen – Sie haben es sich schließlich verdient! Für diese leckeren Rezepte folgen Sie dem Grundrezept auf S. 238–239 (ohne die Schokotropfen), passen es entsprechend an und teilen den Teig in 15 gleich große Portionen.

HAFER-ROSINEN-KEKSE
Je 100 g Haferflocken und Rosinen, 1 EL braunen Zucker und 1 Pck. Vanillezucker zum Grundteig geben und backen.

LIMETTEN-KEKSE
Saft von 1 Bio-Limette sowie 1 EL abgeriebene Limettenschale in den Grundteig rühren und backen.

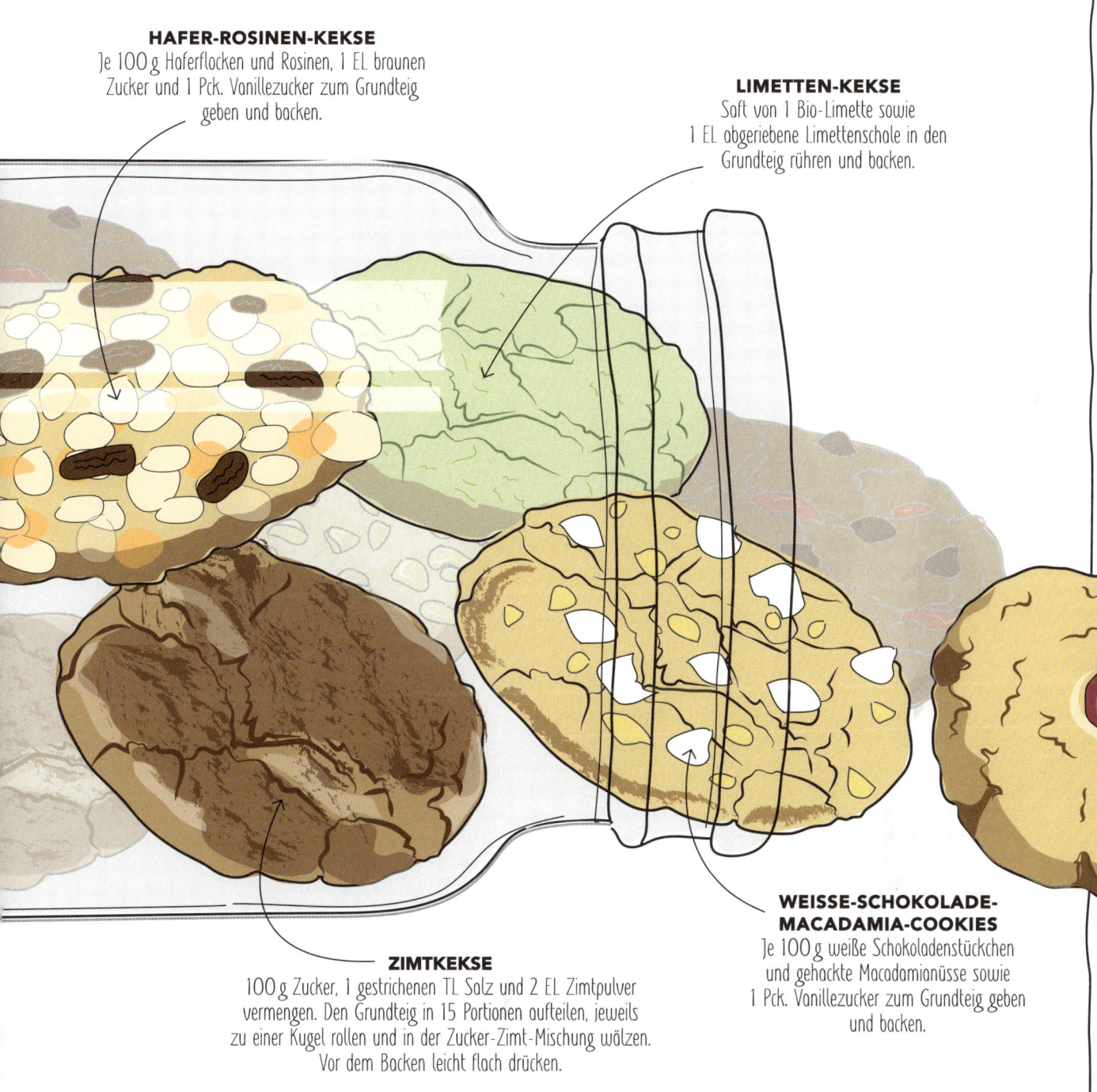

ZIMTKEKSE
100 g Zucker, 1 gestrichenen TL Salz und 2 EL Zimtpulver vermengen. Den Grundteig in 15 Portionen aufteilen, jeweils zu einer Kugel rollen und in der Zucker-Zimt-Mischung wälzen. Vor dem Backen leicht flach drücken.

WEISSE-SCHOKOLADE-MACADAMIA-COOKIES
Je 100 g weiße Schokoladenstückchen und gehackte Macadamianüsse sowie 1 Pck. Vanillezucker zum Grundteig geben und backen.

BROWNIES

Diese klassischen Brownies sind in der Mitte saftig, oben drauf knusprig und schnell gebacken. Sie halten sich luftdicht verpackt 3 Tage im Kühlschrank.

ERGIBT 24 BROWNIES • FERTIG IN: 20–30 MIN., PLUS ABKÜHLZEIT
SIE BRAUCHEN: BROWNIE- ODER ECKIGE BACKFORM (ETWA 23 × 30 CM)

- 175 g Butter, in Stücken
- 300 g hochwertige dunkle Schokolade, in Stücke gebrochen
- 300 g feinster Zucker
- 4 Eier (Größe L), verquirlt
- 200 g Mehl
- 25 g Kakaopulver, plus Kakaopulver zum Bestäuben

TEIG ANRÜHREN

1 SCHMELZEN

Butter

Schokolade

HOLZLÖFFEL

HITZEBESTÄNDIGE SCHÜSSEL

TOPF

Butter und Schokolade in einer Schüssel über dem heißen Wasser schmelzen. Abkühlen lassen. Den Backofen auf 200 °C vorheizen.

Zucker

Eier

2 MISCHEN

Mehl und Kakaopulver

SIEB

Den Zucker gründlich einrühren. Nach und nach die Eier hinzugeben und gut verrühren.

3 SIEBEN UND RÜHREN

Mehl und Kakaopulver einsieben und glatt rühren.

FORMEN & BACKEN

Teig

4 GIESSEN

BACKPAPIER

TEIGSPATEL

Das Backpapier so in der Form auslegen, dass es über den Rand hängt. Den Teig hinein-gießen und gleichmäßig verteilen.

BROWNIE-FORM

12–15 Minuten backen, bis der Brownie sich fest anfühlt und an einem in die Mitte gestochenen Spieß noch etwas Teig klebt. Vollständig abkühlen lassen.

METALLSPIESS

5 BACKEN

AUS DER FORM HEBEN UND AUF DER OBERSEITE 24 STÜCKE ANREISSEN.

SCHNEIDEN & SERVIEREN

SCHARFES MESSER

6 SCHNEIDEN

heißes Wasser

Den Brownie entlang der Linien auf-schneiden. Das Messer zwischen-durch abwischen und in heißes Wasser tauchen.

Kakaopulver

SIEB

7 BESTÄUBEN

Mit Kakaopulver bestäuben und servieren.

SAUERKIRSCH-SCHOKO-BROWNIES

Diese saftigen Brownies sind ein schnelles, aber edles Dessert. Die sauren Kirschen mit ihrem sanften Biss bieten einen wunderbaren Kontrast zur kräftigen dunklen Schokolade.

ERGIBT 16 BROWNIES • FERTIG IN: 20–30 MIN., PLUS ABKÜHLZEIT
SIE BRAUCHEN: BROWNIE- ODER ECKIGE BACKFORM (ETWA 23 × 30 CM)

ZUTATEN

- 150 g Butter, in Stücken, plus Butter zum Einfetten
- 150 g hochwertige dunkle Schokolade, in Stücke gebrochen
- 250 g Rohrzucker (z.B. Muscovadozucker)
- 150 g Mehl, mit 1½ TL Back-pulver vermischt, gesiebt
- 3 Eier (Größe L)
- 1 Pck. Vanillezucker
- 100 g getrocknete Sauerkirschen
- 100 g dunkle, feine Schokoladenstückchen

1 FORM VORBEREITEN

Den Backofen auf 200 °C vorhei-zen. Die Backform einfetten und mit Backpapier so auslegen, dass es überhängt.

2 TEIG ANRÜHREN

Butter und Schokolade in einer hitzebeständigen Schüssel über dem heißen Wasserbad schmelzen (die Schüssel darf das Wasser nicht berühren). Vom Herd nehmen und den Zucker unter Rühren auflösen. Leicht abkühlen lassen, Eier und Vanillezucker hinzugeben und gut verrühren. Das Mehl hinzufügen und kurz einrühren. Kirschen und Schokoladenstückchen einrühren.

3 EINFÜLLEN & BACKEN

Den Teig in die Form gießen und bis in die Ecken verteilen. Auf mittlerer Schiene 15–20 Minuten backen, bis der Brownie sich fest anfühlt und an einem in die Mitte gestochenen Spieß noch etwas Teig klebt. Der Brownie ist dann immer noch recht weich, wird aber beim Abkühlen fester.

4 ABKÜHLEN & SERVIEREN

Den Brownie 5–10 Minuten in der Form abkühlen lassen, dann her-ausheben, auf einem Kuchengitter vollständig auskühlen lassen und in Stücke schneiden. In der Mitte sollte der Brownie noch weich und saftig sein. Servieren oder bis zu 3 Tage aufbewahren.

 **DER PLAN!** → **1 FORM VORBEREITEN** → **2 TEIG ANRÜHREN** → **3 EINFÜLLEN & BACKEN** → **4 ABKÜHLEN & SERVIEREN**

WEISSE SCHOKO-MACADAMIA-BLONDIES

Blondies sind schlicht und ergreifend Brownies mit weißer Schokolade. Die Macadamianüsse geben hier einen schönen Biss und passen perfekt zur cremigen weißen Schokolade.

ERGIBT 24 BLONDIES • FERTIG IN: 20–30 MIN., PLUS ABKÜHLZEIT
SIE BRAUCHEN: BROWNIE- ODER ECKIGE BACKFORM (ETWA 23 × 30 CM)

ZUTATEN

- 175 g Butter, in Stücken, plus Butter zum Einfetten
- 300 g weiße Schokolade, in Stücke gebrochen
- 300 g feinster Zucker
- 4 Eier (Größe L)
- 225 g Mehl, gesiebt
- 100 g Macadamianüsse, grob gehackt

1 FORM VORBEREITEN

Den Backofen auf 200 °C vorheizen. Die Backform einfetten und mit Backpapier so ausschlagen, dass es überhängt.

2 TEIG ANRÜHREN

Butter und Schokolade in einer hitzebeständigen Schüssel über dem heißen Wasserbad schmelzen (die Schüssel darf das Wasser nicht berühren). Vom Herd nehmen und 20 Minuten abkühlen lassen. Dann den Zucker hinzugeben und gründlich verrühren. Die Eier nacheinander mit dem Schneebesen einarbeiten. Dann das Mehl unterziehen und die Nüsse einrühren.

3 EINFÜLLEN & BACKEN

Den Teig in die Form gießen und bis in die Ecken verteilen. Auf mittlerer Schiene 12–15 Minuten backen, bis der Brownie sich fest anfühlt und an einem in die Mitte gestochenen Spieß noch etwas Teig klebt.

4 ABKÜHLEN & SERVIEREN

Den Brownie in der Form vollständig auskühlen lassen, dann in 24 Stücke schneiden und servieren oder bis zu 5 Tage aufbewahren.

 **DER PLAN!**  **1 FORM VORBEREITEN** →  **2 TEIG ANRÜHREN** → **3 EINFÜLLEN & BACKEN** →  **4 ABKÜHLEN & SERVIEREN**

ZUTATEN

50 g weiche Butter, plus Butter zum Einfetten

250 g dunkle Schokolade, klein gehackt

120 g feinster Zucker

4 Eier (Größe L)

1 Pck. Vanillezucker oder ½ TL Vanilleessenz

50 g Mehl

1 Prise Salz

Schlagsahne, Vanille-eiscreme oder heiße Vanillecreme mit etwas abgeriebener Schale von 1 Bio-Orange zum Servieren (nach Belieben)

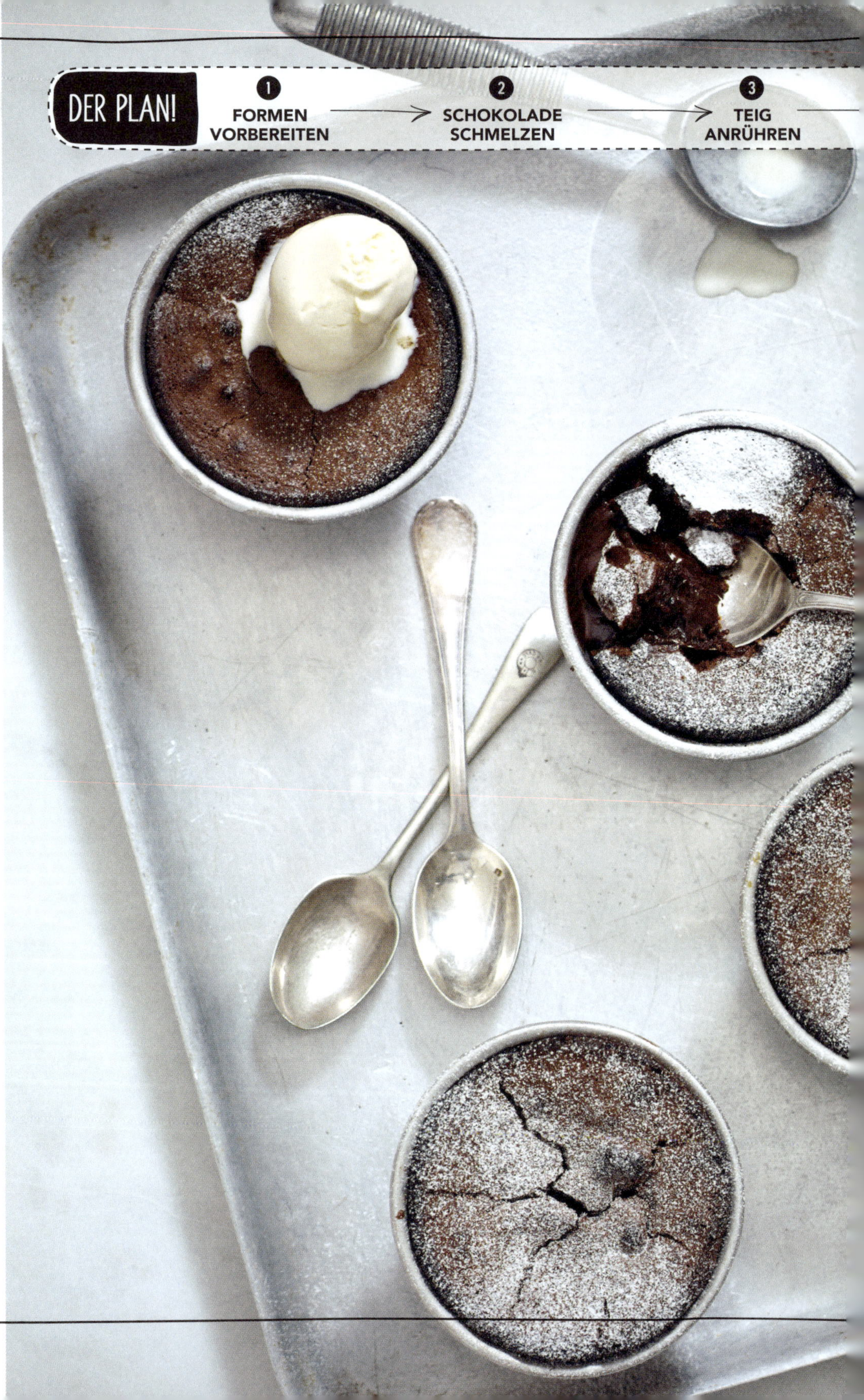

4
BACKEN →

LAVA-KÜCHLEIN

Dieser Traum aller »Schokoholiker« besteht aus einer leichten Teighülle mit einem Herz aus cremiger, flüssiger Schokolade. Servieren Sie dazu ein oder zwei Kugeln Vanilleeiscreme für ein opulentes Dessert.

FÜR 4 PERSONEN · FERTIG IN: 20 MIN.
SIE BRAUCHEN: 4 AUFLAUFFÖRMCHEN (À 200 ML)

1 FORMEN VORBEREITEN

Die Formen großzügig mit Butter einfetten. Backpapier zuschneiden, sodass es jeweils den Boden der Formen bedeckt, und einlegen. Beiseitestellen. Den Backofen auf 200 °C vorheizen.

2 SCHOKOLADE SCHMELZEN

Die Schokolade in eine hitzebeständige Schüssel geben und über dem heißen Wasserbad 5 Minuten rühren (ohne dass die Schüssel das Wasser berührt), bis die Schokolade geschmolzen und glatt ist. Beiseitestellen.

3 TEIG ANRÜHREN

Währenddessen Butter und Zucker mit dem Handrührgerät in einer Schüssel glatt rühren. Nach und nach die Eier hinzufügen und jeweils gründlich verrühren, dann den Vanillezucker untermischen. Mehl und Salz zusammensieben und sanft einrühren, dann die flüssige Schokolade unterheben. Den Teig gleichmäßig auf die Formen verteilen, die dabei nicht ganz voll werden.

4 BACKEN

Die Formen auf ein Backblech stellen und 12–15 Minuten backen, bis der Mantel fest ist, die Mitte sich aber noch weich anfühlt, wenn man mit dem Finger draufdrückt. Die Küchlein heiß mit Schlagsahne, Vanilleeiscreme oder heißer, mit Orangenschale aromatisierter Vanillecreme servieren.

TIPP — Übrig gebliebene Küchlein grob hacken und mit Vanilleeiscreme und heißer Karamellsauce zu einem köstlichen Eisbecher schichten (weitere Eisbecher siehe S. 220–221).

Experimentieren Sie auch mit exotischen Schokoladensorten wie dunkler Schokolade mit Kardamom und Orange oder Chili-Schokolade.

REGISTER

Gefettete Einträge weisen auf Zutaten hin.

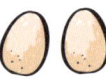

GERICHTE IN 5–10 MINUTEN

VEGETARISCHE GERICHTE

SÜSSES ZUM FRÜHSTÜCK & DESSERT

DANK

ÜBER DIE AUTORIN
Laura Herring arbeitet seit über zehn Jahren als Kochbuchautorin und Redakteurin für einige der renommiertesten britischen Verlagshäuser. Sie hat bereits mit Spitzenköchen aus aller Welt Bücher über nahezu jede Art der Küche geschrieben, von Kuchen über Paellas bis hin zu vierstöckigen Partytorten. Immer in Eile, aber nicht bereit, aufs Essen zu verzichten, hat sie dieses Buch geschrieben. Sie lebt zurzeit in London.

ÜBER DIE MITARBEITERIN
Elena Rosemond-Hoerr ist Koautorin von *Amerika – Das Kochbuch* und hat an *Fleisch – Das Kochbuch* (beide im DK Verlag erschienen) mitgearbeitet. Sie ist Autorin, Fotografin und Betreiberin des preisgekrönten Foodblogs *biscuitsandsuch.com.* Da sie eigene Rezepte entwickelt und Kochbücher verfasst, hat Elena viel Erfahrung darin, schnelle Mahlzeiten in einen hektischen Terminkalender zu packen.

LAURA HERRING MÖCHTE IHREN DANK AUSSPRECHEN
Ein riesiges Dankeschön an alle, die geholfen haben, dieses wunderbare und unheimlich hilfreiche Buch zu schaffen.
Danke an Borra Garson und Louise Leftwich von DML, Peggy Vance, Bob Bridle und dem gesamten Team von DK für ihre Geduld während des gesamten Projekts und für ihren erstklassigen Rat bei jedem Schritt auf dem Weg. Danke an Harriet Yeomans (Stardesignerin!) für das traumhafte Seitenlayout und an Elena Rosemond-Hoerr für ihre Kreativität. Und natürlich an meinen wunderbaren Ehemann Andy, der das Glück hat (oder manchmal eben das Pech), der Testesser in unserer Küche zu sein!
Danke natürlich auch an Sie, lieber Leser: Ich hoffe, mit diesem Buch macht das schnelle Kochen wieder Spaß.

DER VERLAG DANKT
Stuart West für die Fotos zu den neuen Rezepten, William Reavell für weitere Fotografien, Geoff Fennell für Fotografie und künstlerische Leitung, Kate Wesson und Jane Lawrie für das Foodstyling, Isabel de Cordova für das Prop Styling, Bob Saxton, Kathy Woolley und Neha Samuel für die Redaktionsassistenz, Mandy Earey und Hannah Moore für die Unterstützung beim Layout.

Alle weiteren Fotos und Bilder © Dorling Kindersley
Weitere Informationen unter: www.dkimages.com